혼 철학

【韓哲學】

오래된 미래의 한철학

발행일	2014년 3월 28일 개정판 1쇄
지은이	김상일
발행처	상생출판
주소	대전시 중구 중앙로79번길 68-6
전화	070-8644-3156
팩스	0505-116-9308
홈페이지	www.sangsaengbooks.co.kr
출판등록	2005년 3월 11일(175호)

ISBN 978-89-94295-80-0

오래된 미래의

효철학

【 韓哲學 】

김상일 지음

『과정철학자가 풀이해 본 천부경과 삼일신고』

상생출판

개정판 서문

'한철학'을 쓴 때는 1983년 미국 로스앤젤레스 근교 아파트 방에서이다. 1983년에서 2013년 까지 30년, 만 한 세대가 지났다. 30년 만에 책을 다시 출간하려 하니 반가운 마음보다 두려운 마음이 앞섰다. 정보가 하루가 멀다 하고 헌 신짝 같이 되어 가는 마당에 30년 전에 생각했던 것을 세상에 다시 공개한다는 것이 두려웠기 때문이다. 그래서 상생출판사에서 재출간을 하겠다는 소식을 받고 다시 한 번 한자 한자 빼놓지 않고 다시 교정 삼아 읽은 다음 출간을 허락하기로 했다. 30년 전 나의 생각과 지금의 그것 사이를 비교한 다음 새 컴퓨터가 나오면 헌 것을 버리듯이 출판을 할 것인지 말 것인지를 결정하기 위해서였다.

이렇게 머리말을 쓴다는 것은 출간하기를 결정했다는 것을 의미한다. 다시 읽을 때에 차라리 30년 전 글이 더 박력이 있었고 참신한 것이 많았다는 사실도 알게 된 것은 물론 그 동안 연구에 소홀이 다루지 않았던 주제들을 새삼 발견할 수도 있는 계기가 되었다. 이런 주제들을 메모를 해 가면서 고쳐야 할 부분도 이번 교정에서 바로 잡았다.

책에서 사용한 용어들을 보면서 한 세대 사이에 대통령이 7명 바뀌었고 당시에는 중국을 '중공'이라고 했다는 것과, 초등학교를 '국

민학교'로 하는 등등 정치 사회적인 용어들도 있었다. 그 무엇보다도 매 10년마다 한철학에 대한 나의 외연이 달라졌다는 것이다. 1983년은 국내의 광주민주화 항쟁 직후였고 필자는 클레어몬트에서 박사학위를 마친지 얼마 안 되던 때이다. 한국의 국제적 지위도 지금 같지 않았으며 '한류'라는 말 같은 것을 상상도 못할 때였다. 그래서 해외에서 보는 한국 문화와 사상에 대한 무시와 무지와 오해에 대한 분노가 가슴 속에 가득 차 있을 때였다. 그래서 글의 내용들을 지금 와서 보니 많이 격정적인 부분들이 눈에 띄었다. 교정의 내용 속에는 이런 격정을 가라앉히는 부분들이 있었다. 독자들 가운데는 이 점을 오히려 불만을 가질 수도 있을 것이다. 80년 대 격정의 시대가 지금 와서 반복되는 데서 원인이 있을지도 모른다. 그러나 '한철학'은 한철학의 효시였다. 30년 동안 한은 부단히 자라고 커져 왔다.

다시 말해서 재출간에 즈음하여 독자들에게 당부 드리고 싶은 말은 '한철학'은 한 세대 동안 부단히 외연을 넓혀 가면서 발전돼 나왔다는 것이다. 그래서 한철학을 다시 읽을 때에 이는 마치 나무의 씨앗과 같으며 이 씨가 싹이 터 이삭이 나고 줄기가 생긴 다음 잎과 열매가 무성하게 자라나온 과정을 동시에 보아 달라는 부탁이다. 강물줄기에는 시작하는 근원이 있고, 산맥에도 그 출발점이 있다. 과거 30년 간 필자는 신생 용어 '한철학'에 대하여 학자로서 책임지는 세월이었다고 할 수 있다. 처음 이 용어가 학계에 나왔을 때에 무시와 핍박은 상상을 초월하였다.

1985년 2월 필자는 감리교신학대학 종교철학과에 초청을 받아 교수 생활을 시작하였다. 공부하던 미국과는 달리 한국 학계는 예나 지금이나 변하지 않으려는 수구성과 교수들의 기득권 지키기에는 변함이 없었다. 그리고 1985년 정부에서 단군성전 짓기의 불똥은 그대로 나에게 떨어져 신학대학 안에서는 교수 학생들이 단군성전 짓기 앞잡이로 나를 몰기 시작했으며 한 학기만 강의하고 재임용에서 탈락했다. 주변에서는 '한'이란 말을 사용하지도 말고 학교 당국에 가 용서를 빌라고 했다.

그러나 한에 대한 나의 신념은 불로 녹일 수도 물로 쓸어버릴 수도 없었다. 한의 사전적 의미 속에 있는 '일, 다, 중, 동, 혹'과 다른 22가지 의미는 광산의 금광맥과 같다고 생각했기 때문이다. 물론 한의 이러한 가치 발견은 전공한 과정철학의 영향이 컸다. 지도교수 존 캅 교수와의 논문 지도 과정에서 나눈 대화는 상호 그 중요성을 실감하게 되었으며 그래서 그는 '한철학' 출판의 서문까지 써 주게 되었다. 2013년 엘에이에 있었던 16차 한사상 대회에서는 특강까지 해 주었다. 2014년에는 일과 다의 문제를 강의해 주기로 했다. 그 만큼 한 개념 속의 일과 다는 한국적인 동시에 보편적인 철학의 주제이다. 그런데 막상 국제학자들은 이를 모르고 있다. 일과 다의 관계에서 역설 즉, 러셀 역설이 발생한다는 것을 지적해 주어도 한을 외면한다면 학자 스스로의 무지를 폭로하는 것 이상도 이하도 아닐 것이다.

1988년 한신대학교 철학과에 다시 임용이 되었으나 한철학의 시련은 계속되었다. 1989년 동구권이 변하기까지 대학 안에는 마르크스 사상이 풍미하고 있었다. 과정철학과 한철학은 함께 관념론으로 몰릴 수밖에 없었고 시쳇말로 명함도 꺼낼 수 없는 상황이었다. 그러나 한신대학교에 있는 20여 년의 시간은 나에게 생활의 안정과 함께 한철학 연구에 박차를 가할 수 있는 절호의 기회였다. 강의는 강의대로 연구는 연구대로 기차의 철길 같이 병행하는 시기였고 2006년 은퇴할 때까지 20여 권을 낼 수 있었던 것도 모두 한신대학교에서 베풀어준 은택 때문이다.

이 책의 재출간과 함께 나를 학교에 다시 임용해준 고 고재식 총장님을 비롯한 여러 교수님들께 심심한 감사의 말을 드리지 않을 수 없다. 학문의 세계에서 감정적 보복은 스스로 자멸하는 첩경이다. 감리교 신학대학은 재임용 탈락을 하기 위해 학문적으로 그리고 개인적으로 나를 악마화 시켜 놓은 것에 대하여 답하여 할 것이다. 재출간 되는 『한철학』과 그 이후 필자가 쓴 학문적 내용에 대하여 대화로 응하고 답해야 할 것이다. 그들이 당시에 내 놓은 유인물들이 지금 와 볼 때에 역사가 어떻게 심판하고 있는 가를 똑똑히 보아야 할 것이다. 1994년 북은 단군릉을 복원하였고 개천절 행사를 2006년까지 매년 치렀다. 남북이 재통일하는 데 단군은 하나의 함수이다.

여기서 30년 동안 한철학이 전개돼 나온 간략한 역사를 적는 것은 독자들이 앞으로 한을 연구하는 데에 도움이 될 것이다. 1980년대 후반기는 역사 영역 연구의 기간이었다. 1985년 미국에 있는 동안 CalUMs 대학교 데이드 박 총장님은 수많은 역사 사서들을 한국에서 나에게 날러다 주셨다. 그 가운데 『천부경』과 『삼일신고』는 과정철학에서 고심하고 있는 절대무와 인격신의 절묘한 조화를 말하는 자료였으며 일과 다의 관계를 이 만큼 잘 설명한 자료를 만나 본 처음 자료였다. 그 결과로 『한철학』이 나오게 된 것이다.

그런데 막상 한국에 들어오니 이들 자료들이 위서 시비에 휘말려 있었고 학계에서는 중세기 마녀들이 가지고 다니던 주물 같은 취급을 하고 있었다. 그러나 신학을 공부한 나로서는 기독교의 성경이 19세기 합리주의와 실증주의 사관에 의하여 천부경/삼일신고가 겪고 있는 상황과 같은 위서 시비에 처하게 되었고 이는 위서 시비를 신학에서 해결할 수 있다는 확신을 갖게 했다. 기독교 신학에서는 양식사 비판과 문헌 비판을 통해 위서 논쟁이 종식된 상태인데 지금 한국 학계는 번지수도 모르고 촌티 나는 위서 시비 논쟁을 벌이고 있다. 이 문제를 먼저 말해 두지 않으면 천부경/삼일신고를 한철학의 주제로 삼고 있는 데 대한 비난과 비판을 피할 수 없기 때문이다.

감리교 신학대학 재직 시 옆방에 있던 방석종 구약학 교수님과 나눈 대화는 인연이 되어 방교수님은 구약 연구에서 사용한 방법론을 『환단고기』 같은 문헌에 적용하여 위서 시비에 획기적인 선을 그으셨다. 한마디로 말해서 소위 위서라고 취급되는 문서들에 대하여 한 세기 전 성서학자들이 했던 방법론을 적용해 보라는 것이다. 필자는 신학교 입학과 함께 이 방법론을 배웠기 때문에 천부경/삼일신고를 한철학에서 다루는 데 아무런 거부감이 없었다. 첨언을 하나 더 해 두면 데리다와 푸코같은 탈현대 철학자는 문헌의 저자, 저작 장소 그리고 시기 같은 것 다 무시하고 그 문헌 자체가 말하고 있는 것이 무엇인지만 알라고 했다. 한 마디로 말해서 아직 위서 시비 운운하는 근현대적 연구 방법론에 몰두하는 국내 학자들 촌스럽다 아니 할 수 없다. 세상 물정 모르는 우물 안 동네 개구리 이상도 이하도 아니다. 내가 『한철학』에서 천부경과 삼일신고를 애지중지 다룬 이유에 대한 변이다.

이와같이 1980년대는 위서 시비 논쟁과 함께 한의 역사 영역에 몰두할 때이다. 아마도 해외에서 받은 충격이 가시지 않았기 때문이다. 이에 3권의 책이 나왔다. 『한사상』(1986년), 『인류문명의 기원과 한』(1987) 『한밝문명론』(1988)이 그것이다. 이들 저서들은 재임용 탈락기간 동안에 쓴 것이다. 『한밝문명론』은 1985년 귀국할 당시 캐나다 리자이나 대학 오강남 교수님이 소개해준 Ken Wilber의 『Up From Eden』을 한의 문화목록어 알감닥박에 적용하여 쓴 것이다. 『인류문명의 기원과 한』은 세계 문명 발상지에서 본 한의 의의를 신의 이름들을 중심으로 하여 다루었다. 특히 수메르어와 한국어와의 관계는 고 조철수 박사에 의하여 심화 전개된 바 있다.

1988년 학교에 다시 임용됨과 함께 전공인 철학에 저술 활동이 제약받을 수밖에 없었다. 한국의 대학 교수들이 창의적이지 못하는 이유는 바로 전공분야의 제약성 때문이다. 이들은 이 사실을 모르고 있다. 자기 전공이 아닌 분야를 다루는 것을 잡식이라 하는 것처럼 바라본다. 지도 교수인 캅 교수만 하더라도 신학자이지만 정치, 경제, 여성, 생태 등 전 분야를 망라한 저술활동을 하고 있다. 그의 창의성은 그의 잡식에 있다고 해도 과언이 아닐 것이다. 마치 음식도 잡식을 해야 몸이 건강한 이치라 할 수 있다.

1990년대 10년 기간은 과학과 철학 영역에 몰두 하던 때이다.『러셀역설과 과학혁명구조』(1997)『퍼지와 한국문화』(1992)『화이트헤드와 동양사상』(1993),『카오스와 문명』(1994)『세계 철학과 한』(1989)『현대물리학과 한국철학』(1991)『한사상의 이론과 실제』(편집 1990),『카오스 시대의 한국 사회』(1997),『초공간과 한국문화』(1999) 등이 모두 이때에 나온 책들이다. 이들 저술 들은 제목에서 그러한 바와 같이 '한'을 신과학의 여러 주제와 연관을 시킨 작업들이었다.

2000 년대에 들어 와 자연히 관심은 논리학으로 기울어졌다. 한철학에서 이미 한을 부분과 전체의 개념으로 정의한 이상 역설, 즉 러셀 역설은 이미 피할 수 없이 그 속에 잉태하고 있었다. 결국 한의 일과 다의 문제는 늘 뇌리 속에서 시원치 않게 괴롭히던 난제 거리였다. 이 논리적인 문제가 명쾌해지지 않으면 한철학은 그 기반을 상실하는 것이나 마찬가지이기 때문이다. 이에 한철학의 논리적 근거를 제시할 자료들을 찾던 중 대학 시절 한태동 교수님이 일러 주신 원효의 판비량론에 관심이 돌려질 수밖에 없었다.

한국 철학에는 논리학이 없다고 조롱하지만 실로 판비량론은 한국적 논리학의 결정판이다. 두 권의『판비량론연구』(2003),『판비량론 비교연구』(2004)는 이어지는 한의 남겨진 숙제를 해결하기 위해

씌여졌다.『동학과 신서학』(2000),『수운과 화이트헤드』(2001)등은 한국적 논리학을 동학에 적용해 본 것이라 할 수 있다.

논리학에 대한 관심은 지금까지 이어지고 있으며 동양의 역이 다름 아닌 동양적 논리학 책인 것을 나름대로 판단하고『한의학과 러셀역설 해의』(2005)『역과 탈현대의 논리』(2006)가 은퇴한 이후 출간되었다. 물론 한국적 논리를 발견하자면 중국의 역과 한국의 역이 다르고 같은 점이 무엇인가를 파악하는 것이 첩경일 수 있다. 그래서『대각선 논법과 역』(2012),『대각선 논법과 조선역』(2013),『대각선 논법과 정역』(예정)이 연작으로 출간되었다. 앞으로 시간이 허락하는 대로 대각선 논법으로 한철학을 정리하는 과제가 남겨져 있다.

여기서 대각선 논법이 2000년 대 말부터 자주 대두되는 이유는 '한'의 일다중동혹一多中同或이 칸토어가 말한 대각선 논법의 제 요소들을 함의하고 있기 때문이다. 다시 말해서 대각선 논법의 용어들을 구사하면 한의 구조 전모가 구명될 수 있기 때문이다. 그래서 앞으로 대각선 논법과 한의 구조적 관계에 관한 연구가 더 이어질 것이란 말이다.

실로 상생출판사에서『한철학』재출간과 함께 필자는 과거 30년 간의 연구 결과를 재검토해 볼 수 있게 되었다. 이렇게 재검토한 이유는 한이라는 광맥은 결코 한 세대에 그 연구가 끝날 문제가 아니라는 것을 강조하기 위해서이다. 책이 잘 팔릴 기준으로 그 동안 저술을 하였다면 이렇게 연구 작업을 해 낼 근기를 지속시켜 나올 수 없었을 것이다. 무엇보다 나는 우리 민족 문화 유산을 자랑스럽게 생각하고 남이 이를 폄하하거나 우리 안에서 이를 모멸스럽게 생각하면 참을 수 없는 발작이 몸 안에서 일어난다.

민족주의가 석양의 해 같이 꺼져 가고 국수주의가 가장 위험시 되는 마당에 지금 하고 있는 작업들을 남들이 볼 때에는 국수장사나 하는 것처럼 보일 것이다. 감신대를 나올 때에 학교 앞에서 국수 장사나 해 먹고 살아라는 소리도 들었다. 과연 내가 하고 있는 작업이 국수주의 광신자들이나 하는 짓의 그것과 같은 것인가. 집단 최면에 걸 때에 한 개인이 견디어 낸다는 것은 여간 어려운 일이 아니다. 지금 우리 학계는 일본이 건 집단 최면에 걸려 해방 된 지금은 이들이 역으로 강단이라는 무대를 배경으로 나 같은 사람들을 집단으로 괴롭히고 있다. 특히 종교라는 광신의 덧 옷을 입을 때는 그 정도가 광기로 변하고 만다.

혹자들 가운데는 '한'을 민중신학의 恨과 혼동하기도 하여 한연구가 마치 배부른 자들의 넋두리 같이 여기는 민중신학자들도 있었다. 그러나 한과 恨은 서로 불가분의 관계로 동시 작업을 해야 할 과제이다. 우리 민족 종교에서 말하는 천지공사와 해원상생이란 다름 아닌 양자의 결합이 아니던가.

아무쪼록 상생출판사에서도 30년이나 지난 한철학을 재출간한다고 결정했을 때에 출판사는 그 누구보다 출판 감각이 빠른 곳이라고 생각할 때에 책을 쓴 필자보다 더 앞서 출판 여부에 민감했을 것이다. 책의 가치와 상업성을 동시에 생각해야 하기 때문이다. 재출판의 소식을 들은 필자로서는 이 점에 있어서 감사하게 생각하지 않을 수 없다. 유난히 무덥던 금년 여름 동안 책을 편집하는 과정에서 수고해 주신 전재우 국장님을 비롯한 편집부 여러분들께 심심한 감사의 말씀을 안 드릴 수 없다. 무엇보다 상생출판사와 필자 사이에 고리를 만들어 주신 이찬구 박사님의 세심한 배려에 감사드린다. 아마도 한 개인이 위에서 열거한 저술을 하는 동안 가족들의 인내도 한계가 있었을 것이라 짐작할 것이다. 지난 30년을 돌이켜 생각할 때에 분노와 격정, 그리고 은혜와 감사를 함께 생각하지 않을 수 없었다.

4346년(2013년) 8월 중순
모하비 사막도시 빅터빌에서 씀
김상일(Director of Han Research Center)

새로 찍는 『한철학』에 부치는 글

『한철학』은 1982년부터 광주학살 장면을 미국 텔레비전을 통해 목격하면서 쓰기 시작한 책이다. 같은 동족끼리 그렇게 비참하게 학살하는 장면을 바라보면서 장차 이 민족의 장래가 암울하게만 느껴졌다. 어떻게 앞으로 우리가 같은 땅 위에서 같이 살아가야 할지 앞이 어둡기만 했었다. 우리 민족이 이렇게 찢어진 근본 원인이 남북 분단에 있다고 생각하게 되었다. 언젠가는 우리 민족이 '하나'된다는 대전제를 세우지 않으면 안 된다고 생각하였다.

그러나 이러한 대전제는 받아들여지지 않은 상황이었다. 1985년 귀국하여 당면한 상황은 기가 막힐 노릇이었다. 한철학은 단군교의 앞잡이로 매도되어 첫 대학교수 생활을 시작한 감리교신학대학에서 쫓겨나게 되었다. 그리고 다른 한편으로는 마르크스주의자들에 의하여 투쟁력과 갈등을 악화시키는 대중의 아편쯤으로 배척을 받았다. 국내 사학계로부터는 국수주의자로 몰리게 되었다.

『한철학』이 나온 이후 과거 10여 년 동안 겪었던 곡절을 간단히 요약해 보았다. 어느 신문에서 단군이 안방과 사랑방 다 내어주고 바깥 행랑채에서 셋방살이 하는 만화를 본 적이 있다. 이 땅에 단군이 있을 곳이 없듯이 『한철학』이 몸둘 곳은 가히 없었다.

그러나 놀라운 사실은 책의 쇄를 거듭하여 6쇄를 인쇄하게 되었다. 6쇄를 마지막으로 『한철학』은 시중 서점가에서 사라지게 되었다. 독자의 독촉과 그 무엇보다도 지금이야말로 원래 의도했던 대전제가 필요할 때라는 것을 절감하게 되어 책을 다시 내게 되었다. 북한에서 단군릉을 준공한 것을 우리는 대승적 차원에서 긍정적으로 받아 들여야 한다. 단군 이외에 민족통일의 구심점이 없기 때문이다. 『한철학』은 단군 없이는 성립될 수는 없을 것이다. 광주항쟁 이후 우리가 다시 '하나'되지 않으면 안 된다는 전제는 이제야말로 제 때를 만난 것이다. 그러나 우리는 '하나'되자고 하면서도 그 하나 되는 철학과 방법을 모르고 있다. 『한철학』은 하나되는 이정표를 제시해 보려고 나름대로 모색해 본 책이다.

그 참혹한 학살의 장면을 바라보고 수많은 고뇌 끝에 도리어 왜 '하나'됨의 갈구를 하게 되었을까? 같은 고뇌를 겪어보지 못한 사람들은 이 책을 한갓 국수주의자의 강변 혹은 아편주사쯤으로 치부하게 될 것이다. 우리는 궁극적으로 다시 '하나'되어야 한다는 결론에 도달해 본 분들만이 이 책의 첫 장을 열어 주기 바란다.

온누리 출판사를 통해 세상에 『한철학』이 다시 빛을 보게 된 것을 독자들과 함께 기뻐하는 바이다.

1994년 10월 18일 한신대학교 연구실에서

김 상 일

존 캅John B.Cobb, Jr.의 서문

너무나 오랫동안 서구의 사고 유형이 모든 사상을 평가하는 기준으로서 지배해 내려왔다. 서구가 군사적으로 주도권을 잡아온 데에도 그 원인이 있으며, 또 다른 이유로는 서구 사상이 자연과학의 발전과 기술에 크게 기여해 왔다는 데에서도 찾을 수가 있다. 서구 사상은 저돌적인 젊은 세대에 매우 매혹적이었으며, 이로 인하여 아시아·아프리카의 사상은 주류에 끼지 못하는, 즉 '발전 Progress'이라는 부류에 끼지 못하는 것으로 취급되어 버렸다.

그런데 하나의 역설적인 사실은, 서구 사상 자체가 민족주의를 탄생시켰으며, 이 민족주의는 서구 사람들의 자기 문화에 대한 우월주의적 교만과 함께 탄생했다는 것이다. 이와 같은 서구 사상의 우월주의는 모든 전통 사상에 대한 후견인 노릇을 하는 자리에까지 서게 되었다. 이렇게 되자 서구 사상은 당면한 세계 문제에 대하여 근본적인 해결을 위해 공헌하려고는 하지 않고 한갓 전시 효과만 내는 데에 그치게 되고 말았다.

이에 비하여 아시아·아프리카의 사상들은 전시 효과적이 아니라 영구성을 띠고 있으며, 동시에 요즘 문제시되고 있는 인간을 전체적으로 보는 데 있어서 대단히 큰 공헌을 하고 있다. 얼마 전까지만 해도 매우 성공적인 듯하던 서구 사상은 이제 파국 직전에 처해 있다. 과학적 이론도 이제 더 이상 현실에 맞지 않고, 그 결과로서 과학은 이제 점차 비합리적으로 되어 가고만 있다. 그래서 지금은 현대 사회 생활에 적합한 새로운 양식의 사상이 절실히 요청되고 있는 실정이다. 다른 한편 종교적인 면에서 볼 때, 기독교에 대한 불만은 고조되어 가고 있고 그 반작용으로 현대인들은 지금 동양에로 눈을 돌리고 있다. 여기서 동양이라고 함은 주로 인도와 중국과 일본을 두고 하는 말이다. 지금까지 서구 사람들은 한국이란 한갓 중국 문화의 위성권에 속해 있었으며, 한국 문화는 일본에 와서야 완성되었다고 믿고 있다. 한국 사람들마저도 자기들의 전통 문화에 대한 이런 식의 이해를 받아들이도록 강요받고 있으며, 그 책임은 아마도 서구의 이념과 종교를 맹목적으로 받아들인 사람들에게서 찾아보는 것이 옳을 것이다.

그러나 최근의 고고학의 발굴 등 새로운 역사 연구는 이러한 한국에 대한 견해를 전혀 다른 방향으로 바꾸어 놓고 있으며, 새로운 양상을 우리에게 보여 주고 있다. 즉, 한국은 중국의 위성 문화권에 속하는 것이 아니라, 그 역사의 초창기에 있어서 중국 문화를 창조한 주인공이며, 동시에 자국의 고유한 문화를 지켜 보존해 내려왔다는 사실이 지금 하나하나 밝혀지고 있다. 즉, 지금까지 중국 문화로 알려져 있던 것들의 많은 부분이 한국의 전통 문화 속에 그 순수한 모습대로 보존되어 내려오고 있다.

한 가지 특별한 예를 들어 보면, 종교적인 생활에 있어서 한국의 기독교인들은 아시아의 어느 나라에서보다도 더 서구의 기독교를 잘 받아들여 신앙생활을 하고 있으며, 동시에 가장 오래된 극동 아시아의 전통을 매우 순수한 모습대로 지켜 보존하고 있다는 것이다.

현재로서 한국에는 이 두 면이 상당히 부적합한 형태로 상호 인접되어 있는 상태이다. 즉, 한국의 대중 기독교 속에는 분명히 샤머니즘적 요소가 내포되어 있으며, 한편으로는 19세기에 유행하던 서구 신학 사상들이 아직도 신학계 안에서 제 틀을 잡지 못하고 있는 실정인 것 같다.

민간 신앙 속에 신학이 아직도 토착의 뿌리를 내리지 못하고 있는 이유는 서구 신학 자체에 더 큰 문제가 있기 때문이라고 본다. 서구 사상이 이원론Dualism과 실체론Substantialism적 사고에 빠져 있는 한, 서양 기독교의 토착화에 있어서 두 사상은 결국 영원히 평행선을 달리고 말 것이다. 그런데 다행히도 서구의 이러한 이원론적, 실체론적 사고 방식에 강하게 저항하면서 등장한 사상이 있는데, 그것은 A.N. 화이트헤드의 과정철학 사상이요, 그의 철학에 덕 입어 전개된 과정 신학Process Theology이라고 할 수 있다. 이러한 과정 철학 사상은 그 일반적인 경향에 있어서 전통 동양 사상과 많은 공통점을 가지고 있다. 이러한 공통점은 아시아의 어느 나라에서보다도 한국 사상의 보다 근원적인 차원에 있어 현저하게 나타난다. 즉, 한국의 전통 철학 사상이 중국이나 일본에 비해 훨씬 더 비이원론적이고 비실체적이라는 것이다.

예를 들어, 한국의 불교를 중국의 그것과 비교할 때에 후자는 아직도 이원론적, 실체론적 사고의 테두리에서 완전히 벗어나지 못하고 있는 데 비해, 한국은 완전하다고 할 만큼 이원론과 실체론적인 테두리를 극복하고 있다는 것이다. 이러한 한국 사상을 통해 과정 철학을 이해할 때에 과정 철학은 오랜 전통을 가지고 있는 사상과 접하게 되어 더욱 심화될 수 있으며, 동시에 한국 사상은 과정을 통해 현대적으로 발전할 수 있을 것으로 본다. 이것은 한국 기독교의 토착화와 동서 사상의 융화라는 데 크게 공헌할 것이다.

이러한 학문적인 노력을 하고 있는 사람이 바로 김상일 박사라고 보며, 그의 학문적 경험의 많은 부분들이 이러한 면을 나에게 보여 주었다. 김상일 박사는 비이원론적 한국 사상은 비시원적非始原的인 것이라고 정의하여, 이를 한국 전통 속에 널리 알려져 있는 〈한〉개념에 적용시켜 『한철학』을 저술하였다. 그에게 있어서 과정 철학의 연구는 그가 나를 한국 사상에로 눈을 돌리게 했으며, 서양의 과정 철학을 넘어선 자리에까지 가게 했다.

한국 사상에 대하여 미비한 정도밖에 알지 못하는 서구인인 내가 이 결과에 대하여 평가를 내릴 수는 없다. 그러나 김상일 박사는 그의 학문적인 통찰력을 설명할 때에 나에게 많은 학문적 조명을 던져 주었으며, 서구의 과정 철학이 고대 동양 사상에서 배워야 할 점이 많다는 것을 분명히 느끼게 했다. 그리고 동양 사람들이 현대 과학적인 방법론과 우리 히브리 전통 속에 있는 예언자적인 흐름을 이해하는 데 있어서 서로 가교를 놓을 수 있음을 발견하게 되었다. 이 책이 앞으로 이러한 역할을 하는 데 공헌할 수 있게 되기를 바라며, 김상일 박사가 바로 이러한 노작을 하는 데 적합한 사람 가운데 하나라고 믿는 바이다.

1983년 8월 클레어몬트에서

존 캅(John B. Cobb. Jr)

저자 서문

일본이 지난 36년 간 한국에 입힌 문화적인 피해는 쉽게 치유될 수도 없고 보상될 수도 없음을 막상 해외에 나와 보면 뼈에 사무치게 느끼게 된다. 우리의 역사와 문화를 왜곡시켜 말살하려던 일본의 음모는 국내에서보다는 국외에서 더 심각하여, 세계 도처에서 지금 그 영향을 안 받는 곳이 없다. 미국의 각 대학 강의실은 일본학으로 붐을 이루고 있으며, 일본학은 동양학의 대표격이 되어 버렸고, 도서관에는 일본 연구에 관한 자료들이 선반을 매우고 있다. 여기에 한국학이란 일본학이나 중국학의 연장 정도로밖에 알려져 있지 않다. 일본이나 중국을 알면 한국은 저절로 알 수 있다는 것이 현금의 서구인들의 통념인 것 같다. 그리고 서구인들의 대부분은 한국말이 중국말이나 일본말과 같은 줄로 알고 있다.

왜 이러한 현상이 생겨났는지는 다 알고 있다. 다만 이를 얼마나 심각하게 생각하느냐가 문제이다. 꼭 우리 것이 세계에 알려져야만 자랑스러운 것은 아니지만, 사실이 왜곡되어 소개되고 있는 현실은 우리의 생존 문제와도 연결되느니만큼 보고만 있을 수는 없다. 일본의 독도 왜곡, 중국의 동북공정 왜곡은 모두 침략적 근성이 뒷배경인 것이 문제이다.

필자가 공부하던 남가주 클레어몬트 대학원 뒷산에는 산타아나 사막 식물원이 하나 있다. 그 식물원에는 나이테를 가리키는 나무토막이 하나 전시되어 있는데, 이 나무의 나이테에 의하면 CE 665년 '그때 천 년 동안 중국이 지배하던 한국을 일본이 해방시켰다'고 기록되어 있다. 그 해는 신라가 삼국을 통일하기 불과 몇 해 전이 아닌가? 초등학생 정도라도 다 알고 있을 역사적 진실을 두고도 일본은 우리의 고대역사를 이렇게 왜곡시켜 외국에 소개하고 있다. 이 나이테의 기록을 쓴 사람은 일본의 사료에 근거하였음이 분명하고, 이에 근거하여 미국 등 전 세계의 교과서에 수정없이 그대로 실려지게 되었다.[1] 이는 많은 예들 중 하나에 불과하다. 그러나 천박한 꾀에 의해 조작된 역사는 쉽게 묻혀 넘어갈 수 없는 법이다.

명치유신 이래 일본이 탈아론脫亞論을 부르짖고 서양인 행세를 해 왔지만, 서구 문명이 지금 도달한 결과를 안다면 과히 잘된 출발은 아닌 것 같다. 19세기 서구에서 대두된 실증주의와 합리주의를 답습하여 한국의 것을 비합리적 내지 비과학적인 것으로 비하시켜 '엽전', '합바지'라 하여 멸시해 버렸던 것이다. 이러한 일본인들의 견해에 부화뇌동한 우리 한국 사람들마저도 스스로를 그렇게 자학해 왔다. 게다가 해방 이후 서구에 가서 교육을 받고 돌아온 학자들이 국내에 대거 진출함에 따라, 서구의 과학성, 합리성은 더욱 강조되었고 상대적으로 우리 것은 비합리적, 비과학적인 것으로 매도하게 되

---

1) 필자는 식물원 당국에 자료를 제시하여 "CE 665년에 한국이 분열된 나라를 통일하기 위해 첫 발을 내딛기 시작하였다."로 고쳤다.

고 말았다.

그러면 서구의 합리성 내지 과학성이란 것이 과연 무엇인가? 이를 규명하자면 서양의 전통 철학을 알지 않으면 안 된다. 서양의 전통 철학은 철저하게 실체론적Substantial 바탕 위에 서 있다. 실체론적이라 함은 무엇이 궁극적으로 존재Being한다는 사상이다. 뉴턴의 입자이든, 중세기의 신이든, 칸트의 물 자체이든, 서구 철학은 있다는 실체를 떠나서는 생각할 수가 없다. 실체는 비실체적인 것과 구별되어 실체와 비실체 사이에 이원론Dualism을 성립시켰으며, 자연히 비실체적인 것은 실체적인 것에 시원적Orientable인 것이 되고 말았다. 비실체는 실체로부터 나왔다는 생각 말이다.

여기서 시원적이라 함은 이쪽에서 저쪽으로 향하여 움직이나 그 반대는 될 수 없는 경우를 두고 하는 말이다. 이러한 시원적인 사고방식은 서구인들의 사고 속에 만연되어 있다.

필자는, 정도의 차이는 있을망정 인도나 중국 사상 속에서도 실체론적 시원성始源性은 완전히 극복되지 않고 남아 있다고 본다. 서양인들이 논리적이라 함은 처음에서 끝으로, 위에서 아래로, 뒤에서 앞으로 직선적으로 움직여 나감을 뜻하는 시원적始原的이란 말과 같다고 할 수 있다. 일본이 우리를 조롱하여 엽전이라, 합바지라 함은, 엽전이나 한복 바지가 둘 다 앞뒤의 구별이 없기 때문이 아닌가 생각된다. 즉, 시원적인 것에 대해 비시원적Nonorientable이다. 그렇다면 합리성과 과학성을 추구해 오던 서구 사상이 마지막 인류에게 안겨 준 결과란 무엇인가? 이는 세계의 이념적 양극화, 자연과 인간의 괴리, 인간 내부의 의식과 무의식의 심각한 분열의 초래인 것이다. 이 때 서구 철학자들은 스스로 시원적, 실체론적, 이원론적 사상 체계의 한계성을 절감하기 시작하였으며, 드디어는 비시원론적, 비실체론적, 비이론적인 것의 가치에 관심을 돌리게 되었다. 이러한 서구 전통 철학의 막다른 골목에서 나온 새 사상이 A.N.화이트헤드의 과정 철학Process Philosophy이다. 과정 철학의 창시자인 화이트헤드는 자기 사상이 서양보다는 동양에 더 가깝다고 고백했었다. 여기서 동양이라 함을 더 국한시켜 한국을 보면, 이 고유한 사상인 〈한〉사상 속에는 비시원적인 요소가 가득 담겨 있다.

철학의 가장 핵심이 되는 문제는 역시 '일一'과 '다多'의 문제이다. 우리의 〈한〉이란 말은 '하나'라는 의미와 '여럿'이라는 의미를 모두 포함한다. 〈한〉의 요소는 한국인의 이념 세계뿐만 아니라 종교와 문화 전반에 걸쳐서 그 기저를 이루고 있다. 이는 7세기의 한국 불교와 중국 불교를 비교해 보면 더욱 뚜렷해진다. 7세기에 원측, 의상, 원효 등은 중국에 불교를 수출하여 큰 영향을 끼쳤던 것이다. 이는 신유학의 경우에서도 마찬가지다. 남의 것을 우리 것으로 바꾸는 우리 고유의 창조적 요소, 그것이 바로 우리의 고유 사상의 핵인 〈한〉이다. 이 〈한〉의 요소는 남의 것을 받아들여 우리의 것으로 바꾸는 과정 어디서나 나타난다.

〈한〉을 하나의 철학 체계로서 구성하려 할 때 당장 부닥치는 문제가 자료난이다. 그간에는 〈한〉을 취급할 만한 자료가 단군 신화 정도였다. 그러던 가운데 1982년 여름,『천부경天符經』과『삼일신고三一

神誥』를 접할 수 있었던 것은 큰 다행이다. 이 두 자료는 지금 대종교측에서 경전으로 사용하고 있다.『천부경』은 81자,『삼일신고』는 366자로 된 짧은 글이지만, 〈한〉사상을 담고 있는 귀중한 자료이다.

과정 철학은 전통 서양 철학의 실체 개념을 부정하고 과정Process이라는 말로 대신하였다. 과정이라는 말은 실체 개념에서 연유된 이원론을 극복하기 위해 생겨난 것이지만, 동양 사상은 그 출발부터 비실체론적, 즉 과정에 근거를 두고 있다. 이러한 과정의 개념이 성숙한 경지에 도달한 것이 〈한〉이다. 서양에서 실체가 과정으로 옮겨지는 데 수천 년이 걸린 것과도 같다. 정도의 차이는 있겠지만 동양에서도 과정 개념이 완성된 것은 한국의 〈한〉사상에서이다. 이러한 〈한〉사상이 구현되어 있는 자료가 바로『천부경』과『삼일신고』이다.

서양의 과정 철학이 나오기 오래 전에 이미 한국에는 〈한〉으로 규정되는 비실체론적, 비이원론의 사상 체계가 있어왔던 것이다. 그렇다고, 여기서 서양의 과정 철학에 〈한〉철학을 견강부회시키려는 것이 아니라, 다만 과정 철학의 용어와 방법론을 빌어서 〈한〉철학의 과정 철학적인 면을 천착해 보려는 것이다. 필자 자신이 두려워하는 바는 바로 한국의 고유 사상이 서구에서 등장한 또 하나의 사상에 의해 수난을 당하지나 않을까 하는 염려이다. 건축가가 버린 돌이 집의 모퉁잇돌이 될 수 있듯이, 이제 비합리적이요, 비논리적이라 멸시하고 무시했던 엽전과 합바지의 가치가 세계 사상의 흐름 속에 하나의 주류를 이루어 앞으로 나아가게 되었다. 〈한〉철학은 과정 철학과의 관계에 있어서 상보적相補的인 역할을 할 것이다.

과정 철학은 〈한〉철학으로부터 그 응용성, 즉 신학, 윤리, 문화 전반의 생활화에 도움을 받을 것이다. 그리고 〈한〉철학은 과정 철학으로부터 체계의 일관성과 보편성을 배우게 될 것이다. 과정 철학은 〈한〉철학으로부터 풍부한 삶의 내용을 받을 것이며, 〈한〉철학은 과정 철학에서 정밀한 개념의 세련화를 배우게 될 것이다. 그리하여 창조적인 변화Creative Transformation를 이루게 될 것이다. 이는 마치 7세기의 한국 불교가 그러했고, 15세기의 한국 유교가 그러했던 바와 같다.

본서는 크게 〈한〉의 짓Style과 꼴Shape로 나누어 〈한〉철학을 다루고 있다. 여기서 짓이라 함은 〈한〉사상이 어떻게 보이지 않는 모습으로 나타났는가를 고찰하는 것이고, 꼴은 눈에 보이는 모양으로서 어떻게 나타났는가를 고찰하는 것이다. 그래서 짓과 꼴은 〈한〉의 눈에 보이지 않는 모습과 보이는 모양으로 편의상 나누어 고찰한 차이일 뿐, 그 내용과 의미에 있어서는 같다. 이 양자를 모두 『천부경』과 『삼일신고』를 통해 찾아보자는 것이 본서의 목적이다.

필자는 연전에(1974) 한복 바지의 구조를 易과 뫼비우스 고리의 원리를 응용하여 『對(전망사)』를 저술하였다. 1982년 『한 철학』을 쓰는 과정 중, 우연히 박용숙의 『韓國古代美術文化史論』에서, 박용숙이 필자의 한복 바지의 구조 이론을 『천부경』, 『삼일신고』에 연결시켜 놓은 것을 발견하게 되었다. 이는 같은 분야에서 연구해 온 사람들이 스스로 자기 분야에서 얻은 연구의 결과이다. 여기서는 『對』의 내용을 보충하고, 그것을 『천부경』, 『삼일신고』에 연결시켜 봄으로써 그 내용을 확장시켰다. 그래서 지난 약 20년 간 신학과 동양학을 연구해 온 과정 속에서 하나의 종합적인 개념으로서 〈한〉에 집약시키게 된 것이다.[2]

〈한〉철학을 전개함에 있어서 필자는 역사 과학적인 방법론을 배제하지 않았다. 어느 철학이든 그 철학을 만든 민족과 역사적 배경을 무시할 수 없다. 영국 경험론이 앵글로–색슨족을, 독일의 관념론이 게르만족의 역사적 배경을 무시하고는 이해될 수 없듯이, 〈한〉철학도 한민족을 떠나 생각할 수가 없다. 지금 인류에게 있어서 중대한 과제는 우주 여행을 하는 것 이상으로 수천 년 간 땅 밑에 숨겨진 문화를 발굴해 내는 것이다. 우리는 지금 고작 4,5천 년 된 문화적 유산을 가지고 정신세계를 형성하고 있다. 그러나 인류는 지구상에 수백만 년 전부터 존재해 온 흔적이 있다. 대부분의 문화 유적이 땅 속에 묻혀 그 정체를 숨기고 있다. 이제 하나씩 그 모습이 드러나면 지금 우리가 가지고 있는 모든 문화, 종교, 역사적인 개념은 바뀌어야 할 것이다. 그 중의 한 예가 최근에 발굴된 슈메르 문명이다.

수천 년 간 잊혀졌던 슈메르 문명이 그 정체를 드러내면서부터 대부분의 셈 문화가 슈메르에서 시작되었음이 밝혀지고 있다. 모세의 율법, 창세기의 주요 스토리도 BCE 4000~5000년경의 슈메르 문명에서 기원되었음이 밝혀지고있다. 이 슈메르 문명이 문자나 신화의 내용, 법 문서 같은 것을 통해 〈한〉철학의 주인공인 동이족과 같

---

2) 한복바지 연구는 1999년 『초공간과 한국문화』(교학연구사)로 확장 연구되어 출간되었다.

음을 보여 주고 있어서 앞으로 그 연구 결과가 주목된다. 남북 대륙을 점령했던 인디언이 우리와 같은 북몽골족이라면, 어쩌면 〈한〉철학의 주인공은 인류 문화의 시조라 할 수 있을 것이다. 이제 남의 문화와 종교에 의해 맹목적으로 자기의 것을 팽개치던 시대는 지나갔다. 우리가 바로 세계 문화의 주인이라는 생각을 가질 때가 도래한 것이다.[3]

이러한 주장은 요즘 논란이 되고 있는 국사 논쟁에서 기록사학파들이 주장하는 이론에 동조하고 있지 않느냐 하는 추측을 받게 된다. 본서에서는 실증사 쪽과 기록사 쪽을 아무 편견 없이 다 소개하려고 노력했다.[4] 우리 역사는 위의 양자가 서로 잘 조화되어야 한다고 본다. 궁극적인 목적은 철학을 기술하려는데 있었기 때문에 어느 한쪽의 정확성에 대해서는 많은 관심을 기울이지 않았다. 다만 〈한〉철학의 근원이 깊고도 멀다는 것을 강조하려는데 역점을 두었다. 『천부경』과 『삼일신고』를 환인 천황이 구전으로 전했다고 하여 그 고유성과 역사적 심도를 강조하는 것 이상으로 이들 자료가 담고 있는 이념적인 것 또한 중요하기 때문에, 비록 지난밤에 박 아무개가 기록했다 하더라도 그렇게 문제시되는 것은 아니다. 유난히 우리 사학계의 학자들이 자료의 진위성에 신경을 쓰고 자기 비위에 맞지 않는 자료는 매도하려는 경향 때문에, 가뜩이나 자료가 빈곤한 학

---

3) 이에 대해서는 1987년 『인류문명의 기원과 한』(가나출판사)으로 확장연구되어 발표되었다.
4) 양쪽 모두 이 책이 쓰여지기 이전의 연구결과만을 두고 하는 말이다.

계에 어려움을 가중시키고 있다. 〈한〉철학이 두 경전에 주안점을 두고 있지만, 철학은 일관성, 보편성, 적용성을 구비해야 하는 만큼 다른 자료와의 일관성, 다른 철학과의 보편성, 그리고 현실에의 적용성을 구비한 철학이 당당한 철학적 지위를 구축할 수 있을 것이다. 여기에 사상이 갖는 역사성까지 구비한다면 더욱 좋을 것이다.

　필자의 무지로 어느 한쪽에도 충실을 기하지 못한 채, 하루 속히 민족 고유 사상의 정통성을 찾아 민족의 주체 의식을 세우고자 하는 바쁜 마음으로 이 책을 펴내게 되었다.[5]

1983년 8월 미국 로스앤젤레스 근교에서

김 상 일

---

5) 『한철학』 출간 이후 필자는 2013년 현재까지 한철학에 관한 20여 권의 저서를 출간하였다.

차 례

I. '한'의 유래와 문제성

'한'의 어원과 그 연구
'한'의 논리적 구조
'한'의 철학적 문제성

1. '한'의 어원과 그 연구

나라는 〈한〉국, 그 나라에 사는 사람들은 〈한〉겨레, 그들이 쓰는 말은 〈한〉글, 그리고 그들의 정신은 〈한〉얼이다. 이러한 〈한〉얼을 체계화시켜 놓은 것을 〈한〉철학이라고 한다. 〈한〉이 인격화되어 최고 존재자 '하나님'이 될 때에는 〈한〉의 신학이 이에서 시작된다.[1]

우리 한국인의 심성 깊이, 그리고 넓게 퍼져 있고 깔려 있는 개념이 바로 〈한〉이며, 우리에게서 〈한〉얼이 빠지는 것은 그야말로 얼빠진 허수아비가 되어 버리는 것과 같다. 〈한〉얼을 뽑아 버린다는 것은 곧 식물에서 진액을 뽑아 버리는 것과 같아서 그 자체가 죽음일 수밖에 없다. 그래서 최민홍은 "〈한〉이라고 하는 말은 한국 고유 사상에 있어서 깊은 철학적 의미를 가지고 있었다고 생각한다. 왜냐하면 철학은 물론이요, 종교와 윤리, 도덕, 그 밖의 정치, 경제의 모든 면에 사상적인 토대를 이루어 주고 있었기 때문이다"[2]라고 했다.

〈한〉을 연구해 온 제 학자들은 〈한〉이 생동력 있고 살아 있을 때에는 나라도 활기차 있었고, 그와 반대로 〈한〉이 시들어 죽어갈 때에는 나라도 그와 같았다고 말하고 있다. 위만에게 쫓겨 간 고조선의 준왕이 최초의 외세의 힘 앞에서 나라 이름도, 임금의 이름도, 그

---

1) 최근 '한'은 '한류'와 함께 드디어 국제적 용어로 부상하게 되었다.
2) 최민홍, 『한국철학』, 11쪽.

리고 민족의 이름도 〈한〉으로 지칭한 이후로[3] 〈한〉은 실로 우리의 생사와 운명을 같이 해 온 말임에 틀림없다고 본다.[4]

일본이 우리나라를 합병한 후, 그들은 첫 작업으로서 우리에게서 한얼의 진액을 뽑아 버리려고 했었다. 한국의 국호를 상징하는 명칭을 강제로 고치기 시작, 합방 사흘 만인 8월 31일자로『대한신문』을 『한양신문』으로 그 제호를 바꾸게 하였으며,『대한매일일보』는『매일신보』로『대한민보』는『민보』로 고치게 했다. 이토록 일본은 〈한〉으로 된 국호, 수도 이름, 신문 이름, 지명을 모두 삭제시키고 활자 매체에서 〈한〉을 지워 버림으로써 우리의 얼을 빼는 작업을 제일 먼저 시작했던 것이다. 우리들의 적마저 〈한〉의 위력과 그 저력을 이처럼 두려워했던 것이다.

이제 〈한〉의 어원을 찾아 보면 〈한〉은 단순히 추상적인 개념이 아니고 우리 한국인들의 실존Korean Existence이요, 생물적인 본능에서 우러나온 말임을 발견하게 된다. 먼저 〈한〉의 사전적인 의미를 요약한 후에 〈한〉에 대한 제 학자들의 견해를 종합해 보려고 한다.

한글학회가 지은『큰 사전』[5]을 보면,

한(옛) 환.

간(干)의 원말.

---

3) Woo Kun Han, 『*The History of Korea*』, 16쪽.
4) 황하계 문화가 동이를 상징하며 '君子不死之國'(군자가 죽지 않는 나라)이라 한 것은 우리 〈한얼〉의 기반을 보고 그러했을 것이다…… 〈한얼〉사상은 한국 사상을 푸는 열쇠가 된다. (최창규, 『한국사상』, 20쪽.) 준왕은 없던 한을 발명한 것이 아니고 이미 있던 한을 재발견한 것이다. 국난의 위기 때마다 한은 등장해 왔다. 구한말 '대한제국'이 그 예이다.
5) 한글학회, 『큰 사전』6, (서울, 을유문화사), 3323-4쪽.

한(汗) 돌궐, 몽골 족속들의 '임금'을 일컫는 말

한(韓) 姓의 하나. 대한민국의 준말, (역)대한제국의 준말.

한(언) 하나의 뜻(옛말: 호), '대략'의 뜻으로 수를 말할 때에
　　쓰는 말.

한(언) (옛) 많은, 뭇, 모든, 여러.

　　한부처=多佛

　　한 행이 무상이라=諸行無常

　　한 덕을 모두어=統衆德而

한(머리) 명사 위에 붙어서 '큼'의 뜻을 나타내는 말(한길, 한물),

　　명사 위에 붙어서 '바른'의 뜻을 나타냄(한낮, 한복판).

한글학자 한갑수에 의하면, 우리말에 '하ᄂᆞ니' 혹은 '하니'라는 형용사는 '많다'는 뜻이 있으며, 이것이 관형사로 쓰일 경우에는 '많은', '뭇(衆)', '여러', '모든(諸)'의 뜻으로, 접두사로 쓰일 경우에 〈한〉은 '大', '正', '盛', '强'의 뜻으로 그리고 관형사 '호' 혹은 '한'만이 '하나'의 뜻으로 나타난다고 했다.[6]

이러한 사전적인 의미의 〈한〉을 시時, 공空, 질량의 개념으로 볼 때, 공간 개념으로서의 〈한〉은 넓다는 뜻과 가운데라는 두 가지 뜻을 가지고 있다. 즉, '한길'의 〈한〉은 넓다는 뜻이고, '한가운데'의 〈한〉은 중심 혹은 가운데란 뜻이다. 전자가 밖으로 퍼져 나가는 개념이라면, 후자는 가운데로 모여드는 개념이다. 시간적인 개념으로

---

6) 윤성범, 「환인, 환검, 환웅은 하나님이다」, 『한국 논쟁사』(손세일 편), 1976, 397쪽.

서의 〈한〉은 시간 전체를 뜻할 때와 시간의 어느 중심점을 뜻할 때의 양쪽 의미를 다 가지고 있다. 즉 '한겨울'은 겨울 전부All the Winter를 뜻하는 동시에 겨울의 중심부Midwinter를 의미하기도 한다. 질량 개념으로 볼 때에도 〈한〉은 서로 상반된 두 개념을 동시에 의미하고 있다. 즉, 양 개념으로서의 〈한〉은 쉽게 하나(一)를 의미하나, 동시에 많음(多)을 뜻한다. 질 개념으로서의 '한갓'은 최소한의 개념이고 '한껏'은 최대한의 개념이다.[7]

이와 같이 〈한〉 개념은 야누스와 같이 상반되는 의미의 양면 얼굴을 가지고 있는 어휘로서, 그 내포하고 있는 의미만도 무려 22가지나 된다고 안호상 박사는 지적하고 있다.[8]

①크다(大) ②동이다(東) ③밝다(明, 鮮) ④하나다(單一, 唯一)
⑤통일하다(統一) ⑥꾼, 못(大衆) ⑦오래(久)참음 ⑧일체, 전체
⑨처음(始初) ⑩한나라, 한겨레(韓民族) ⑪희다(白) ⑫바르다(正)
⑬높다(高) ⑭같다(同) ⑮많다(多) ⑯하늘(天) ⑰길다(長)
⑱으뜸이다(天) ⑲위다(上) ⑳임금(王) ㉑온전하다(全)
㉒포용하다(包容)[9]

여기서 〈한〉이 철학적인 개념으로 사용되려면 〈한〉을 다루는 방법론이 문제시된다. 이탈리아의 종교학자 페타초니는 철학(특히 현

---

7) 김상일, 「〈한〉사상의 유래와 전개」, 『뿌리』, 1982년 봄, 19쪽.

8) 안호상, 『국민 윤리학』(서울, 배영출판사, 1977), 147-150쪽.

9) 이상 22가지 가운데 一, 多, 中, 同, 或의 다섯 가지를 중심으로 『한철학』 이후 전개되었다. 90년대에는 과학이론에, 그리고 2000년대에는 논리학 특히 역학에 응용되는 저술 작업을 했다.

상학)을 역사학(혹은 민족학 및 문헌학)의 조력 없이 연구하기란 불가능하다고 했다. 즉, 종교 현상학은 역사의 종교적 이해의 학문이라는 것이다. 그래서 종교 철학과 역사학은 두 개의 과학이 아니고 종합하여 상호 보충하는 두 면이라고 했다.[10] 페타초니의 방법론을 〈한〉 개념에 적용해 보면, 〈한〉을 역사적, 문화적 관점에서 보는 면과 종교적, 철학적으로 보는 두 면을 함께 생각해 보지 않을 수 없다. 그동안 국내에서 발표된 〈한〉에 관한 연구를 이 양면성을 가지고 분류해 보면 아래와 같다.

역사─문화적 관점에서 본 〈한〉의 연구는 다산 정약용에서 육당 최남선에 이르는 연구 계통이다. 다산 정약용의 『아방강역고我邦疆役考』에는 옛날 대륙에서 남쪽으로 이동해 온 한민족이 그들의 우두머리(師長)를 〈한〉이라 불렀고, 이런 통치 형태에서 〈한韓〉이란 이름이 생겼다고 했으며, 『만주원류고滿洲源流考』의 「조선고사고」에서도 〈한〉은 동북아시아 민족 사이에서 군주를 부르는 공통어로 사용되었다고 했다. 우랄─알타이계에 속하는 〈한〉에 관계되는 말들은 모두 '간', '칸', '찬'인데, 신라 법흥왕 7년(CE 520년)에 제정된 17관급 중 제1급 직명이 모두 각간, 이벌간, 우벌찬, 서블한, 서발한 등이며, CE 1206년 몽골 제국의 네 왕국인 이루한, 킵차크한, 차카타이한, 오고타이한 등의 접미어가 모두 〈한〉과 관계있는 말이다. 헝가리어의 'Khan', 'Chan', 'Hahn' 등 일련의 말들도 『옥스포드 대사전』을 찾아보면 모두 'Great', 'Grand', 'Ruler', 'King', 'Governer', 'Prince', 'Load'등의 뜻으로 나타나 있다. 터키의 'Han'은 몽골의 'Hakan'에서 유래된 것이라 한다. 징기스칸Ching-gis-khan도 이 경우에 속한다.

---

10) Raphael Pettazzoni, 『Numen』(1954), S.5쪽.

러시아어, 루마니아어, 몽골어, 불가리아어에도 'Han'의 어원이 남아 있고, 체코어, 독어, 그리고 불어에도 'Chan', 'Kan', 'Khan'의 흔적이 남아있다고 한다.(Karl Lokotsch, Etimologische Wöterbuch der europäishen Wöter orientalischen Ursprupgs. 1927. S. 64.)[11] 이와 같이 〈한〉은 단순히 동북아 일대에 국한되어 쓰어진 말이 아니고, 그 범위가 중앙아시아와 북유럽 일대까지 확장되어 있었다고 볼 수 있다.

이러한 〈한〉의 어원을 좀 더 집중적으로 연구하여 체계화한 사람이 육당 최남선으로, 그의 『불함문화론不咸文化論』을 손꼽을 만하다. 육당은 '푸른 하늘'을 의미하는 'Tengri'에서 출발하여 붉 사상 혹은 불함문화론을 전개하고 있다. '붉'은 몽골어의 'Tengri'에서 유래된 것으로 '밝다'는 뜻을 가지고 있다. 육당은 동북아 일대의 산천 이름, 사람 이름 등에 '白(붉)'자가 들어가는 말이 많다고 했다. 백두산, 태백산, 소백산, 백운대[12] 등, 수많은 산천 이름이 유달리 백白자를 넣은 글자로 구성되어 있다는 것이다.[13] 우리의 단군도 원래는 '당굴' 혹은 '당굴애'로서 Tengri에서 유래된 것으로 보고, 이 Tengri가 동북아 일대에 퍼져 있는 보편적인 종교 개념임을 입증했던 것이다.[14] 이 붉 사상은 '하늘'과 '태양'과 '신'을 하나로 보는 사상으로, 붉이 후대에 와서는 흔(桓, 韓) 혹은 둑(大, 夷)으로, 그리고 한자로는

---

11) 윤성범, 「환인, 환검, 환웅은 곧 하나님이다」, 398쪽. 단재 신채호는 〈한〉은 나라 이름이 아니라 왕의 이름이라고 단정하고 있다(『조선 상고사』, 제3편, 2장 2절).
12) 안호상, 『민족의 주체성과 화랑얼』, 156쪽, 장백산, 백마강, 백산, 천백산, 조백산, 백악.
13) 최남선, 「불함 문화론」(『신동아』, 1972, 1쪽), 조로아스터도 Barkam이고, 터키인들은 Burkhan을 샤먼으로 숭배한다.
14) 특히 'tengri'는 슈메르어의 신의 이름인 'dengri'와 그 어원이 같다는 것이 학자들의 공통된 견해이다.

貊, 發, 夫, 里, 다시 와전되어 香, 方, 扶餘 등으로 변했다고 했다.[15]

이기영은 붉이 흔으로 전음된 유래를 다음과 같이 설명하고 있다. 즉, '白(붉)'을 '희다'라고 하는 것은 흔(태양)의 명사형인 히다→희다의 전성이며, 하→하이→해흔→하이→흔로, 변하면서도 절대 유일의 존재로서의 태양임을 지칭한 것이라고 풀이했다.[16] '밝음'을 '하얀'으로 바꾸어 쓸 때 '붉'과 〈한〉은 쉽게 대치될 수 있다고 본다.[17]

그러므로 '붉'과 〈한〉은 같은 대상을 지칭하는 다른 말이라 할 수 있다. 우리 〈한〉민족이 일찍이 태양을 숭배해 온 것이 사실이며, 이는 추운 바이칼 호수 일대에 거주하다가 밝고 따뜻한 광명을 찾아 남하하면서 생긴 하나의 본래적인 개념이 되어 버린 것이다. 그래서 '붉'사상 혹은 〈한〉사상은 비록 삼국이 나눠져 있을 때라도 온 삼국에 모두 퍼져 있던 지고의 개념임에 틀림없다고 본다.[18]

최남선이 '붉' 혹은 〈한〉사상을 문명권 중심으로 연구한 데 대하여, 김경탁은 종교 발전사적 입장에서 한의 유래를 밝히고 있다. 김경탁은 구석기 시대→신석기 시대→청동기 시대→철기 시대의 순으로 곰→둙→붉→흔이 발전되어 내려왔다고 했다.[19] 약 백만 년 전에 동북아 일대에 '곰'족이 남하하다 백두산을 근거지로 동굴생활을 하면서 '곰'신을 숭배해 왔다는 것이다. 이 '곰'족들은 인류 최초

---

15) 최남선, 『兒時朝鮮』, 19쪽.

16) 이기영, 『민족문화의 원류』, 149쪽.

17) '알, 감, 닥, 밝'을 각각 구석기(알, 감), 신석기(닥), 청동기(밝), 그리고 철기(한) 시대를 거쳐 변해 왔다. 이를 '문화목록어'라 한다.

18) 예를 들어 백제도 붉(白)에서 나라 이름이 유래했으며, 개백이란 이름은 '모두 희다'라는 뜻으로 붉 사상을 강하게 반영하고 있다. 이에 대해서는 『한밝문명론』(지식산업사, 1987)에서 상론된다.

19) 김경탁, 「'하느님' 개념 발전사」, 『한국 문화사 대계』 VI, 121-122쪽.

의 소리, 즉 자음 구성의 기본음인 후음 ㅇ, ㆆ, ㅎ 세 음을 발하기 시작했는데, 이 세 음은 곰의 숨소리에서 얻은 것으로 ㅏ, ㅓ, ㅗ, ㅜ, ㅡ, ㅣ의 모음과 조절하여 희로애락을 표현해 왔으며, 여기서 '하하, 허허, 호호, 후후, 흐흐, 히히' 발성이 생겼을 것으로 보고 있다. 또한 그들은 사물의 이름에 'ㅎ' 소리를 붙여 단어를 구성했다. 예를 들어, 태양을 '히'로 흙을 '흑'이라 하고, 아침에 떠오르는 태양을 바라보며 '환'하다고 했으며, 여기서 연장하여 무엇인가 크고 밝은 것을 〈한〉이라 했는데, 후대 한자가 생기면서 '韓, 丸, 桓'으로 표기하기 시작했다고 본다. 이 '곰'신에서 후대에 '왕검'의 '검', 해모수의 '해모' 같은 표현이 생겼으며, 일본인의 종교적 대상인 '가미', '가무'라든지, 아이누족의 '가무이'도 모두 '곰'에서 파생된 것으로 본다.[20]

　신석기 시대에 들어오면서 '곰'족은 산악 지대의 동굴에서 평원으로 내려와 닭을 토템으로 하여 살았는데, 이들을 바로 '고인돌'의 주인공들로 보고 있다. 이들은 돌을 갈아 쓸 때 나는 소리에서 자음 'ㄷ'음을 발견, 모음과 조절하여 '다, 더, 도, 두, 드, 디'의 소리와 결합 달(月), 싸(地), 늘(平地), ᄋᆞ둘(子), 쫄(女), 둙(鷄), 돋(猪)같은 말들이 발생했을 것으로 본다. 이 때에 아울러 치음 ㅅ, ㅈ, ㅊ도 발전되어 순(男), 사슴(鹿), 새(東), 새암(泉) 같은 말도 생겨났을 것으로 본다. 구석기 시대의 곰과 결합되어 후대 샤머니즘의 '딕곰'신은 이 복합어에서 유래된 것으로 본다. 이 '딕곰'신을 제사지내던 큰 산을 둙뫼(德山)라 하는데, 일본인들은 이런 산을 다까야마(高山), 이 신을 다까가

---

20) 앞의 책, 123쪽, '일본인들이 당시 선진국이었던 고구려를 불러 '고마'라고 한 것도 곰 또는 '곰'에서 유래된 것이다.' 감이전의 문화 목록어는 '알'이다. (유동식, 『한국 무교의 역사와 구조』, 33쪽).

미(高神)라 부르게 되었다고 한다.[21]

구석기의 굴살이, 신석기의 들살이도 끝내고 BCE 13세기경부터 벌살이를 하기 시작했는데, 이 때를 특히 고조선의 여명기요, 한민족의 역사가 시작되던 시대로 본다. 이 때의 씨족을 '붉'족, 그리고 신을 '붉'신으로 보고 이 3세대를 단군 시대라 하며, 특히 이 때에 농경 시대가 시작되어 주목할 만하다. 언어 생활면에서 볼 때 붉족들은 순음, ㅁ, ㅂ, ㅍ을 광명을 주는 태양에서 발견했다. 그래서 신석기 시대의 '들(平原)'이 '벌(野)'로 바뀌기 시작했고, 신석기 시대의 '가리'가 '범'이 되었다. 이 밖에 바룰(海), 부룸(風), 비(般), 블(火), 아뷔(父)같은 말이 발성되기 시작했다. 이 때에는 곰과 둙과 붉이 합쳐 '붉, 둙, 곰'이 되어 원시종교의 삼위일체 개념이 형성되기 시작했다.[22]

붉 사상의 전성시대를 청동기인 대략 BCE 1286~58년으로 보며, 이때를 보통 삼한 시대라 하는데, 후, 아, 설, 치, 순음이 거의 다 사용되었으며, 특히 순음이 많이 발달되었을 것으로 본다. 특히 하늘(天)을 '한을'이라 했는데, '을'은 울 또는 울타리라는 뜻으론 '한을'은 큰 울타리라는 의미가 된다. 〈한〉의 'ㄴ'이 아래로 내려와 '하날, 하눌, 하늘'로 되었고, 여기에 존경을 의미하는 '님' 자를 붙여 '하날님, 하눌님', 또는 '하늘님'이라 했으며, 'ㄹ'이 떨어져서 지금의 '하느님, 하누님, 하느님'으로 되었을 것으로 본다. 양주동 박사도 같은 〈한〉개념의 발전사적 입장에서 하늘의 원의를 한붉(大光明, 大國土)이라 하고, 한붉→한븐→한을→하늘의 순으로 전음된 것으로 보고 있

---

21) 위의 책.
22) 앞의 책, 130쪽.

다.[23] 김경탁은 〈한〉개념을 삼국 시대, 고려 시대, 조선 시대까지 고찰하고 있으며, 〈한〉을 우리 민족의 생존에 좌우되는 개념으로 보고 있다. 즉 〈한〉이 생동할 때는 민족이 생동하고 〈한〉이 죽었을 때는 민족이 죽었을 때라고 보며, 〈한〉은 유교의 '天'을 흡수하고, 불교의 '帝釋天'을 흡수하고, 도교의 '玉皇上帝'를 흡수하고, 천주교의 '天主'를 흡수하고, 일본의 '가미'를 극복해 왔다고 보고 있다.[24] 그래서 '생각건대 이 하느님의 개념은 한민족의 생명과 함께 영구히 지속해 갈 것이다'[25] 라고 결론짓고 있다.

김경탁은 구석기 시대의 '곰'신은 환인, 신석기 시대의 '닭'신은 환웅, 그리고 청동기 시대의 '붉'신은 환검으로, 구석기 시대에는 후음(ㅇ, ㆆ, ㅎ)이, 신석기 시대에는 설음과 치음(ㅅ, ㅈ, ㅊ, ㄷ, ㅌ)이, 그리고 청동기 시대에는 순음(ㅂ, ㅍ, ㅁ)이 각각 발성되기 시작했다고 보고 있다. 그리고 신라 말, 고려 초에 비로소 '붉, 닭, 곰'의 3신이 한데 묶여 '한올님'으로 되어 조선 시대에 와서 '하느님'이 되었는데, 현재의 하나님 개념과 같다고 했다. 김경탁의 소론에 의하면, 〈한〉이란 발성음 자체는 구석기 혹은 그 이전부터 곰의 숨소리에서부터 생겨난 것이지만, 〈한〉이 공식적인 우리의 것으로 표방되어 씌어지기 시작한 것은 철기 시대부터라는 것이다. 〈한〉개념이 들어 있는 문헌중 가장 오래되었다고 볼 수 있는 것이 CE 10세기 초엽의 『구당서열전舊唐書列傳』인데, 이 책은 고구려 시대 사람들의 신앙에 대하여 '그 나라 풍속에 음사가 많다. 즉 靈星神, 日神, 月神, 可汗神, 箕子神

---

23) 양주동, 『고가연구』 (증보판 3면 이하).
24) 한기언, 『한국 사상과 교육』, 5쪽.
25) 앞의 책, 176쪽.

등을 섬긴다'고 기록하고 있다. 이 가운데 가한可汗은 몽골말의 칸 Khan을 한자로 적은 것인데, 이 말은 우랄 알타이어인 우리 고대어이다.[26] 이는 고구려에 이미 〈한〉의 개념이 있었음을 입증해주는 자료인 것이다.

이와 같이 발전론적 입장에서 〈한〉을 고찰해 볼 때, 〈한〉은 원래 가치 중립적인Valueless 것이었으나 후대에 와서 점차로 인격화되었음을 발견하게 된다. 여기서 김경탁은 〈한〉의 개념을 한국의 역사에 국한시켜 생각한 듯하다. 그 반면에 최남선은 동북아 일대의 문화권을 모두 붉 문화권으로 보았다는 점이 다르다고 할 수 있다. 김경탁의 소론이 체계적이기는 하나, 이와 같은 완벽한 체계를 입증하려면 많은 자료가 뒷받침되어야 할 것이다. 이에 대한 육당의 소론은 많은 고증적인 뒷받침을 하고 있어 더 안정감을 느끼게 한다. 아무튼 모두가 〈한〉을 우리의 가장 고유한 개념으로 생각한 점에서는 같다고 할 수 있다.

육당 이후에 〈한〉사상에 대한 어원적 연구가 괄목하게 이루어진 것은 별로 없다고 본다. 최근에 와서 육당의 소론을 받아들이는 입장에서 〈한〉사상을 전개하는 사람들이 많아지기 시작했다. 그 전모를 대략 살펴보면 아래와 같다.

안호상의『국학의 기본학』(1977)과 최민홍의『한국 철학』은 단행본으로 된 〈한〉사상의 기조가 되는 자료이다. 이을호는 전자를 신학적 〈한〉론으로, 후자를 철학적 〈한〉론으로 분류하고 있다.[27] 최민홍은 〈한〉을 존재론, 인식론으로 분류하여 하이데거 철학과의 관계에서

---

26) 최민홍,『한국 철학』, 11-12쪽.
27) 이을호,「〈한〉사상의 구조적 성격과 역사적 맥락」,『김향 문화』, 25쪽.

전개하고 있다. 최민홍의 『*A Modern History of Korean Philosophy*』[28]는 한 철학Han Philosophy이란 말을 사용하여 근대 사상과의 관계에서 전개하고 있다. 최창규도 그의 『한국 사상』에서 "동이는 우리(韓)에 대한 화하(中國)의 표현이지만, 〈한〉은 우리에 대한 우리의 표현이다. 따라서 그것은 〈한〉에 대한 음역이 아니고 오히려 한을 탄생시킨 본초적 가치요 상징이었다.", "…조선조 말 자기를 찾으려는 국학에서는 '太陽(明, 白)'과 '하늘'에서 상징되는 '붉은애' 등으로 설명되어 왔다"[29]고 했다. 한기언은 〈한〉을 '멋'과 연결시켜 한국인 형성의 핵 사상으로 주목하지 않을 수 없다[30]고 하면서, 〈한〉사상과 한국 교육을 관계 짓고 있다.

신철균의 두 논문 '민족 화합의 통일 철학으로서의 〈한〉사상소고'와 '민족 화합의 뿌리로서의 〈한〉사상'[31]은 구체적인 한국의 현실인, 통일 방안에 〈한〉사상을 응용해 본 글들이라 할 수 있다. 〈한〉이 구체적인 현실 문제에 적용되기 위해서는 그 개념이 많이 발전되어야 한다고 본다. 쉽게 현실에 응용될 때에는 그만큼 많은 위험이 따르게 되는 것이다. 이을호는 『〈한〉사상의 구조적 성격과 역사적 맥락』에서 수리적 〈한〉, 신화적 〈한〉, 철학적 〈한〉으로 나누어 분석한 후, 한국 전통 사상과 〈한〉과의 관계에 대해 기술하고 있다. 이 밖에 필자가 접하지 못한 여러 분야에서 〈한〉이 활발히 연구되고 있는 줄

---

28) Mim-Hong Choi, 『*A mordern History of Korean Philosophy*』(Seoul: Seong Moon Sa , 1980).

29) 최창규, 『한국 사상』, 19쪽.

30) 한기언, 『한국 사상과 교육』, 3-7쪽.

31) 신철균, 「민족화합의 통일 철학으로서의 〈한〉사상소고」『증산사상연구』 6집, 1980, 103-158쪽.

로 안다.[32)]

　특히 괄목할 만한 사실은 〈한〉이 일반학계 뿐만 아니라 신학계까지 파급되어 연구되고 있다는 것이다. 신학계에서 제일 처음 시발점을 만든 이는 윤성범이다. 윤성범은 그의『한국적 신학』과 여러 편의 논문에서 단군 신화와 기독교의 삼위일체와의 관계를 시도함으로써 간접적으로 〈한〉사상을 피력하고 있다. 아직도 신학계에서는 〈한〉철학이 제 자리를 잡지 못하고 있어 유감스럽다. 윤성범의 문제점은 〈한〉사상을 직접적으로 신학 교리에 적용하고 있다는 것과, 〈한〉과 관계시킨 그의 신학 사조가 실존주의 철학에 젖은 바르트 신학이었기 때문에 파생된 것이 아닌가 생각된다. 이 점이 그로 하여금 스스로의 한계를 긋게 한 것 같다. 필자는 〈한〉철학을 과정 철학에 견주어 해석하고 있다는 점에서 윤 박사와 다르다고 하겠다. 신학과의 관계를 위한 전초 작업으로서 필자는 학위 논문『과정 철학적 입장에서 본 한국 불교의 변화』[33)]를 쓰게 되었다. 이 논문 역시 제1부에서는 〈한〉철학을 구명하려 했으며, 제2부에서는 이를 7세기 한국 불교에 적용시켜 보았다. 필자는 이 논문에서 〈한〉사상의 근거를 주로 단군 신화에서 찾고 있는데, 후에『천부경』과『삼일신고』를 접할 기회를 갖게 되어 〈한〉철학을 전개하는 데에 획기적인 전기를 삼을 수 있게 되었다. 필자가『천부경』과『삼일신고』를 접할 수 있었

---

32) 최민홍의「The Unification Principle and Korean Thought」,『Research on the Unification Principle』(Seoul : Song Hwa Press, 1981)은 통일교와 한 사상과의 관계를 논한 논문으로 이항녕, 이병도 등 제 교수들이 의견을 달고 있다. 변종호 목사의『Hananimism』은 한을 책명으로 한 유일한 단행본 자료이다. 단편적이어서 체계화를 요하나, 한에 관하여 많은 발상을 하도록 만들어 주고 있다.

33) Sang-yil kim,『Transformation of Korean Buddhism in the Seventh Century : A Process View』(Claremont : Claremont Graduate School), 1982.

던 것은 송호수의『한민족의 고유 사상에 대한 연구』[34]를 통해서이다. 윤성범의『한국적 신학』에서『삼일신고』에 대해서는 간략히 언급하고 있으나, 천부경에 대해서는 전혀 언급이 없음은 의문이다. 만약 그가 〈한〉사상을 단군 신화에서 한 발 옮겨『천부경』,『삼일신고』에서 출발시켰다면, 철학적으로, 신학적으로 새로운 전기를 만들 수 있었을 것이다.

〈한〉사상 분야를 다루는 학자들이 왜 이 두 자료를 무시해 왔을까?[35] 그 이유는 간단하다고 본다. 이 두 경전을 보는 가치의 눈이다. 이를 대종교측의 신도들이 아침, 저녁으로 외는 주문 정도로밖에는 생각하지 않았기 때문이다. 만약 과정 철학을 하던 서양 철학도가 이 두 경전을 들여다본다면, 그들의 본고장이 바로 여기에 있음을 알고 놀라게 될 것이다. 아쉽게도 필자가 한국 사상에 대해 늦게나마 눈을 뜨게 된 것도 그 동안 과정 철학이라는 안경을 만들어 쓸 수 있었기 때문이다. 안경은 물건을 찾기까지 필요한 것이요, 이제 찾았으니 안경을 벗고 손으로 직접 만지며 한국 사상을 연구해야 할 것이다.

이상에서는 주로 〈한〉의 문화적, 종교적 배경에 대해 논술하면서 이 방면의 연구 동향에 대해 살펴 보았다. 다음은 순수한 철학적 개념으로서의 〈한〉에 대해 생각해 보아야겠다. 〈한〉을 보편적인 개념으로 만들기 위해서는 가치가 전혀 내포되어 있지 않은 수학적인 개념으로서의 〈한〉을 한 번 생각해 보아야 한다는 것이다. 즉, 이을

---

34) 송호수,『민족의 고유 사상에 대한 연구』(Los Angeles: S.Baylor University, 1982).
35) 여기서 안호상만이 예외라 할 수 있다. 그의『민족의 주체성과 화랑얼』참고.

호가 지적한 수리적 〈한〉의 개념을 더 정리해 보아야 할 것이다. 이을호에 의하면, 수에는 다음과 같은 세 가지의 존재 양식이 있다.

① 서 수 … 차례를 가리키는 단위로서의 '하나' 다.
　　　　　　 이것은 1+1=2 의 양식으로 존재한다.
② 전 수 … 모든 수의 포괄적인 수로서의 '하나' 다.
　　　　　　 이것은 1×1 의 양식으로 존재한다.
③ 무한수 … 시공을 초월한 영원에의 '하나' 다.
　　　　　　 이것은 1+1=1의 양식으로 존재한다.

위의 〈한〉에 대한 사전적 의미에서 보는 바와 같이 〈한〉은 '많음'과 '하나'의 양면적 의미를 갖고 있다. '한부다'라 할 때 〈한〉은 많은 '부다'라는 뜻과 하나의 '부다'라는 뜻을 동시에 의미하게 된다. '한' 부다와 '많은' 부다의 문제는 불교, 특히 화엄 불교의 핵심이 되는 사상이다. 하늘의 달은 하나이지만 그 달이 천의 강물에 비춰진다고 하여 '一'과 '多'의 종합을 비유하고 었다. 이는 화엄 불교만의 문제가 아니고, 동서양 철학의, 그리고 형이상학의 가장 풀기 어려운 문제가 결국 '一(One)'과 '多(Many)'의 관계라고 할 수 있다.[36] 이 문제 때문에 철학과 종교의 학파와 종파가 나눠지게 된다. 결국 중세기에는 이것이 실재론과 유명론의 문제로 나누어지고, 힌두이즘 안에서는 더욱 뚜렷한 양상을 보이며, 신관에서는 이신론과 범신론으로 나눠진다. 이에 대해서는 〈한〉의 철학적 문제성에서 언급하겠다.

우리의 〈한〉 개념은 바로 나눠질 수밖에 없는 '一'과 '多'를 다시

---

36) 一과 多를 中과 同으로 관계시키면 或이 된다.

종합하면, 최치원이 말한 현묘의 도가 된다. '一'과 '多'가 융합되는 것이 〈한〉이라 할 때, 이 융합은 한갓 기교적인 융합이 아니다. 여기에는 서수로서의 〈한〉, 전수로서의 〈한〉, 무한수로서의 〈한〉이 묘합되지 않으면 안 된다. 바로 이러한 〈한〉의 묘합 관계를 기술한 것이 『천부경』이다. 이 『천부경』을 좀 더 일상 언어로 표현한 것이 『삼일신고』이다. 적어도 이 두 경전을 이해하기 위해서는 〈한〉의 수학적 풀이가 필요하다고 본다.

〈한〉은 내포적 혹은 외연적으로 정의될 수 있는데, 내포적 정의란 서수적 한이 낱개의 하나로 순서대로 쌓이고 모여서 이룩되는 것이다. 이러한 면의 〈한〉을 '낱'이라 부르기로 한다. 이에 대해 '낱'이 다 모인 〈한〉이 전체로서 존재하는 하나를 '온'이라 부르기로 한다.

그런 즉, '낱'과 '온'은 모두 〈한〉의 내포적, 그리고 외연적인 면에 불과하며, 결국 한의 다른 표현에 지나지 않는다. '낱'이나 '온'이나 부피와 용적이 결국 같음은 무한수적인 〈한〉 때문이다. 원효는 무한수적 〈한〉을 아래와 같이 대승Maha이라 정의하고 있다.

"크다고 할까, 아니 어느 구석진 곳에라도 들어가지 못하는 일이 없고,
작다고 할까, 아니 어느 큰 것이라도 감싸지 못함이 없다.
있다 할까, 아니 그 한결같은 모습이 텅 비어 있고,
없다고 할까, 아니 만물이 다 이리로부터 나오네.
무어라 이름붙일 수 없어 감히 이를 대승이라 한 것이다."[37]

---

37) 이기영, 『원효사상』, 46쪽.

이러한 〈한〉의 모습을 『삼일신고』는 "없는 데가 없고(無不在)", "포용하지 못하는 것이 없다(無不包容)"고 했다.

〈한〉을 '낱'과 '온'이라는 숫자적인 개념으로 표현함은 한갓 방편에 지나지 않으며, 결국 '낱'도 〈한〉이요 '온'도 〈한〉이다. 과정 철학자 A.N. 화이트헤드는 "하나가 많음이 되고, 많음은 하나에 의해 증가한다.(One becomes many, Many is increased by one)" 이것을 창조성 Creativity이라 하여 궁극적 범주Category Of Ultimate라 했다. '낱'이 '온'이 되고 '온'이 '낱'이 되는 것을 〈한〉이라 할 때, 〈한〉은 화이트헤드의 '창조성'과 같다고 할 수 있다. 〈한〉은 '창조성', 곧 만물이 생성 · 발전하는 원천이 되는 궁극적 범주에 속한다.[38]

이러한 〈한〉사상은 주역의 기초가 되는 음양설을 최초로 가능케 했다고 본다.[39] 주역 이전의 소뼈에 점쳐 합하여 하나가 되면 좋고(吉), 둘로 나누어지면 좋지 않다(不吉)는 것은 다름 아닌 음양 사상을 나타내는 것으로서, 중국 및 아시아의 모든 한자 문화권에까지 영향을 주어 온 것이라 하겠다.[40]

---

38) 화이트헤드는 하나가 여럿이 되지만, 여럿이 하나가 되지는 않는다고 했다. 이를 비대칭적이라 한다. 이에 대해 한은 대칭적이다.

39) 유승국의 『한국의 유교』연구에 의하면, 주역은 중국 주대에 성립된 것이다. 그러나 그 이전인 은대(BCE 12C)로 올라가면 주역은 없고 은대의 갑골 복사가 있을 뿐이다. 그런데 거북의 등에 새겨진 점사는 은의 무정 이후의 것으로 BCE 1339년 이전으로 올라가면 구복은 없고 우골의 점법이 있었다(『갑골학 농총』). 그러나 우골에 대한 점법은 중국의 것이 아니라 상고대의 동이족이 사용하던 것으로, 은대 무정 연대보다 선행했던 것임이 고고학적 유물이나 고문헌에 의해 증명되고 있다(『위지 동이전』).

40) 유승국, 『한국 민족 사상사 대계 I』, 이어령도 우리 나라 사람의 사고를 지배하고 있는 음양 사상은 주역에서 나온 것이 아니라 이미 그 이전인 원시 사회의 설화에서, 즉 웅녀와 환웅의 근원 상징 속에 훌륭히 암시되고 있다(『한국인의 신화』참고)고 했다.

물론 〈한〉사상에 의해 출발된 음양 이론도 중국적인 풍토에서 많이 중국적이 되었고 비〈한〉적으로 되어 버린 것이 사실이다. 이을호도 "…음양설은 후에 오행설과 결부되어 음양오행설로 물합함으로써 기형아적인 사상으로 변질되고 말았다"[41]고 지적하고 있다.

이처럼 〈한〉의 어원적인 유래에 있어서나 수리적인 구조에 있어서나 여러 가지 측면에서 볼 때에 필자가 정의할 수 있는 마지막 말은 〈한〉이 비시원적Nonorientable이라는 것이다. 여기서 비시원적이라 함은 시원적Orientable이라는 말의 부정적인 개념인데, 시·공간의 어느 원점에서 생각을 출발시키는 것을 반대하는 말이다.

이 시원적인 것의 출발점은 반드시 실체적Substantial이어야 한다. 이를 그리스 철학에서는 아르케Arche라 했다. 이러한 실체적인 사고 방식에서는 필연적으로 이원론Dualism이란 철학 체계를 만들어 내게 된다. 왜냐하면 절대적인 실체로서의 시원점과 나머지 상대적인 사물을 둘로 나누지 않으면 안 되기 때문이다. 그래서 서양 철학은 이원론의 함정에서 헤어나지 못하고 있으며, 최근에 와서야 과정 철학의 등장과 함께 실체가 과정으로 바뀌면서 이원론으로부터의 탈출을 시도하고 있다. 서양 철학에 비해 인도나 중국의 동양 철학이 더 비실체적인 것이 사실이다. 그래서 화이트헤드는 자기의 사상이 전통 서양 철학보다는 불교나 도교 같은 동양 철학에 더 가깝다고 했다. 그러나 필자가 보기에는, 인도나 중국의 불교는 한국 불교에 비해 보다 더 실체적이며, 시원적인 사고 위에서 전개되고 있다. 중국 불교가 한국에 들어와서야 비로소 비실체적 불교, 즉 무의 완전한 실현에 의한 불교 자체의 모습을 찾게 된 것이다. 이는 승랑, 원

---

41) 이을호, 「단군 신화의 철학적 분식」, 『한국 사상의 심층 연구』, 15쪽.

측, 의상, 원효의 불교에서 여실히 나타난다. 유교도 마찬가지다. 아직 주자의 이원론에서 머뭇거리던 신유교를 율곡은 비이원론적 신유교로 변화시켰던 것이다. 이러한 한국적인 사상의 특징은 한국의 고유한 〈한〉사상 때문이라고 본다. 비시원적 〈한〉사상은 마이다스의 만짐[42]Midas' Touch 같이 만지는 모든 것을 비시원적으로 만들고 말았다.

비시원적인 〈한〉사상이 그 동안 빛을 보지 못한 데에는 이유가 있다. 사대주의 식민지 사학자들은 비시원적인 〈한〉사상을 앞뒤도 좌우도 없고, 발전도 진보도 없는 정체 사상의 표본으로 보아왔기 때문이다. '엽전'이라 함은 앞뒤가 같음을, '핫바지'라 함은 앞뒤가 동일함을 의미하며, 시원이 없다고 멸시해 왔던 것이다.

그러면 앞뒤가 있는 서양 문화는 어디를 향해 앞으로 나아가고 있는가? 끊임없는 전쟁의 연속 속에 자연의 파괴와 함께 인류의 종말을 향해 줄달음질치고 있지 않은가? 이에 비해 비시원적인 〈한〉사상은 조화의 사상이요, 평화의 사상이다. '낱'으로서의 〈한〉이 있기 때문에 분열을 두려워하지 않는다. 왜냐하면 '낱'은 이미 〈한〉 그 자체이기 때문이다. '온'으로서의 〈한〉이 있기 때문에 전체주의의 질고를 두려워하지 않는다. 왜냐하면 '온'이 이미 〈한〉 자체이기 때문이다. 사방으로 우겨쌈을 당해도 두려워하지 않고 안으로부터의 어떤 분열도 무서워하지 않는다. '온'과 '낱'은 결국 〈한〉의 양면에 불과하기 때문이다. 〈한〉철학에서 통일의 묘를 찾아야 할 이유가 여기에 있다.

---

42) 그리스 신화의 마이다스 왕이 만지는 모든 것은 금이 되었다고 한다.

2. '한'의 논리적 구조

『천부경』을 이해하기 위해서는 현대 논리학의 도움이 필요하다. 이해에 필요한 몇 개의 논리학적 용어들을 소개하고, 이들 용어들을 사용하여 『천부경』의 논리적인 구조를 분석해 보기로 한다. 이 분석은 『천부경』의 구조를 일반화시켜 앞으로 분석될 한국 사상의 구조를 이해하는 데 결정적으로 중요한 역할을 하게 된다. 예를 들어, 한국 불교와 한국 유교의 두 거두라 할 수 있는 원효와 율곡의 사상도 그 논리적인 구조면에서 볼 때 『천부경』에 나타난 그것과 같기 때문이다. 이 같은 요소를 필자는 〈한〉철학이라 부른다.

『천부경』은 숫자를 빌어 표현하고 있지만, 역시 일반 언어적인 한계를 벗어나지는 못하고 있다. 이러한 일반 언어적인 성격을 벗겨내어 『천부경』의 기본 구조를 넓혀서 그 내용을 더 포괄적으로 이해하면, 〈한〉사상을 응용할 수도 있고 다른 사상과의 민활한 관계도 맺을 수 있게 된다. 이러한 일반 언어의 한계를 지적하고 새로운 기호로써 사상을 전개시킨 것이 현대의 수리 논리학Mathematical Logic이다.

수리 논리학에서는 언어의 가장 기초적인 범주를 명사와의 관계로 분류하고, 여기에서 시작하여 논리적인 추리를 한다.[43]

---

43) 〈한〉의 낱은 요소이고 온은 요소의 집합이다. 그래서 한의 성격규명은 매우 주요하다. 한철학의 논리적 측면은 필자의 2000년대 이후 저술에서 집중조명된다.

(1) 명사(Term)

① 요소Element와 부류Class : 한 권의 책이 부류라면 책 속의 페이지는 요소이고, 책은 도서관 전체 부류의 요소가 된다. 즉, 요소란 부류를 형성시키는 구성 요원Member이다.

② 양화Quantification : 부류의 요소가 '나'와 '너' 같이 일반적일 때가 있다. '나'와 '너'를 '홍길동' 등으로 요소를 구체적으로 대입할 때를 양화라고 한다. 그런데 어떤 때는 부류의 전체가 변수일 때도 있고 일부가 변수일 때도 있다. 여기서 전자의 경우를 '일반 양화Universal Quantification'라 하여 (X)로 표시하고, 후자를 '부분 양화Existential Quantification'라 하여 $(\exists X)$로 표시한다. 그런데 요소를 하나도 포함하지 않을 경우의 변수는 무원 부류Null Class라 하는데, '뿔난 토끼' 같은 경우이다.

③ 요원의 질화Quantification of Elements : 위의 요원과 부류 관계에서 본 바와 같이 책은 페이지에 대해서는 부류이지만 도서관에서 볼 때에는 요소이다. 이를 부류의 부류Class of Classes라 하는데, 책이 부류일 때와 부류의 부류의 요소일 때에는 혼란을 일으키게 된다. 그래서 부류나 요소가 기본 단위가 될 때에는 특히 요원要員이라고 한다. 요원과 부류 사이에는 질적인 차이가 있다. 예를 들어, '3학년 학생 50명이 있다'면, 그 '학생' 하나 하나가 요원으로서 질적으로 같다. 그러나 50명을 합하여서 이를 '3학년'이라고 한다면, 그 말은 어느 한 학생에만 해당되는 것이 아니고, 50명 학생들 전부에 해

『원효의 판비량 비교 연구』(지식산업사), 『역과 탈현대의 논리』, 『대각선 논법과 역』, 『대각선 논법과 조선역』이 그 예이다.

당된다. 이리하여 이 '학생(온)'이라는 말은 질적으로 요원인 '각 학생(낱)'과는 다르다. 이러한 질적인 차이를 분간하기 위해서 단계화 Differentiation of Types하면,

ㄱ. 요소가 요원일 때를 기초단계(First type)
ㄴ. 부류가 요원일 때를 제2단계(Second type)
ㄷ. 부류의 부류가 요원일 때를 제3단계(Third type)
ㄹ. 이렇게 순차적으로 다단계(Higher type)의 관계를 가지게 된다.

(2) 관계(Relation)

수리 논리학에서는 요원과 부류 문제 다음으로 관계Relation를 중요하게 다룬다. 관계란 일반 언어의 동사에 해당된다. '내가 너를 좋아한다.'고 하면, '나'와 '너'의 관계를 '좋아한다'는 의사표시를 통해 나타낸다. 수리 논리학에서는 일반 언어의 의사나 주장 같은 것은 제거하고 순수한 관계만 취급한다. 그런데 관계에도 몇 개의 요원을 관계시키느냐에 따라서 명사에서와 같이 그 유형이 나눠지게 된다.

예를 들어, '나는 학생이다' 하면 '내'가 '학생'이란 부류의 요원이 될 수 있으나, 관계면에서 보면 나 하나만을 이야기하므로 일원 관계(R1)이다. '나는 너를 좋아한다.'의 경우는 나와 너의 이원 관계(R2)이고, '그는 나와 너 사이에 있다' 할 때는 '나', '너', '그'의 삼원 관계(R3)이다. 이와 같이 요원이 증가함에 따라 관계도 증가한다. 이상과 같은 이론에 기초하여 수리 논리학은 개념 형성, 부류 형성, 명제 형성, 전계 형성을 시켜 나간다. 그러나 기본적으로 가장 중요한

것은 부류와 요원 문제이다. 부류와 요원 문제는 조지 부울George Boole이 『사색의 법칙Laws of Thought』(1848)에서 제일 처음 제기했는데, 그는 "한 부류의 요원 a와 b가 같지 않으면 a와 b는 그 부류의 다른 두 요원이다"라고 하여 부류 내의 요원 사이의 관계를 해명하고 있다. 그러나 부류와 요원과의 관계에 대해서는 명확한 해결을 짓지 못하고 있다. 그의 이러한 미비점을 보충하기 위해서 B.러셀과 A.N.화이트헤드는 『수리 원칙Principie of Mathematica』(1908~1911)에서 이를 근본적으로 지적하려 하였다.

일반 언어로서 요원과 부류간의 관계에서 생기는 오류를 지적해 보기로 하자. '예외 없는 법칙(χ)은 없다'고 할 때, 이를 양화시키면 (χ)($\chi1\chi2\chi3\cdots$)로 기호화할 수 있다. 그런데 '예외 없는 법칙은 없다'는 법칙(X)이 예외이어서는 안 된다. 그렇게 되는 경우 '예외 없는 법칙은 없다'는 것이 성립될 수 없기 때문이다. 그런 즉, X를 χ에 대입할 경우에 큰 역설이 생기게 된다. 일반 언어로는 다 같은 '법칙'이지만, 법칙 χ와 법칙 X사이에는 요원과 부류의 큰 차이가 있게 되는 것이다. '모든 법칙에 예외가 있다'의 '모든'에 X마저 적용시키면 부류와 요원 사이에 큰 혼란이 생겨 '법칙(χ)은 법칙(X)이 아니다'라는 동음이의Equivocal현상이 생기게 되는 것이다. 고로 명제는 요원과 부류 사이에 혼란이 생기지 않을 때에만 가능하다. 좀 더 논리화시키면, 부류를 요원으로 하는 명제를 'I'라고 하면 요원 'f'와의 관계는 다음과 같은 함수로 표시할 수 있다. $I(f)=\sim f(f)$, 즉 $I(f)$를 법칙 X가 법칙 χ에 대입시킬 수 있는 명제로 한다면, $\sim f(f)$, 즉 법칙 X는 법칙 χ가 아니다라는 명제와 같아진다. 만약 요원과 부류를 무시해 버리고 흔히 일반 언어에서와 같이 이 함수를 요원 'f'로 일반 양화시켜(ϕ)I(ϕ)=~ϕ(ϕ)라 한다면, 무엇이든지 제한 없이, 즉, 법칙 χ든지 법칙 X든지 대입될 수 있기 때문에 'ϕ'를 'I'로 대입시키면 I(I)=~I(I)가 된다. 이 명제는 같은 것은 동시에 같지 않다고 하는 역설을 범하게 된다. 이것이 유명한 러셀의 역설Russell's Paradox이다. 이런 오류는 위의 일반 언어에서 본 바와 같이 요원과 부류의 단계적 차이를 분간하지 않고 교체한 데서 생기는 역설이다.

'칼'과 '방패'의 관계에서 '이 칼은 뚫지 못하는 방패가 없다'고 할 때 칼은 모든 방패라는 요소들의 부류이다. 그런데 '이 방패는 어떤 칼도 뚫지 못한다.'고 하면, 요원이었던 방패가 부류가 되고 칼이 요원이 된다. 소위 모순이란 요원과 부류 사이의 단계적 차이를 무시한데서 생긴 오류이다.

이러한 러셀의 오류는 매우 중요한 지적이며, 수천 년 간 인간의 사고는 대부분 이 오류를 극복하지 못해서 갈등해 왔던 것이다.[44] 이 오류의 갈등을 근본적으로 해결하고자 함은 동서의 일반이나, 동양이 앞서 있다고 할 수 있다. 이 문제는 철학의 우주론, 존재론, 인식론에서 가장 중요시 되는 '하나'와 '여럿'의 관계 문제로 나아가고, 결국 여기서도 같은 역설에 부딪치게 되는 것이다.

러셀 자신은 이를 해결하기 위해 단계론Typology을 작성하였다. 이 단계론은 요원을 단계적으로 분류하는 것이다. 요소를 일반화하면 부류가 된다. 이 부류를 요원으로 하여 일반화하면 한 단계 더 높은 부류가 된다. 이렇게 된 부류가 요원이 되어 일반화되면 더 높은 단계의 부류가 된다. 이렇게 차례로 모든 요원을 일반화하여 형성된 부류를 단계적으로 배열하는 것을 단계론 또는 단계 이론Typology or

---

44) 러셀은 현금의 인류가 이 오류를 범하고 있는 것은 수치라고 했다.

Type Theory이라 한다. 이 단계 이론은 많은 난점을 가지고 있는 것이 사실이다. 한 단계에 소속된 요원의 질을 엄격히 일률화하려면 할수록 부류의 수와 단계는 점점 더 늘어나서 조절하기 힘들어진다.

예를 들어, 하나의 책을 다시 장, 절 등으로 분류해 나가면 그 기준에 따라서 한없이 단계가 많아지게 된다. 또 단계를 형성하는 데 있어서 한 부류에 소속된 요원은 전적으로 동일하여야 한다고 했다. 그런데 '모든 부류의 부류The Class of Classes'에는 모든 부류가 다 포함되어 있어, 그 요원들의 질을 일관화 할 수는 없다. 예를 들어 '3'이라면, '3'의 요원을 가진 모든 부류인 '3사람', '3집', '3학교'… 등이 다 포함되어 있는데, 이들은 질적으로 서로 다르다는 것이다. 러셀의 단계론을 따르면, 수많은 3을 설정해야 하므로 많은 곤란을 겪게 된다.

이러한 단계론의 두 가지 난점을 극복하기 위하여 콰인Williard von Quine은 요원을 부류로 단계화하지 않고 명제 내의 관계에서만 그 전후 요원 사이의 관계를 요원화Elementhood할 것을 설정하였다. 이리하여 콰인은 러셀의 단계 이론을 요원화의 형식으로 바꾸었다. 러셀의 단계론을 기호로 설명하면, $(\exists X)(\gamma)[(\gamma \ni X \equiv \sim(\gamma \ni \gamma)]$인데, 이 말은 한 부류의 어떤 요원이든지 $(\exists X)$ $(\gamma \ni X)$ 그 요원(γ)은 부류의 격을 가질 수 없고 자신을 요원으로 예속시킬 수도 없다$\sim[(\gamma \ni \gamma)]$고 함이다. 이 말을 콰인의 명제 형식으로 재편성하면 $(X)(\gamma)[(\gamma \ni \chi \equiv \oint)]$인데, 여기서 '$\chi$'를 일반 양화하였으므로 질적인 제한이 자연히 불필요하게 되었다. 따라서 요원 'γ'은 명제에 관계되기 전에 이미 어떠한 부류에 예속될 필요도 없다. 단, 명제로 성립되었을 때$(\gamma \ni \chi) \equiv \oint)$에는 거기에 사용되는 요원으로서는 어떠한 관계를 갖든지 그 요원이 동시에 부류의 격을 갖지는 못한다. 이리하여 콰인은 명제를 단계화하는 방법을 버리고 명제 내의 구조를 층화Stratified하였다.

일반 언어로 바꾸어 콰인의 이론을 이해하면 다음과 같다. 법칙 χ와 법칙 X는 명제를 형성하기 전에 요원 χ와 부류 X관계를 설정할 아무런 필요가 없다는 것이다. 그러나 '예외 없는 법칙(χ)은 없다는 법칙(X)은 예외이다'라고 할 때의 명제 안에서만은 법칙 χ와 법칙 X는 절대로 요원과 부류 사이를 바꾸어서는 안 된다는 뜻이다. 어떤 사람이 회사에 취직하기 전에 일반인으로 있을 때 질적으로 부하·상관이 되도록 단계화되어 있지는 않다. 그러나 일단 어떤 회사에 들어가면 부하이면서 상관의 역할을 하려고 해서도 안 되고, 상관이면서 부하 짓을 해서도 안 된다. 전자는 주제넘다 할 것이고, 후자는 주책없다 할 것이다. 러셀이 회사에 취직(명제화)되기도 전에 사람을 부하와 상관으로 단계화하려고 한 데 비하여, 콰인은 회사 밖에서는 모든 사람을 일반화(χ)(γ)시켜 놓고 회사에 취직된 후에는 부하와 상관의 위치를 바꿔서는 안 된다($\gamma \ni \chi \equiv \int$)고 했던 것이다.

러셀이나 콰인이 모두 부류와 요원의 질적인 차별은 인정하면서도 전자는 모든 경우에 다 단계적으로 차별을 둔 데 대해 후자는 요원과 부류의 단계를 미리 설정해 두는 것은 잘못으로 보고 있다.

〈한〉철학은 전통적인 아리스토텔레스의 논리로써는 설명될 수 없다.[45] 전통 논리학은 칸트가 지적한 대로 아리스토텔레스의 '오르가

---

45) 아리스토텔레스의 논리학을 A형, 그리고 한철학의 논리를 E형이라 한다. A형은 Aristoteles, Auqustine, Aquinas 등이, E형은 Eubreides, Epimenides, Eckhart 등이 사용했기 때문이다. 『수운과 화이트헤드』, 『역과 탈현대의 논리』 등 참고.

논Organon'이후 전혀 발달하지 못했다. 그러다가 현대 수리 논리학에 와서야 완전한 탈바꿈을 하고 있다. 전통 논리학이 2치 논리학이라면, 현대 수리 논리학은 다치 논리학이다. 2치 논리학에 근거하여 전통 철학은 변증Both/And과 선택Either/Or의 구조밖에 갖지 못했는데, 다치 논리학은 이중 부정Neither/Nor의 논리적 방법을 택하고 있다. 〈한〉철학은 이미 이중 부정의 논리에 의해서 비시원적인 사상적 맥락을 전개시켜 왔던 것이다. 이러한 이중 부정의 논리 및 비시원적인 철학이 우리 민족의 고유 경전인 『천부경』과 『삼일신고』 속에 표현되어 있다. 그래서 이 두 경전을 〈한〉철학의 전거로 삼게 된다.

3. '한'의 철학적 문제성

뱀이 여자에게 물었다. "하느님이 너희더러 이 동산에 있는 나
무 열매는 하나도 따 먹지 말라고 하셨다는데 그것이 정말이
냐?" 여자가 뱀에게 대답하였다. "아니다. 하느님께서는 이 동
산에 있는 나무 열매는 무엇이든지 마음대로 따 먹되, 죽지 않
으려거든 이 동산 한가운데 있는 나무 열매만은 따 먹지도 말고
만지지도 말라고 하셨다" (창세기 3:1-3)

뱀은 여인에게 가장 가치 중립적인 말로 유혹하기 시작했다. '좋으
냐' '나쁘냐' 같은 내용 섞인 말을 사용하지 않고, '하나One'냐 '많음
Many'이냐의 수 개념으로 여인에게 말을 걸기 시작했다. 뱀의 '하나
도 따 먹지 말라고 했다는데'에 대해 '동산 가운데 있는 하나One이
외에는 무엇이든Many지'라고 여인은 대답했다. 뱀은 여인에게 '하
나'와 '여럿' 사이에서 수의 갈등 속에 빠지게 했다. 이제부터 여인의
마음속에는 몇 갈래의 갈등이 생기기 시작했다. 첫째, '하나'를 '여
럿' —혹은 '일一'과 '다多'— 속에, 즉 '다' 속의 '일'로 생각하든지, 둘째
'일'을 '다'에서 분리시켜 생각하든지, 세째, '일'과 '다'를 종합해서 생
각하든지 등, 여인을 수의 갈등 속에 빠지게 된다.

철학이란 '일'과 '다'의 수렴과 확산 속에서 생겨나는 사고의 노작

이다. 이러한 원시적인 노작은 첫 번째 인간에서부터 시작되었다. 철학적 사고란 결국 일정한 체계 속에서 손에 닿을 듯 말 듯한 위치에 놓여 있는 금단의 열매 하나를 따 먹어 맛을 보려는 연모의 정에서부터 시작된다. 세계관은 확실히 사물을 종합하려는 데서 이룩되며, 종합은 바로 '다'의 근원이며 궁극적인 실재로 인식되는 '일'을 찾아 지향해 나아가려는 마음의 운동 작용에서 이룩된다. 플라톤은 그의『피르메니테스』에서, "만약 '일'이 없다면 다른 아무 것도 있을 수 없다"고 말했다. 만약 이 말을 받아들이는 철학자가 있다면, 그에게 있어서 형이상학이란 곧 '하나'를 지향하는 것 이상도, 이하도 아니다. 그러나 우리가 분명히 알아야 될 사실은, '일'로 지향하는 것이 어디까지나 '운동Movement'일진대, 그것이 어디까지나 잡힐 듯 말 듯Elusive계속되어 나아가는 운동이라는 것이다. 이러한 불확실성이 한의 或이다.

여인의 첫 번째 갈등대로 '일'이 '다' 속에 포함되어 버린다면, '일'은 '다'의 한갓 집합 명사에 불과하게 되고, 두 번째 갈등대로 '일'을 '다'에서 분리시켜 초월적인 것으로 이해하게 된다면, 궁극적 실재로서의 '일'은 보이거나 손에 잡혀 서술될 수 없는 지평선 위에 머물러 있게 된다. 이러한 초월적인 '일'을 노자는 '무명'의 '도'라 했고, 베단타 철학자들은 '니르구나–브라만Nirguna-Brahman', 즉 절대 그 자체라 했고, 모슬렘 철학자들은 '알라'라 했고, 모세와 마이모니데스 및 아퀴나스는 '신God'이라 했다.[46]

이러한 경지에서 '일'은 '일자—者, The One'가 되고, '일자'는 종교적인 색채마저 띠게 된다. '일'이 '일자'로 될 때 종교적인 의미를 갖

---

46) Frederick Copleston, 『Religion and One』, 7쪽.

게 되는 것은 부정할 수 없는 사실이며, '일자'는 신적인 실재Divine Reality와 일치된다. 그런데 한 가지 위험성은, 만약 '일자'가 종교적인 의미를 가지고 있다가 그 종교성을 잃게 되면, 그 순간 형이상학은 매우 모호한 한갓 정신의 착란 상태로 전락하게 된다는 것이다. 즉, '일자'가 종교적인 성격을 상실하게 되면, 형이상학은 한갓 헛된 사변 작용에 불과하게 된다.

'일자'의 종교적인 성격을 강하게 반영하는 철학은 힌두이즘의 베단타이다. '일자'가 종교적이 될 때에는 이미 '일자'가 지평선 위에 있는 애매한 존재가 아니고, 어떤 때에는 사랑스런 아버지Loving Father의 모습으로 나타나기도 한다. 그런데 문제성은 다음과 같은 데서 제기된다. 즉 '일자'가 관념화되어 일정한 내용을 갖지 않으면, 일자는 절대로 추론될 수 없다는 것이다.

여기에서 '일'과 '다'의 관계에 대하여 종교적 가치를 부여하기에 앞서서 좀 더 논리적인 전개를 시켜 보는 것이 필요하다. 만약 에덴 동산에서 금지된 나무 하나가 동산의 바깥 멀리 손에 잡히지도 눈에 보이지도 않는 곳에 있었다면 문제는 간단할 것이다. 그러나 그 '하나'가 '많음' 속에 있는 것이 문제가 된다. 즉 '일'이 '다'의 집합 Class 속에 요원Element으로 포함되면서, '다'를 벗어난 그 자체로 머물러 있는 데에 문제가 있는 것이다. 처음 인간들은 이러한 선악과 나무의 애매성Equivocality 때문에 갈등을 겪게 된 것이다.

아리스토텔레스의 애매성에 대한 정의는 매우 분명하다. 즉, 그림 속의 사람을 보고도 '사람'이라고 하고 실물의 사람을 보고도 사람이라고 하면, '사람'과 사람은 동음이의同音異義, 즉 애매하다고 할 수밖에 없다는 것이다. 이러한 애매성은 러셀의 모순율 속에 논리적인 모습을 띠고 20세기에 나타났다.

러셀은 '러셀 역설Russell's Paradox'을 1907년에 발표하면서 재미있는 하나의 비유를 들어 설명했다. 즉, "어느 스페인 마을에 이발사 한 사람이 있었는데, 그는 모든 사람들의 머리를 다 깎아 준다. 그러나 그 마을에는 이 이발사의 머리를 깎아 줄 사람은 없다." 우리 속담에 "중이 제 머리 못 깎는다."는 말이 있다. 이는 일상 생활 속에 표현된 애매성과 모순을 간결하게 표현해 주는 말이다. 이러한 애매성과 모순은 '일'과 '다'의 추론과정에서 생기는 사고의 현상으로서, 결국 철학은 이를 해결하려는 노력이며, 여기에는 동서양을 막론하고 공통점을 가지고 있다. 이발사가 제 머리만 깎을 수 있고, 선악과가 동산 안의 모든 실과들과 같이 있을 수도, 그리고 그것들과 동시에 따로 있을 수만 있다면, 아무런 현상도, 사건도 일어나지 않았을 텐데 말이다.

아마도 이러한 애매성을 해결하려는 노력은 동·서양 철학이 모두 같은 경주를 하고 있다 해도 과언은 아닐 것이다. 서양 철학에서 이러한 애매성의 해결 노력은 그리스의 플라톤에서부터 시작되었다고 본다. 크게 대별하면, 결국 '일'을 '다'에 어떻게 관계시키느냐가 문제인데, 그 방법은 '일'을 변화무쌍한 우주와 일체화시키는 것에서부터 그 폭을 벌려 '일'을 '다'로부터 유리된 초월적인 위치에 두고 생각하는 데 이르기까지 다양하다고 하겠다. 플라톤은 '일'을 자기 나름대로 '이데아Idea'라고 했다. 그는 사물의 '다'를 초월한 '이데아'를 '일'로 보았지만, 바로 문제에 봉착하게 되었다. 즉, '일'에서 '다'를 분리한 이상 '일'과 '다'의 둘이 엄존하게 되고, 이 엄존하는 둘을 종합하는 제3의 존재가 또한 필요하게 되었다. 우리는 이를 플라톤의 '제3자The Third Man'라 부른다. 플라톤은 이 제3자를 '이데아의 이데아Idea of Idea'라고 했다. 질송E.Gilson은 철학자들이 자기가 표현하려고 하는 마지막 개념을 두 가지 방법으로 나타내는데, 즉 '…의…의……(…of…of…)'와 '그 자체Itself'라고 했다.[47]

　예를 들면, 플라톤은 '이데아의 이데아'라고 했고, 칸트는 '물 그 자체Thing-Itself'라 했고, 아퀴나스는 '존재 그 자체Being-Itself'라는 말을 사용했다. 이는 아마도 구약의 모세가 하나님을 'I am that I am'이라 한 데서 연유되지 않았나 추측된다. 플라톤은 '이데아의 이데아'를 '선의 이데아Good Idea'라 하기도 했으며, 혹은 신God이라 하기도 했다. 플라톤은 '일'을 '다'와 분리시켰으며, 심지어는 '일'을 감관으로 접촉될 수 없는 영역에 두고 생각했던 것이다. 플라톤의 이러한 경향은 후대 서양 사상에 지대한 영향을 미쳤으며, 서양 철학 속에 이원론Dualism을 빚어내는 원인이 되었다.

　플라톤의 '일'로부터 '다'의 떨어짐 혹은 초월성을 극복하기 위해 아리스토텔레스는 '형상Form'과 '질료Matter'라는 말을 사용하여, 모든 개물 속에 '일'과 '다'의 균열을 복합시켜 버렸다. 그러나 그도 질료-형상-질료-형상의 연계성을 만든 나머지 순수 형상을 '부동의 동자Unmoved Mover'라 하여 다른 형상-질료로부터 유리시켜 내고 말았던 것이다. 결국 아리스토텔레스도 '일'과 '다'의 이원론을 만들어 내는 잘못을 범하고 말았다. 이러한 플라톤과 아리스토텔레스의 '일'과 '다'의 애매성을 해결하는 방법은 서양 철학사 속에서 끊임없이 반복되고 있으며, 최근에 화이트헤드A.N Whitehead에 의한 과정 철학Process Philosophy이 등장하기까지 별다른 변화가 없었다고 할

---

47) E. Gilson, 『*God and Philosophy*』,, 68쪽.

수 있다.

필자는 플라톤과 아리스토텔레스에 의한 위계적Hierachical인 방법을 '시원적始原的, Orientable'이라고 정의하기로 한다. 여기서 '시원적'이라는 말은 이쪽에서 저쪽, 혹은 저쪽에서 이쪽으로 어느 한쪽에 근원을 두고 거기서 출발하는 사고를 전개한다는 뜻이다. 이렇게 말을 정의하고 보면, 서양 철학은 거의 예외 없이 시원적이다. 시원적인 철학은 틀림없이 이원론Dualism 아니면 실체주의Substantialism에 빠지게 된다. '일'과 '다'를 둘로 보는 이원론과, 그 중의 어느 하나에 실체성을 부여함으로써 다른 하나를 비실체적이게 하는 방법은 서양 철학 속에 편만해 있다. 화이트헤드는 이러한 '일'과 '다'의 어느 한쪽에 치우치는 오류를 '편향에 의한 구체화의 오류Fallacy of Misplaced Concretedness'라고 했다. 화이트헤드는 서양 철학이 범한 이런 오류의 결과가 이원론과 실체주의라고 보면서 그의 비이원론적 과정 철학을 발상했던 것이다.

화이트헤드의 과정 철학에 와서 애매성을 해결하는 방법은 동양과 많이 가까워지고 있다. 애매성을 해결하는 방법으로서 동양의 불교와 유교, 도교를 망라하여 가장 치밀하게 논리적인 체계를 세운 학자는 용수Nagarjuna, 龍樹다. 용수의 중관론Middle Way은 대표적인 그의 철학인데, 이 중관론의 핵심은 공사상Emptiness이다. 용수의 공사상을 연기론Dependent Coorgination 없이 이해하려고 할 때 많은 오류를 야기시킨다. 연기론이란 모든 사물이 원인과 결과에 의해 빈틈없이 연관되어 있다는 사상인데, '일'과 '다'를 연기론에 의해 이해한다면, 서로 의존하여 이쪽에서 저쪽으로 저쪽에서 이쪽으로 어디에도 시원을 두지 않는 것이다. 이를 비시원적非始原的,

Nonorientable이라고 하며, 동양 철학은 거의 예외 없이 이러한 특징을 가지고 있다. 그러나 필자가 동양 철학을 비시원적이라 할 때에는 여기에도 한계가 있음을 인정하지 않으면 안 된다. 동북아 일대에서는 일찍이 역易이라는 사상이 발달하면서부터 도형 속에 비시원적 성격을 표현하려고 애썼는데, 복희 황제의 팔괘도가 대표적이라 할 수 있다. 팔괘도란 하나의 원형 속에 여덟 개의 괘를 배열하는 방법인데, 음과 양을 비례대로 여덟 개를 만들어 그 강도에 따라서 네 개씩 반대로 회전하도록 배열함으로써 '일'의 태극에서 '다'의 만물이 어떻게 생성되어 나오는가를 도형화한 것이다. 이만큼 동양 사상의 비시원적인 성격을 도식화한 것은 없다고 본다. 복희 팔괘도는 나중에 태극 도형의 원형이 되었는데, 19세기의 한국 정역의 창시자 김일부金一夫(1826~1888)는 이러한 복희 팔괘도 속에서 시원적인 요소를 발견하고 완전히 비시원적인 것으로 개조했던 것이다.

여기서부터 '일'과 '다'의 철학적 문제성을 서양에서 동양에로 그리고 한국에로 옮겨 〈한〉철학을 전개하려는 취지가 대두하게 되는 것이다. '일'과 '다'는 비시원적이어야 한다. 그 이유는, 시원적일 때에는 위에서 지적한 실체성과 이원론을 극복할 수가 없기 때문이다. 비시원적이라는 말을 다른 표현으로 통전統佺의 일치Total Interpenetration라고 할 수 있다. 이는 '일'과 '다'의 어느 한쪽에서도 근원을 찾을 수 없도록 완전히 연관되어 있는 상태를 뜻하게 된다. 그렇게 만드는 것이 한의 '中' '同'이다.

어원적으로 볼 때 '하나'와 '많음'을 종합해 하나로 묶어 표현할 수 있는 개념으로 〈한〉을 꼽을 수 있다. 예를 들어, 불교에서 부처님이

한 분으로 어떻게 많은 중생 가운데 동시에 있을 수 있는가를 표현하기 위해 '한부다'라는 말을 사용한다. '한부다'란 '한 분의 부처'를 뜻하는 동시에 '많은' 부처를 뜻하기도 한다. 〈한〉은 이와 같이 '일'과 '다'의 종합 개념이다. 〈한〉은 오랜 한국의 문화 전통 속에서 종합, 통전, 조화 개념으로서 발전되어 내려와, 이제는 세계 사상 위에 혜성과 같이 나타나 철학적으로 승화 될 수 있는 개념으로 등장하게 되었다.

〈한〉은 전래된 불교와 유교의 철학 속에 내재해 있는 애매성 내지 모순을 해결해 온 개념으로서, 이제부터 하나하나 그 연원에서부터 샅샅이 규명해 나아갈까 한다. 요약하면, 〈한〉은 '일'이 '다' 속에 나타나 과정 속에 주행하면서도 동시에 '다'를 초월하여 있는 개념으로 규명된다. 그래서 이러한 두 기능의 분리 때문에 전통 철학이 범해 오던 이원론과 실체주의의 오류를 〈한〉철학이 극복하게 되는 것이다.

II. '한'철학의 역사적 배경

'한'의 주인공
'한'종족의 공헌

I. '한' 의 주인공

철학은 기후 풍토적인 배경과 그 철학을 잉태한 사람들의 사고방식 및 감정의 유형을 무시하고 이해하기란 어렵다. 그렇다고 철학이 전적으로 이러한 특수성에 의해서 제약받는다는 뜻은 아니다. 이러한 특수성과 함께 보편성 내지 우주적인 성격을 함께 지니게 될 때 철학은 드디어 철학사의 무대 위에 등장할 수 있게 된다. 철학의 특수성은 보편성과 밀접한 관계를 갖게 되는데, 괴테는 '가장 지방적인 것이 가장 국제적이다'라고 했다. 즉, 가장 지방적인 풍토 속에 살고 있는 사람들의 특이한 사고 방식일수록 가장 보편적인, 그리고 우주적인 것이 될 수 있다는 것이다.

'야훼' 신앙을 이스라엘의 메마른 팔레스타인의 풍토를 떠나서 이해할 수 없고, 그리스 철학을 아테네의 기후, 그리고 반도의 풍토를 떠나서 이해할 수 없고, 인도의 뜨거운 열대성 기후를 떠나서 불타佛陀의 사상을 이해할 수는 없을 것이다. 〈한〉철학도 이제 세계무대에 나서는 즈음에 특수성과 보편성의 양면성을 겸비하지 않으면 제 구실을 다하기가 어렵다고 본다. 관념 철학이 유럽 대륙인들의 그리고 경험 철학이 섬나라 영국 사람들의 산물이라면, 〈한〉철학은 분명히 〈한〉사람들의 유산이다. 다행히 우리는 〈한〉으로써 종족의 이름도, 나라의 이름도, 글의 이름도, 철학의 이름도 통일할 수 있다. 종족으로는 '한민족'이요, 나라로서는 '한국'이요, 글로서는 '한글'이다. 이 밖에 수도 헤아릴 수 없는 많은 이름들이 〈한〉으로 불려지고 있다.[1] 분명한 것은 〈한〉철학은 된장, 고추장, 김치 맛 속에서 우러나온, 그리고 그것을 먹는 사람들의 마음밭에서 나온 사상이다. 그래서 〈한〉철학을 배태시킨 주인공은 바로 '한민족'이다.

그러면 〈한〉철학의 주인공으로서 〈한〉민족이 언제쯤 한국에 나타나기 시작했는가? 언제부터 〈한〉으로 불려지게 되었는가? 그 이름이 무어라 불려졌는지는 모르지만, "헤아릴 수 없는 아득한 옛적의 어느 날 망망한 만주 평원의 풀밭 위에 먼동이 틀 무렵, 환하게 밝아오는 그 빛이 억만 년 사람의 그림자를 본 일이 없는 흥안령의 마루턱을 희망과 장엄으로 물들일 때, 몸집이 큼직큼직하고 힘줄이 불툭불툭한 큰 사람의 한 떼가 허리엔 제각기 돌도끼를 차고, 손에는 억센 활들을 들고 선발대의 걸음으로 그 꼭대기에 나타났다."[2] 이 선발대의 도착 연대는 확실히 알 길이 없다. 그러나 1979년 경기도 연천에서 발굴된 유적에 의하면,[3] 세계 최고의 구석기 유적이 우리 땅에서 났음이 분명하다. 그 이전인 1960년대에 연세대학교 발굴팀에 의해 발굴된 충남 금강 유역의 구석기 유적에 의해 30,690년 전에 한반도에 인간이, 즉 구석기시대인으로 불려지는 인간의 무리들이 살고 있었음이 고고학적으로 입증되었다. 그러나 일본 식민지 사학자들은 애써 한반도에는 구석기 시대가 없었음을 주장해 왔다. 식민지 사학자들은 반도에 들어오기 전에 구석기 시대를 마치고 신

---

1) 최근에는 '한류'까지 이에 곁들이게 되었다.
2) 함석헌, 『뜻으로 본 한국 역사』(서울 : 제일출판사, 1975), 126쪽.
3) 『중앙일보』, 1979년 9월 9일.

석기 시대부터 인간이 살기 시작했다고 함으로써 우리 역사 연대를 축소시키려고 했다. 최근에는 경북 문경에서 공룡의 뼈까지 발견되었다. 공룡은 2억 7천만 년 전 지구상에 서식하던 동물이기 때문에, 공룡의 뼈가 발견되었다는 것은 한반도가 태고부터 생물이 서식하기에 알맞은 기후를 가지고 있었고, 아울러 인간의 거주 연대도 훨씬 올려 잡을 수 있음을 추측하게 한다.

그러나 〈한〉족의 종족적 기원을 찾으려는 노력은 거의 단편적인 동시에, 식민지 사관에서 벗어나 겨우 숨길을 돌릴 정도에 지나지 않는다. 단편적으로 나온 학설마저도 매우 애매하여 도대체 종잡을 수가 없다. 그러나 여기에 단편적으로 발표된 몇 개의 설을 소개함으로써, 그들의 공통적인 견해를 모아 결론을 대신하고자 한다.

〈한〉족의 종족 기원에 관하여 제일 처음, 그리고 폭 넓은 연구 발표를 한 분은 김상기金庠基이다. 김상기는 『東夷와 淮夷, 徐戎에 대하여』라는 논문에서 이렇게 말했다.

> 생각건대 東夷系라는 종족이 上古에 中國의 邊方에서 東으로 移動하여 한 줄기는 中國 山東方面으로 내려가고(嵎夷, 萊夷, 淮夷, 徐戎등) 한 줄기는 다시 東으로 나와 滿州, 韓半島一帶에 分布된 것으로(韓濊貊 등) 믿는 바이다. 그리하여 이 양계 이동의 시간적 선후를 문헌적으로 상고해 보면, 山東方面으로 들어간 것이 앞선 듯하니 이 방면의 동이족은… 이미 殷商 時代에 漢族과 교섭을 가졌던 것이다.[4]

---

4) 金庠基, 「東夷와 淮夷 徐戎에 대한 硏究」, 『東方學誌』, 30-31쪽.

김상기의 논고에 의하면, '東夷'는 우이淮夷, 래이萊夷, 회이淮夷 등 다른 '夷'의 이름을 갖는 무리의 종족들이 따로 있었다는 것과, 특히 예맥濊貊은 지금 한국인의 원조元祖가 된다는 것이다. 그러나 동이, 예맥을 곧 〈한〉철학의 주인공으로 결정을 내리기에는 아직 성급하다고 본다. 동이족의 이주 연대를 신석기 시대 말엽, 즉 BCE 3000년경으로 잡을 때, 공주 금강에서 발굴된 유물만 하더라도 3만 년 전의 것이고 보면, 동이족 이전의 한반도에 거주하던 종족은 누구였는가라는 의문이 제기된다.

　더욱 놀라운 사실은, 경기도 전곡리의 구석기 유물이 270만 년 전의 것으로, 아프리카, 아슐리안, 생고한 문화와 같을 것이라고 추정하고 있는 실정이며,[5] 충북 단양에서 발굴된 뼈 조각은 6만 년에서 10만 년 전에 살았던 네안데르탈인의 특징을 보여 주었다. 이보다 훨씬 앞선 10만 년에서 50만 년 전에 살았던 또따벨인의 특징을 보여 주는 뼈 조각도 발굴되었다고 하니, 이것이 확실한 증거로 확정된다면 인류 진화의 역사와 문명의 기원을 설명하는 세계의 학설은 뒤바뀌고 말 것이다. 까마득한 태고부터 한반도는 세계의 일부였고, 그 문화도 세계 문화의 일부분이었던 것이 증명되고 있다.[6] 그렇다면 지금부터 불과 3,000년 전 종족의 역사를 가지고 문명의 범위를 잡는다는 것은 협소하게 느껴질지도 모른다. 그러나 우리는 태고의 먼 역사와는 단절되어 살고 있다. 그런 즉, 지금의 우리와, 언어나 풍속, 그리고 생활 도구가 비슷한, 그래서 우리와 연속성을 갖는 연대까지 상한성을 잡고 사상사의 범위를 잡는 것이 타당

---

5) 『한국일보』, 1982년 8월 18일.
6) 『한국일보』, 1982년 9월 9일.

할 것이다. 이런 관점에서 생각할 때, 민족 고유의 사상으로서 〈한〉 철학의 주인공과 이 주인공이 거주하던 지역, 그리고 연대를 결정하는 데 있어서 그 상한선을 동이족의 출현 시기 선후에서부터 잡는 것이 합리적일 것이라 본다.

그러면 이 동이족을 중심하여 수반되는 제반 문제들을 설정하고 하나하나 풀이해 나가기로 하자. 첫째로, 한반도를 중심하여 끊임없이 제기되어 온 종족의 남방 기원설과 북방 기원설의 이원설 문제, 둘째로, 예맥과 동이족의 일치 여부 문제, 세째로, 예와 맥은 동일 종족인가의 문제, 네째로, 동이족 직전에 있었던 종족의 문제, 그리고 마지막으로 동이, 예맥이 지금 한국인의 원조라면 거의 5,000년 동안의 연속 · 불연속의 문제 등이 다뤄져야 할 중대 과제인 것이다.

한말에 한국에 있었던 헐버트는 한민족을 북쪽의 예맥과 남쪽의 한족으로 나누고, 남쪽의 삼한三韓의 기원을 남방계로 보고 인도의 원주민이던 드라바디안Dravadian족이 아리안족에 쫓기어 들어왔다고 주장했었다. 그 후 일본 식민지 사학자들도 같은 설을 주장했다. 그러나 이는 거의 설득력이 없는 이론으로 밀려나고 있다. 신라, 백제, 고구려 사이에 통역을 두고 대화를 했다는 기록이 없고, 장례 때 사용하던 관이 같으며, 신라 왕관이 북방계의 동물인 사슴의 뿔을 닮은 것을 보아도 남 · 북 이원으로 나누어 한민족의 기원을 생각하려는 것은 부정될 수밖에 없다고 본다.

둘째로, 예맥과 동이의 관계를 생각해 보자. 천관우는 "춘추 전국 시대에 산동 반도에 있었다는 '萊夷'와, 양자강과 황하 한중간쯤인 淮河와 태산 일대에 살았다는 '淮夷'와 '徐戎', 지금의 천진, 산해관 방면과 상해, 항주 방면에 각각 살았다는 '島夷'… 이런 중국 본토안의 족속들도 東夷였으니, 예맥은 역시 동이의 일부로 보아야 하지 않겠느냐?"[7]고 했고, 김정배도 여기에 동의하고 있다. 그렇다면, 동이의 거주 영역은 현재 중국의 산동성, 하북성, 발해 연안, 하남 동남, 강소 서북, 안휘 중북, 호북 동의, 요동 반도 및 조선 반도 등 광대한 지역이었던 것이다.[8] 이 방대한 지역에 웅비하여 살던 종족을 대별하여 북北몽골인종이라고 한다. 그중 "흉노匈奴는 한고조漢高祖의 항복을 받을 만큼 강대했고, 심지어는 유럽의 게르만 민족 대이동의 배경이 되는 '훈Huns'이란 것도 흉노의 족속들이다."[9]

그러나 같은 동이족임에도 불구하고 우리와는 문화의 기본이 달라 몽골의 글안이나 여진족은 우리와 적대 관계에 있었다. 하지만 같은 피를 가진 종족이 그렇게 웅비할 수 있었음을 생각해 보면 대견스럽게도 여겨진다. 만약 그들이 '오랑캐'라면, 우리도 같은 '오랑캐'다. 그러나 우리는 그들과는 등을 지고 차라리 피가 다른 한족漢族과는 가까이 하면서 멸시해 왔던 것이다. 이러한 '오랑캐 콤플렉스' 때문에 불필요한 화를 자초했음을 시인할 때에는 옛날 역사를 다시금 반성해 보게 된다. 미국 안에 살고 있는 한국인들이 같은 유색인종인 흑인을 깔보고 백인과 동일시하려는 태도도 역시 '오랑캐 콤플렉스'의 연장이 아닐까 보고 싶다.[10] 그러나 예맥이 다른 동이족과는 달리 탁월하며 우수했음은 또한 사실인 것 같다. 김정배는,

---

7) 千寬宇, 『韓國上古史의 爭點』, 134쪽.

8) 리지린, 『고조선 연구』, 제1장 제1절, 104쪽.

9) 위의 책, 135쪽.

10) 1994년에 있었던 미국 서부의 한흑 갈등은 한인사회에 큰 피해를 주었다. 오랑캐 콤플렉스의 당연한 결과이다.

중국인이 동이를 다른 이민족에 비해서 아주 좋게 이야기할 수
밖에 없었던 것은, 이 지역에서 나오는 우수한 금속 문화와 토
기가 이것을 증명한다. 예맥은 선사 시대에 있어서도 그 활동이
굉장했고, 어느 의미에서는 동이 속에서도 그 중심적 존재였다
고 할 수 있다. 남만주, 특히 요령 지방에서 나오는 청동기 문
화가 바로 이것을 의미한다.[11]

고 했다. 앞으로 우리는 우리 역사와 문화를 이해함에 있어서 오
랑캐 콤플렉스를 버리고 동이족의 웅비했던 기상을 자랑스럽게 생
각하고 그 가치를 재발견할 줄 알아야 할 것이다.

예맥이 동이족이라는 설에는 거의 모든 학자들이 동의하고 있지
만, 예맥을 같이 붙여 보는 설, 나누어 보는 설, 동일족의 분파설, 그
리고 약칭이라는 여러 설이 있다.[12]

이 문제를 결정하기 위해서는 몇 가지 다른 변수들을 겸하여 생
각하지 않으면 결론을 쉽게 내릴 수 없다. 시베리아-만주-산동 요
동반도-한반도 일대에 분포되어 있는 두 가지 혹은 세 가지 정도의
토기土器는 예맥 관계 문제를 해결하는 데 중요한 관건이 되고 있
다. 두 가지의 토기라면 유문토기有文土器와 무문 토기無文土器이고,
세 가지라면 여기에 흑도黑陶가 포함된다. 시대적으로 보면, 유문이
무문에 앞서고, 흑도는 무문과 거의 동시대이다. 유문토기란 토기
의 면에 빗살 모양의 무늬가 그려져 있는 것인데, 그 범위가 일본에
까지 미치고 있을 정도로 광범위하다. 무문토기는 무늬가 없는 것

---

11) 金貞培, 『韓國民族文化의 起源』.
12) 千寬宇, 앞의 책, 136쪽.

이며, 흑도란 색깔이 검은 것으로, 서쪽에서 사용되어 온, 채색이 된 채도와 구별되어 불려지고 있다.

예와 맥을 둘로 나누어 생각한 학자는 일본의 삼상차남三上次男 인데, 그는 '예'를 유문토기의 주인공으로, '맥'을 무문토기의 주인 공으로 분리하고 있다. 정다산은 '예'를 지명으로, '맥'을 종족 명 으로 보았고, 국내 대부분의 학자들은 분리하여 생각하지 않고 있 다. 그런데 만약 예맥을 같은 종족으로 여긴다면, 어떻게 같은 종 족이 유문과 무문 같은 다른 토기를 만들 수 있었느냐는 질문이 제기된다. 이에 대해 김정배는 특이한 설을 발표하고 있다. 즉, 예 맥은 같은 종족으로서 무문토기의 주인공이고, 예맥 이전의 신석 기 시대에 다른 종족이 살고 있었는데, 그 종족이 바로 고아시아 Paleo Asiatic족이라는 것이다. 그리고 이 고아시아족이 바로 유문토 기의 주인공이라고 했다. 고아시아족이 어업과 유목을 주도했다 면 예맥은 농업을 주도했다고 한다. 언어 상으로도 무문—예맥족 이 우랄 알타이어Ural-Altai를 사용한 데 비하여, 유문—고아시아족 은 고아시아어를 사용했다고 한다. 이는 〈한〉민족의 동일 기원설 을 뒤엎고 이원성을 주장하는 것이 된다.[13] 김정배는 이원성을 주 장하면서도 신석기말에 와서는 고아시아족이 거의 예맥족에 흡수, 동화되고 말았다고 했다. 결국 김정배도 이원적 일원설을 말하게 되어 〈한〉민족의 같은 원류를 주장한 셈이 된다.

그러면 광대한 지역에 웅비하여 살던 동이족이 언제부터 지금의 영토 안에 제한되게 되었으며, 동이족에 대해 지금의 중국을 형성하 고 있는 종족의 기원은 어떻게 되느냐라는 질문이 제기된다. 중국

---

13) 金貞培, 『韓國民族文化의 起源』, 210쪽.

문헌 속에 동이에 관해서는 많이 언급되고 있음에 반하여, 소위 하화계夏華系라 불리우는 종족에 대해서는 한대의 문헌에 와서야 겨우 나타나기 시작한다. 안호상은 하화계란 따로 있던 것이 아니고, 동이계와 같은 구이九夷들이 외곽에서 중앙으로 일부씩 모여들어 원래 있었던 다른 종족과 합해 지금의 하화계가 형성되었을 것으로 보고 있다. 그래서 서쪽의 하화계와 동쪽의 동이계 사이에는 빈번한 충돌이 있었고, 그럴 때마다 동화, 흡수되어 지금의 중국계를 형성시켰을 것으로 보고, 중국 내륙과 주변에 웅비하던 종족은 단연히 동이라고 단정하고 있다. 이러한 견해는 앞으로 동북아시아에 있어서의 문화와 문명의 기원을 결정하는 데 중대한 단서를 제공한다. 종래의 4대 인류 문명 발상지의 하나로 중국의 황하 유역을 잡고 그 주인공을 하화계로 보는 것은 재검토되어야 할 것이다. 이에 대해서는 다음에 설명하기로 한다.[14]

아무튼 동이계가 위축당하기 시작한 것은 철기 시대에 들어오면서이다. 철기 시대라 하면 중국의 진시황이 등장할 때이다. 진시황의 만리장성은 동이계로부터 자기 영역을 보호하기 위해서 만들어진 것이다. 즉, 진시황이 천하를 통일한 후에 동이로부터 스스로 경계선을 그었던 것이다. 그만큼 동이계는 힘을 갖고 있었고 영향을 미치고 있었음을 의미한다. 안호상 박사는 진시황 자신이 동이계라고 했다. 같은 종족이지만 서로 적대 관계에 있었던 것은 상고대에 올라 갈수록 쉽게 발견된다. 우리만 하더라도 CE 7세기까지 삼국으로 나눠져 서로 싸우지 않았던가? 아무튼 철기 시대부터 동이계는 위축당하다가 중국에서 건너왔다는 위만이 고조선을 배신하

14) 이 책을 쓴 이후 홍산, 요령성 문화가 발굴되어 이를 입증하고 있다.

고 위만 조선을 세우면서부터 최초의 식민 통치가 가능하게 되었으며, 고조선은 쫓기어 결국 나라 이름과 종족 이름을 〈한〉이라고 스스로 결정하게 되었던 것이다. 그런 즉, 〈한〉족은 동이-예맥에서 계승된 이름이다. 실로 동이나 예맥은 중국 문헌에서 알 수 있듯 중국이 우리에게 붙여 준 이름인 데 반하여, 〈한〉은 우리가 우리 자신을 정의한 이름이다. '漢'이나 '韓'으로 표기된 것은 차음 관계 때문이며, 〈한〉은 고유한 우리말로서 그 유래가 멀고 그 사용 범위도 넓었다.[15] 즉 동이계가 살고 있던, 그리고 그 범위를 넓혀 북몽골족이 살고 있던 모든 지역에서 가장 보편적인 말이 〈한〉이었던 것이다.

이상의 결론을 종합해 볼 때, 동이-예맥, 더 나아가서 북몽골인이 한국인의 원조임은 정설로 되어 있다. 그리고 이 원조가 지금부터 전개하려고 하는 〈한〉철학의 주인공이다. 이 주인공들이 하나의 배달겨레를 형성시켜 삼국 시대, 고려 시대, 조선 시대를 거쳐 지금에 이르고 있는 것이다. 19세기 사상가 증산 강일순 선생은 원시반본原始返本이라는 말을 사용했다. 민족이 위기에 처해 있거나 정체성 내지 주체성Identity을 잃었을 때에는 먼저 원시 상태로 되돌아가 보아야 한다는 것이다. 이러한 원시반본의 취지에서 역사학도가 아님에도 불구하고 〈한〉철학을 논하기에 앞서 〈한〉 종족의 기원에 대하여 생각해 보게 되었다.[16]

---

15) 漢은 韓과 같이 22개나 되는 다양한 의미로 발전하지 못했다. '크다'는 의미가 고작이다.

16) 이러한 고찰은 1983년 책을 쓸 당시까지에 국한된 자료와 지식에 근거한 것이다. 그 이후 고고학의 발굴과 새로운 저술들은 봇물처럼 나왔다.

2. '한' 종족의 공헌

　'오랑캐 콤플렉스' 때문에 스스로 주인공의 자리를 포기하고 안방을 다른 사람에게 넘겨 준 채 자기 집의 건넌방에서 살아온 역사가 한국의 역사이다. 그러기에 남이 보기에는 주인이 손님같이, 손님이 주인같이 보였을 것이 아닌가? 역사학자 A.토인비는 한국의 문명을 주인인 중국 문명Main Sinic Civilization에 '곁붙어Affiliated' 있는 것으로 그의 『역사의 한 연구A study of History』에서 분류하고 있다.[17] 이러한 토인비의 역사관은 마땅히 시정되어야 할 것이다.

　공교롭게도 이를 주장하고 나온 사람은 일본 교토대학京都大學의 우에다上田 교수이다. 우에다는 '지금까지의 동양사는 새로 써야 할 것이다'라고 『요미우리 신문』 1980년 11월 12일자에서 선언했던 것이다. 우리나라 『동아일보』를 비롯한 신문 지상에서 1976년 말 북한의 평안남도 대안시大安市(구 江西郡) 덕흥리德興里에서 발굴된 고구려 벽화 고분이 크게 소개된 바에 의하면, 이 벽화 고분에는 대부분의 벽화 고분과는 달리 많은 문자가 기록되어 있고 이 기록들이 새로운 사실을 알려 주고 있다. 무덤의 주인공은 태수太守 유주자사幽州刺史 진鎭인데, 그림의 내용인 즉 13군의 관리들이 사업 보고를 하

---

17) A. J. Toynbee, 『A Study of History』(London : n.n., 1934-39), I:131쪽.

러 태수를 방문하는 모습이다. 태수가 관할하던 13개 군의 영역이 문제인데, 이 영역은 곧 고구려가 통치하던 영역을 직접 말해 주는 중요한 자료가 되고 있다. 이 13개 군의 군명郡名에 의하면, 고구려의 유주(幽州, 무덤의 주인공이 통치하던 주)의 범위는 오늘의 요령성遼寧省과 하북성河北省의 북반부, 그리고 산서성山西省의 동북부를 포괄한 광범한 지역이었다. 그 중에 북평군北平郡, 연군燕郡, 범양군范陽郡, 어양군魚陽郡은 오늘의 북경北京주변이다. 대별하여 6개 군은 만리장성 안인 산해관山海關 서쪽에 있었고, 7개군은 만리장성 밖에, 즉 내몽골內蒙古쪽에 있었던 군임이 확인되었다.[18] 이렇게 놓고 볼 때 고구려가 4세기경에 통치하던 영역은 북경에서 내몽골 지역까지 이르는 광활한 땅들이었다. 덕흥리 벽화 고분이 던져 주는 파문은 크며, 우에다의 말대로 이것이 역사적인 실증 자료로 입증된 이상 동양사는 다시 써야 할 것이다. 고쳐 쓰지 않는 주인공은 바로 우리 주류 강단사학자들이다. 최근에 발굴된 구석기 유물과 함께 이 고분은 앞으로 동북아 문화의 기원을 중국에서 한국으로 옮기는 데 중요한 역할을 할 것이라 믿어 의심치 않는다.

식민사관에 의하면, 한국 문화는 중국의 기자가 건너 와 시혜를 베푸는 데서부터 시작되었다고 했다. 그리고 '오랑캐 콤플렉스'에 걸린 많은 역사가, 정치가들은 이를 그대로 받아들였다. 그렇게 함으로써 스스로가 오랑캐 됨을 면하고 중국에서 건너 온 사람이 자기 조상임을 입증할 수 있었기 때문이다. 이것이 소위 소중화小中華사상이다. 기자 조선에 관해서는 많은 논란이 가능하겠지만, 다음의 두 가지 사실은 거의 토론의 결론으로 모아지고 있다. 즉 기자는 같

---

18) 朴容緒, 「德興里壁畵古墳의 史的 考麥」, 『靑脈』(서울 : 靑脈社), 175-6쪽.

은 동이인이라는 것과, 그가 왔을 때에는 이미 동북아 일대에는 그가 가지고 온 것 이상의 문화가 활짝 피어 있었기 때문에 별 영향을 미치지 못했을 것이라는 결론이다.[19]

즉, 기자는 외래 세력이 아니다. 외래 세력이라 하더라도 그 외래 세력 자체가 문제가 된다. 왜냐하면 보통 동쪽의 동이에 대해 서쪽의 하화계를 얘기하지만, 문헌상으로 볼 때 하화계의 종족 구성이 매우 불분명하거나 복합적이기 때문이다. 복합적이라 함은 거의 동이족이 중앙으로 흡수되면서 생겨난 것이다.[20]

주무왕周武王이 은을 멸망시키고 천하를 통일한 지역은 황하 중원 지방中原地方의 일부에 지나지 않았다. 그 종족의 구성 요소도 단일하지 않고 복합적이었기 때문에 지금의 한족漢族이라고 부르기에는 애매한 점이 많다. 거기에 비해서 동이계는 문헌 속에서 종족의 명칭이 뚜렷하고 그 지역이 광범위했던 것이다. 그렇다면 중국과 한국의 문화적 영향 혹은 공헌 관계는 재평가되어야 한다고 본다. 어디가 주인Main이고 어디가 '곁붙어Affiliated' 있는 관계인지 뚜렷하게 구명되어야 한다.

기자에서 제기되는 문제들을 정리해 놓은 후, 여러 군데에서 같은 결과가 후속적으로 생겨나고 있다. 그 중 안호상의 『배달·동이는 동이 겨레와 동아 문화의 발상지』는 우리 스스로를 '오랑캐 콤플렉스'에서 벗어나게 하는 연구 자료로서 주인이 드디어 자기의 안방을 찾아 들어가게 하는 길잡이가 되고 있다. 안호상의 주장에 의하

---

19) 千寬宇, 「箕子朝鮮이란 무엇인가」, 『月刊中央』(1979년 4월호, 서울, 中央日報社), 97-103쪽.
一, '箕子攷'『東方學誌』, 第十五輯(서울 : 延世大學校 出版部, 1974), 1-72쪽.
20) 千寬宇, 『箕子攷』, 12쪽.

면, 지금 중국 문화Chinese Culture를 형성시켰다고 하는 대부분의 주인공들이 모두 동이인東夷人이라고 한다. 즉 요·순을 비롯하여 복희, 그리고 공자에 이르기까지 이들은 모두 동이 겨레의 후손이며, 따라서 동이 겨레가 동양 문화 창조의 주인공임을 강조하고 있다. 이러한 한국 상고 문화사에 관한 코페르니쿠스적인 견해는 이미 국내 학자들을 비롯하여 중국, 일본 등지의 학자들을 통해 끊임없이 연구 발표되고 있어 그 귀추가 주목된다.

화·하계와 동이계가 문화를 서로 주고받은 관계를 논하자면 화·하계에 대한 개념 정립이 앞서야 한다고 본다. 안호상은 그의 저서에서 자세히 이 문제를 구명하고 있다. 안호상의 결론에 의하면, 첫째로 '화·하계'란 엄밀히 따져서 하나의 독립된 종족으로서의 화·하족이라는 말이 아니라, 도리어 산과 불 또는 땅의 이름으로서 여기에 사는 사람들을 가리키는 말이다. 둘째로 '화'보다 '하'가 1,100여 년이나 먼저 나타났다는 것이다.[21] 중국의 '한족'이라는 이름이 5세기경의 송나라 범엽이 지은 『후한서』에도 아직 나오지 않는 것을 보면, 종족 개념이 뒤늦게 생겨났음을 알 수 있다. 중국학자 임혜상林惠祥은 "한족 구성의 주요 줄거리를 화·하계, 동이계, 형오계 및 백월계의 넷으로 나누고, 화하라는 이름이 옛적부터 있었으므로 우리는 이 이름을 쓰기로 한다. 물론 이 화하계는 당나라 사람이라 하여도 좋으나, 이것은 널리 주장하기가 어려우므로 한나라 앞 시대를 화·하계라, 또 한나라 뒷시대를 한족이라 한다. 화·하계가 신석기 시대의 후기에는 황하 유역에 국한해 살았지만, 지금은 중국

---

21) 안호상, 『배달·동이는 동이 겨레와 동아 문화의 발상지』, 107쪽.

대부분의 땅에 살고 있다"고 했다.[22]

신석기 시대까지만 하더라도 황하유역에 제한되어 살고 있던 화·하계에 비해, 동이계는 위에서 지적한 대로 광활한 지역에 무문·유문 토기를 만든 주인공으로 실증된 이상, 동북아 일대 역사의 주객 관계는 반드시 시정되어야 할 것이다. 화·하계와 동이계는 서로 화친도 하고 전쟁도 겪게 되었다.[23] 주객이 전도된 시기는 철기 문화가 크게 발달하면서부터로, 서쪽의 화·하계가 철기로 된 무기를 먼저 사용하자 아직 청동기 문화 속에 있던 동이족이 해체되고, 진시황 때에 와서는 한족에 흡수되는 결과를 가져오게 되었다.[24] 그러나 여기서 '한족漢族'이라 함은 그 속에 이미 많은 동이족이 섞여 형성된 것이었고, 더욱이 위에서 본 바와 같이 고조선의 준왕도 처음에는 나라 이름을 '韓'이라 한 것을 보면 중국의 '漢'도 이미 고유한 〈한〉 음의 차음에 불과하다고 볼 수 있다.[25] 양쪽 계열이 모두 선호할 만큼 영향력이 큰 언어가 〈한〉인 것은 분명하다.

비록 정치적으로는 전국 시대 이래로 동이계가 해체되는 과정에 있었다고는 하나, 문화적으로 볼 때에는 동이계가 끼친 영향과 공헌은 다대하다. 동이에 관한 기록은 『史記』 「太公世家」 「周本紀」, 그리고 『漢書』 등의 사서와 『春秋左傳』, 『尚書』, 『詩經』 등의 경서에서 찾아 볼 수 있다. 이보다 먼저 은허복사殷墟卜辭중에도 동이에 관한 기록이 나온다.[26]

---

22) 위의 책, 43쪽.
23) 柳承國, 『韓國儒學序說』, 19쪽.
24) 千寬宇, 『韓國上古史의 爭點』, 76쪽.
25) 漢族은 韓族의 파생 집합일지도 모른다.
26) 柳承國, 위의 책, 8쪽.

이들 문헌들 속에 나타난 동이상의 모습은 매우 예외적이다. BCE 3세기 중국 한나라 때 엮은 『禮記』 王制編에 보면,

동이 : 이는 어질어서 만물을 살리기를 좋아한다.
서융 : 융은 흉해서 사람과 생물을 죽임에 공정하지 못하다.
남만 : 만은 교만해서 임금과 신하가 같은 냇물에서 목욕하고,
　　　　서로 매우 업신여긴다.
북적 : 적은 편벽해서 부자와 수숙이 한 굴에서 살고 그 행실이
　　　　도리에서 벗어난다. [27]

서, 남, 북에 대해서는 모두 동굴 이름을 붙였는데 동에 대해서만 '夷'라고 했다. 그리고 '夷'는 제 문헌에서 ①사람(人), ②어질다(仁), ③활을 잘 쏜다(大弓)의 의미를 가지고 있다. '夷'의 본 글자는 '㠯(이)', '㝵(이)'인데, 어진 사람이라는 뜻이다. 『중용』과 『맹자』에서도 '仁'과 '人'은 같은 뜻으로 씌어졌다. 즉 '仁者人也(『중용』 제20장), 仁也者人也(『맹자』 진심 하)'라 하여, 동이를 활 잘 쏘는 사람으로 묘사하고 있다. 중국 문헌에 나타난 이런 묘사들 때문에 우리들 자신이 결코 다른 구이九夷들보다 우월하게 느낄 필요는 없다고 본다. 미국에서도 흑인들이 살결을 희게 만들어 어떻게 하면 자기들의 피부를 백인들과 같게 할 수 있는가에 관심을 기울였다. 그러나 차츰 다음 세대로 내려올수록 자기 문화 전통을 백인의 것에 동화Assimilation시킬 것이 아니라 스스로 자랑스럽게 여기려는 방향으로 기울어지게 되었다. 그래서 자기들이 미국에 노예로 팔려 오기 전에 자기 조상들이

27) 『禮記』, 十二, 王制, 東方曰夷, 疏.

살던 아프리카의 마을로 찾아가 풍속도 배우고 토속 장신구를 몸에 달고 다니면서 '검은 것이 아름답다Black is Beautiful'라는 구호를 외치기 시작했다. 지금은 흑인들이 자신의 뿌리Root를 찾자는 운동으로 발전한다.

미국 안에서 황색 인종은 백색과 흑색의 중간 위치에 있다. 그러나 대부분의 재미 한인들은 스스로가 노란 피부색임을 잊어버리고 백인과 동일시하려고 하면서 흑인들을 '깜둥이', 멕시칸들을 '맥장'이라 멸시한다. 겉은 노란색인데 생각만 하얀 체하려는 '바나나 콤플렉스[28]Banana Complex'에 걸려 있는데, 이는 시간이 지나면 '노란색이 아름답다'라는 자의식의 상태로 돌아오리라 믿는다. 스스로 '夷' 계통임을 망각하고 수천 년의 모화 사상慕華思想에 사로잡혀 사대해 왔음을 부끄럽게 생각해야 할 것이다. 남이 우리를 '어질다', '착하다'고 했다 해서 만족할 것이 아니라, '그래 본들so what'하고 자기의 미美와 추醜를 동시에 긍정할 수 있는 강한 주체 의식의 결여가 아쉽다. 이러한 주체 의식의 강화를 통하여 가까운 것끼리 점차로 동화되어 전체가 하나로 되는 방법을 제시하고 싶다.

그래서 우리 역사는 같은 이족夷族끼리 먼저 뭉치고, 그 다음에 같은 동양인끼리 뭉치고, 그 다음 유럽인들과 뭉치고, 마지막에 가서는 세계가 하나되어야 할 것이다. 서양에 대해서는 동양이 먼저 단결해야 될 것이고, 동양에 대해서는 우리 한국의 남·북이 먼저 단결해야 할 것이다. 이와 같은 근린지책近隣之策이 가장 합리적인 방법으로 세계가 하나 되는 길이 될 것이다. 그런 즉, 미국에 사는 한국인들은 그래도 우리와 같은 북몽골족에 속하는 아메리칸 인디언

---

28) 바나나는 겉은 노랗고 속은 희다.

에 대해 좀 더 알아야 할 것이고, 그 다음에 같은 동양인끼리, 그 다음 단계로 같은 유색인종끼리, 그 후에는 외곽의 선에서 백인과 손을 잡고 나아가야 할 것이다.[29]

중국 문헌에 나타난 동이 예찬에 대해 찬물을 끼얹자는 것이 아니고, 지금 당장에 백인이 우리를 예찬한다 하더라도 '그래 본들'할 수 있는 자기의식을 갖자는 의도에서 몇 자 기술해 보았다. 우리가 강조해야 될 점은 중국인의 동이에 대한 예찬이 아니라, 지금까지 잘못 알려진 문화의 기원에 대한 근본적인 시정이다. 지금까지 동북아 문명의 큰 두 조류인 도교와 유교가 화·하계의 것으로만 알려졌는데, 적어도 이것만은 시정 되어야한다. 결론부터 말하면, 이 두 근원은 동이계에서 찾아야 한다는 것이다. 이에 대한 논증을 하나하나 펴나가기로 한다.

동이東夷가 받은 평 가운데 쓰이는 표현의 두 가지는 '동방예의지국東方禮儀之國'이란 말과, '군자불사지국君子不死之國'이란 말이다. 이 두 표현은 다른 두 근원에서 나온 것으로 본다. 전자는 유가적인 표현이고, 후자는 도가적인 표현이다. 이 상반되는 두 표현이 동이족에게 동시에 적용되었다는 것은 유교와 도교의 두 근원을 찾게 하는 실마리를 우리에게 암시해 주고 있다. 「동이전」서문東夷傳序文에 의하면,

동방을 '이'라고 한다. '이'란 저柢이니 어질고 물건 살리기를 좋아해서 만 가지 물건이 땅에 뿌리박고 난다는 말이다. 그런 이

---

29) 이렇게 하지 않을 경우 상대방은 이이제이의 논리로 공격해 올 것이다. 인디언들도 부족끼리 싸우게 하여 자멸한 역사가 있다. 근린지책이 필요한 이유이다.

유로 그들은 천성이 유순하여 올바른 도리로 인도하기가 쉬워서 군자가 죽지 않는 나라이다(君子不死之國).

라고 했다.

이는 '군자'라는 유가적인 표현과 '불사'라는 도가적인 표현이 복합된 것이다. 같은 글의 마지막에는,

동이들은… 즐겁게 술 마시고 노래하고 춤추며, 혹은 변관弁冠을 쓰고 비단옷을 입으며, 그릇은 조두俎豆를 썼다. 그러므로 중국이 예를 잃었기 때문에 이것을 사이四夷에서 구했다.

좌전左傳에 보면, 공자가 사람들에게 "내 들으니 천자는 벼슬의 학문을 잃고 사이四夷에 있다 하더니 그 말이 옳구나" 했다. 즐겁게 술 마시고 노래하고 춤추는 것은 고유한 풍류도의 표현인 것 같고, 관을 쓰고 비단옷을 입으며 지극한 예의를 지켜 중국이 이를 따를 정도였다면, 유가의 교훈이 뿌리박고 있던 곳임을 말하고 있다. 이러한 표현들 자체는 하나의 암시에 불과하지만, 다음의 예증들은 이러한 암시를 사실로서 확증케 한다.

더 문헌적인 고찰을 해 보면, 군자국君子國이란 칭호는 순임금의 신하 백익伯益이 지었다는 『산해경山海經』에 처음 나오는데, "군자의 나라에서는 옷과 모자를 쓰고 칼을 차고 있으며 서로 싸우지 않는다(君子之國 衣冠帶劍…好讓不爭)."고 했고, 『청구지국조青邱之國條』에서는 '유순하고 순박한 사람有柔僕民'이라고 했다. 주요한 것은 동이

라는 성격 속에 유불선의 그것이 들어 있다는 점이다.

　이상의 동이에 관한 글들을 종합하여 도가와 유가 사상의 근원을 찾아보기로 하자. 사용하던 도구 면에서 볼 때 동이가 살던 지역에서는 무늬가 없는 무문토기와 채색이 안 되어 있는 흑토가 많이 나오고, 한국의 그림은 중국 것에 비해 담백淡白하다고 한다. 이러한 담백성은 무문·흑도 문화권의 유산이라고 본다. 이러한 순박하고 담백한 동이계의 성격은 도교 철학 사상을 강하게 반영하고 있다. 『도덕경』14장에 의하면, "그것은 보려고 해도 보이지 않는다. 그래서 '이夷'라 한다(視之不見名曰夷)"고 했다. 궁극적 도道를 두고 보이지 않는 이夷라고 했다. '夷'는 밝지도(不皦) 어둡지도(不昧) 않은 상태이다. 흑도라 함은 이런 중간 색을 나타내는 생활 도구이다. 이를 『도덕경』1장에서는 '검고 또 검은(玄之又玄)', 즉 심오한 검음(幽玄)이라고 했다. 물론 여기서 '검은'이란 색깔의 검음이라기보다는 그윽하고 신비한 인간성을 의미한다. 그래서 『도덕경』은 '夷'를 '仁'이라 하지 않고, 보려고 해도 보이지 않는 유연함으로 풀이하고 있다. '夷'를 또한 '柢'라고 했는데, '저'란 '만 가지 물건이 땅에 뿌리박고 난다는 말이라'고 했다. 이 말은 『도덕경』16장의 "싱싱하고 무성한 수목의 꽃잎과 잎들이 조락하여 각기 그 뿌리로 돌아간다. 뿌리로 돌아간 것을 정지라고 한다." 그리고 "정적의 상태를 지킴으로 짙어져 만물은 일제히 일어나 생동한다."는 사상과 일치하게 된다. 그리고 동이 사람들은 '유순하고 소박하다(柔僕)'함에 대해서는 『도덕경』32장에서 "도는 항상 이름이 없다. 도는 박僕과 같다. 박은 아무런 가공도 하지 않은 순수 그대로의 원목이다. 박은 천지의 시원인 도를 상징한다."고 함과 동시에 76장에서는 "굳고 강한 것은 죽음의 속성이고, 부드럽고 약한(柔弱)것은 삶의 속성이다"라고 했다. 그리고 동이 공동체를 묘사하는 곳 가운데 서로 싸우지 않는다(不爭)라고 함은 노자가 필생 이상향으로 그리고 있던 "이웃 나라가 손에 잡힐 듯이 바라다보이며, 개, 닭의 소리가 서로 들리는 아주 가까운 곳에 있을지라도 백성들은 서로 아무런 욕구 없이 다투지 않아…"(『도덕경』80장)와 상통한다고 본다. 사상이란 문화 풍토 속에서 생겨나는 것인 만큼, 적어도 신석기 이래로 동북아 일대를 석권하며 살아온 동이계에 후기 노장 사상의 기원이 있었음은 생각해 볼 문제이다. 그리고 군자가 죽지 않은 나라라고 함은 후기 도가의 신선 사상에서 보는 바와 같이 영약을 먹음으로 죽지 않고 신선이 된다는 사상의 반영이며, 바로 이런 영약이 지금의 한반도 지역에서 난다고 확신하고 있었기 때문에 진시황은 불로초, 불사약을 구하러 사람들을 보냈던 것이다.

도가의 기원보다 유가의 기원을 찾는 작업은 훨씬 많은 자료를 얻을 수 있다. 도가의 궁극적인 개념인 '道'가 '夷'로 쓰였다면, 유가의 궁극적인 개념인 仁이 夷임은 위에서 지적한 바와 같다. 그리고 맹자는 「고자장구하告子章句下」에서 "공자의 도는 맥도貊道요, 맥은 북방에 있는 이적夷狄의 나라 이름"이라고 했다(子之道貉道也 註貉北方夷狄之國名也『孟子』卷六十二, 告者章句下 凡十六章). '맥'은 '예'와 함께 동이족의 다른 이름이다. 그러므로 맹자의 이러한 표현은 공자 사상의 근원이 동이계에서부터 출발하였음을 지적해 주는 직접적인 표현이라고 할 수 있다. 그리고 맹자는 "舜임금은 저풍諸馮에서 탄생하고 부하負夏로 이사하여 명조鳴條에서 죽었다"(孟子難婁下)고 했다. 또한 갑골문자의 해독에 의하면, '鳴條'가 동이의 땅에 속한다고 한다.

안호상은 "유학의 본바탕을 철학적으로 고찰해 보면, 유교의 진정한 시조는 요임금이 아니라 우리 동이 사람인 순임금과 그의 신하인 설契인데, 요는 순의 선배로 뺄 수 없었기 때문이다"라고 지적하고 있다. 유승국은 순 임금이 왕위에 오르기 전에 '그릇을 만들었다作瓦器'는 구절(사마천, 『사기』)을 동이계의 흑도와 연관시키고 있다. 공자 자신도 순 임금을 칭송하고 있으며, 자기의 도가 순으로부터 나왔음을 고백하고 있다. 이러한 연원적인 고찰에서 생각해 볼 때 공자의 "나라에 도가 없으니 뗏목을 타고 동쪽에 가 살고 싶다"는 말은 도피심리가 아니라, 유교의 본고장인 나라로 돌아가고 싶다는 의미로 해석될 수 있다고 본다.[30)]

이렇게 말하면서도 이론의 가장 미비한 점은 한문자漢文字의 기원이다. 결국 유교와 도교의 모든 사상은 한자로 기록되어 있고, 그래서 한자의 주인공이 사상의 주인공이 아니냐 하는 것이다. 이것은 일면 타당성이 있는 주장이기도 하다. 우리 것임에도 불구하고 우리 것으로 주장하기에는 문자의 발명이 늦게 되었다는 데 탓을 돌리지 않을 수 없다. 그러나 이러한 주장도 그렇게 절대적인 것만은 아니다. 왜냐하면 한자의 기원이 은허복사이며 은나라를 동이계가 세웠다면, 한자의 기원을 결코 화·하계에서 찾는 것은 잘못이라는 결론이 나오게 된다. 요즘에는 은허복사보다 더 오래된 소뼈에 쓰인 우골문자牛骨文字가 동이 지역에서 발견되고 있는데, 이것은 은허 갑골보다 더 오래된 것이다.

'중국의 수치를 숨기라爲中國諱恥'는 역사를 기술하는 불문률을 어

---

30) 배종호 같은 유학자들도 이 점을 인정했었다.

기고 '한국은 한자 문화권漢字文化圈의 주인공이다'[31]라는 외침이 우리 유승국 같은 학자들의 입을 통해 나오기 시작했다. 구호로서가 아니고 철저한 고증을 통해서 한자 창제의 주인공이 근본적으로 뒤바뀌고 있다. 이러한 전환은 1898년부터 처음 발견되기 시작한 갑골 문자를 통해 중국 문자가 지금 우리가 알고 있는 한자보다 훨씬 고대까지 소급해 올라가 보아야 기원을 알 수 있음이 밝혀졌기 때문이다. 중국 학자 부사년傅斯年은 태호복희太暤伏羲를 문헌에서 찾아 그가 동이계였음을 증명했다.[32] 복희는 한문자의 원형이 되는 팔괘八卦를 그렸고 각목刻木으로 한문자인 서계書契를 만들었다. 그런고로 한자는 결코 한나라 사람이 만들어 쓴 문자가 아니라, 동이계 사람이 만든 글자이다.

태호복희가 동이인이라 함은 여러 가지 고증에 의해서 확실시되고 있다. 태호복희의 성이 풍風인데, 풍은 구이九夷가운데 하나인 풍이風夷에 속한 까닭이다. 복희의 어머니는 화서 땅의 임금인데, 이 어머니는 북녘 지방 곧 기주冀州의 북부를 맡아서 다스렸다. 기주는 동이계가 개척해 살던 곳이다. 그리고 순 임금이 죽은 명조도 기주에 속해 있어 복희와 순은 동이인임이 확실시되고 있다. 『규원사화揆園史話』를 쓴 북애자北崖者도 "음양이 소장하는 이치가(즉 八卦) 우리에게서 발원하여 마침내는 저 나라(中國)에 가 쓰기에 이르렀다"고 주장했다. 유승국은,

---

31) 林承國,「韓國은 漢(桓)字 文化圈의 主人公이다」,『自由』(서울, 自由社, 1977), 18-38쪽.
32) 傅斯年,『夷夏東西說』참고.

은허 문자殷墟文字는 그 연원이 흑도 문화를 계승해서 온 것이
라고 호후선胡厚宣이 밝히고 있으며, 은나라 사람들이 구복(거북
이 등에 점치는 것)을 숭상하는 습성은 동방의 수골獸骨에 점치는
방법이 점차 발전되어 간 것이라 증명했다(甲骨學商史論叢, 初集,
616-617쪽). 더욱 중요한 것은 흑도 표면에 씌어진 글씨 가운데
'ㅇ'혹은 '大'와 같은 것은 갑골에 있는 것과 아주 근사하다는 것
을 발견하게 되었다… 이와 같이 한문의 기원을 소급하여 보면
그 연원이 동부족에 있다는 것은 주목할 만한 일이다.[33]

임승국林承國은 한문 53,525자의 발음 부호인 반음절이 모두 우
리말 기준으로 되어 있다는 사실을 지적하면서, "동이계가 황화 문
명의 주인공임을 조금도 의심치 않는다."라고 결론지었다.[34] 그는
"이와 같은 정의는 동양 문화사 내지 동서 역사의 개조를 뜻하는
것으로 해석되어야 할 것이요, 그래야 마땅할 일이다"[35]고 강조한
다. 안호상은 '한족漢族'이란 어디까지나 한나라에 속한 사람, 백성,
혹은 국민, 즉 한나라 국민으로서의 '한족'을 뜻한다고 하고, 그 밑
뿌리 겨레는 역시 배달─동이라 하면서, "한문과 한자란 것이 또한
그러하여 과거에 없었던 글자를 한나라 사람들이 비로소 만들었다
는 의미에서가 아니라, 도리어 옛날 동이 사람이 태호복희와 동이
겨레의 나라인 은나라에서 만든 글자들이 발전해 온 것을 한나라
가 자기의 글과 글자로 삼았다는 의미에서 '한문'이라 혹은 '한자'

---

33) 유승국, 『한국의 유교』(서울, 천풍인쇄주식회사, 1980), 34쪽.
34) 林承國, 23쪽.
35) 위의 책.

라 했다"[36]고 피력하고 있다.

이정기李廷基는 복희가 만든 문자의 범위를 슈메르족이 사용한 설형문자楔形文字나 소아시아에서 영국까지 이동한 켈트Celt 고음부古音符의 오감Ogam문자인 '丄, 丄丄, 丄丄丄, 丄丄丄丄' 등과도 흡사한 것으로 보아, 중앙아시아에 어떤 음표가 있어 이것이 슈메르족에서는 설형문자, 그 후의 몽골족에서는 팔괘 부호, 그리고 아주 후기에 와서는 오감문자로—분화한 것으로 추측하고 있다.[37] 송호수宋鎬洙의 조사에 의하면, 대마도에서 발굴된 아히루(阿比, アヒル)문자[38]가 오감 문자와 비슷하여 동이계의 문자 범위가 실로 광대했음을 입증하고 있다.

위에서 살펴본 바와 같이, 국내외 학자들의 학문적인 결과는 동아시아, 나아가서 세계 역사와 문화의 기원을 완전히 뒤집어 놓고도 남음이 있을 만큼 놀랍다고 하지 않을 수 없다. 이상과 같은 단편적인 연구 결과로도 이미 새 문화 역사의 방향은 그 잘못된 궤도를 수정하기에 충분하다고 보며, 앞으로의 연구 과제로서 뒷받침할 만한 더 많은 자료의 발굴과, 무엇보다도 옛날의 주인됨을 다시 찾는 자세가 필요하다고 본다. 세계 4대 문명 발생지 가운데 하나인 황하 유역 문화의 주인공은 바로 우리 배달 동이계였다. 그리고 이 주인공이 창조한 철학이 〈한〉철학 사상이다.[39]

〈한〉철학은 이제 막 문을 여는 태평양 시대The Pacific Age를 주도할 철학이다. 보통, 지중해는 과거의 바다, 대서양은 현재의 바다, 그리

---

36) 안호상, 259-260쪽.

37) 李廷基, 「'ᄋᆞ리ᄅᆞ' 原型文化와 檀君神話」, 『民族正統思想의 探究』(서울, 週刊시민社, 1978), 65-66쪽.

38) ᄉᆞ, ㅁㅣㅣㅁㄴ ㅣㄱㅁㄷㄲㄲㄴ× ㅣㅜㅣㅗㅣㅜㅏㅏㅗㅗㅗㅣㅗㅏㅓㅣ 등

39) 이 책이 출간된 후 30여 년 동안 필자의 주장은 더욱 확고해지고 있다.

고 태평양은 미래의 바다라 한다. 지중해 연안에서 그리스 철학과 기독교가 일어났고, 그리고 이 지중해 문화가 대서양을 건너와 북미주에서 이룩된 문화가 지금 세계를 지배하고 있다. 그러나 이 두 문화는 인간의 비인간화, 자연과 인간의 균열에 의한 자원 고갈, 공해 문제로 인류 생존 여부에 있어 심각한 문제를 초래하고 말았다. 이제 맞이할 새 시대는 비인간화 및 기계화로부터 인간의 해방, 자연의 인간과 조화 사상을 바탕으로 하고 또한 이를 지향하게 될 것이다. 이 태평양 시대는 북미 대륙과 아시아 대륙이 태평양을 가운데 두고 형성해 갈 문화인 것이다. 이광규李光圭는 이를 '범태평양연안문화汎太平洋沿岸文化'라고 했다. 이것은 지석묘支石墓의 분포를 비롯하여 선사 시대부터 하나의 문화권을 형성하고 있는데, 그 범위는 지중해를 건너 인도와 동남아, 특히 인도지나를 지나 극동, 한반도로 유입되면서 해안선을 따라 북상하는 문화의 물결이 아메리카 대륙까지 뻗어 나가는 문화권이다.

III. '한' 철학의 틀

〈한〉철학의 '틀'이라 함은 〈한〉철학의 기본 구도됨을 말한다. '틀이 잡혔다, 안 잡혔다' 함은 가장 기본 바탕 됨이 되었다, 안 되었다 함을 의미한다. '틀'을 구성하는 데, 혹은 만드는 데에는 세 가지 요소가 있어야 한다. 틀을 만드는 재료가 무엇이냐 하는 '감'과, 틀이 어떤 모양으로 되어 있는가 하는 '꼴'과, 틀이 어떻게 표현되느냐 하는 '짓'이다.

〈한〉철학의 '감'이라 함은 〈한〉철학이 만들어지는 소재 및 재료를 두고 하는 말이다. 신화, 언어, 춤, 음악, 그림, 의상 등을 비롯하여 원시 신앙 형태, 나아가 외래 종교 및 서양 철학 등 모든 분야가 〈한〉철학을 구성시키는 감이 될 수 있다. 즉, 한국의 정신, 나아가서 얼을 담고 있는, 혹은 거기에 관계되는 모든 것이 〈한〉철학의 감이 된다.

보통 우리는 '…이 될 감'이라는 표현으로써 '감'이라는 말을 많이 사용한다. 건축에서는 재목을 뜻하게 되고, 사람의 경우에는 사람됨을 뜻하게 된다. 그래서 감이란 '됨됨'이라는 말과 같다고 할 수 있다. 즉 '못됨'이란 '…이 될 감'이 아니라는 뜻과 같다. 그러므로 한국 철학이 될 감이란 한국 철학이라는 집을 지으려고 할 때 쓰일 재목이 무엇이냐는 뜻과 같다고 할 수 있다.

감, 즉 재목이 정해지면 이 감으로써 어떤 형태Shape의 집을 짓느냐, 곧 어떤 '꼴'을 만드느냐가 문제될 것이다. '꼴'이란 반드시 보이는Visible 것만을 뜻하지는 않는다. 보이지 않는Invisible 것도 뜻한다. 될 감이지만 '하는 꼴', '생긴 꼴' 등으로 모양과 행동을 다 포함해서 쓰이는 것이 우리말의 '꼴'이라는 말이다. 그래서 '꼴'을 '형태'로만 생각할 수 없는 것이, '생긴 형태'라고는 할 수 있어도 '하는 형태'라고는 말할 수가 없기 때문이다. '꼴'은 '짓'과 함께 쓰인다. '짓'이란 형체Style라 함에 가까운 말이다. '하는 짓'이라 하지만, '생긴 짓'이라고는 하지 않는다. 이 말은 짓은 꼴보다 주로 보이지 않는 감의 안 보이는 안쪽에, 그리고 꼴은 감의 보이는 비중을 두고 표현하는 것이다.

그래서 필자가 이 글에서 '짓'이라는 말을 사용할 때에는 이 말이 주로 한국 사람들이 역사 속에 살면서 그들의 삶의 의미와 가치를 어떻게 세워 나가 자기들의 얼을 비추어 왔는가를 살피자는 데 그 뜻이 있고, '꼴'이라는 말을 사용할 때에는 한국 사람들이 자기들의 문화의 형태인 건축, 의상, 그림 같은 데에서 상하좌우, 높낮이, 넓고 좁은 공간 개념을 어떻게 파악해 왔는가를 밝히자는 데 그 목적이 있다.

〈한〉철학의 주인공은 한국 사람 혹은 조선 사람이요, 지금의 한국 사람은 옛 동이족과 그 맥이 이어지는 한, 이 한국 사람들이 역사 속에 한 짓과 만들어 낸 꼴은 모두 〈한〉철학의 감이 된다. 위에서 살핀 바, 중국 문헌들이 이쪽 동이족을 두고서 자기들이 본 대로 적은 것은, 곧 동이의 하는 짓을 보고 자기들 나름대로 표현한 것이다. 그들이 '夷'라고 적고 이를 큰 활을 잘 쓰는 사람大弓이요, 어진 사람들仁이라고 뜻을 풀이한 것은, 우리 하는 짓이 남의 눈에 그렇게 투영되어 나타난 것이다. 필자는 〈한〉철학의 특징을 비시원적인 것으로 정의한 바 있다. 활 잘 쏜다 함은 무武에 속하고, 어질다 함은 문文에 속한다. 동이가 이 두 면을 다 지닌 사람들로 평가를 받았다는 것은, 문과 무의 어느 한쪽에 기울어 치우치지 않고Neither/Nor 양쪽을 다 겸비하고 있었음을 뜻하며, 이러한 종족적인 성격에 있어서도 어느 한쪽에 시원을 두지 않아 비시원적 민족성을 가지고 있었다고 말할 수 있다.

I. '한'의 감

옷감을 뜬다고 한다. 이제부터 〈한〉철학의 감을 떠 보기로 하자. 종교 사회학자 에밀 뒤르케임Emile Durkheim은 외부의 요소들로부터 전혀 영향을 받지 않으면서 설명될 수 있는 부분을 원시적Primitive 인 것이라고 정의했다.[1] 〈한〉철학의 원시적인 감은 있는가? 있다면 그것이 무엇인가? 물론 최근에 발굴되고 있는 구석기 유물, 신석기 유물, 유문·무문 토기, 흑도 같은 것이 가장 원시적인 감이 될 수 있을 것이다. 그러나 이런 원시적인 감들을 떠서 〈한〉철학을 추적하려면 전문적인 고고학적 예비지식이 있지 않으면 안 될 것이다. 그래서 필자가 다루려고 하는 원시적인 감은 일단 문헌에 나타난 것에 강조점을 두려고 한다.

그런데 여기서 구별해야 될 점은 문헌이 원시적이라는 것과 문헌의 내용이 원시적이라는 것은 다르다는 사실이다. 예를 들어, 구약 성서의 문헌으로서의 창세기 1장은 BCE 450년에 씌어진 것이지만, 거기에 씌어진 내용은 태초에 관한 것이다. 문헌의 형태를 분석하여 그 원래의 것을 찾아내려는 소위 양식 비판Form Criticism이 가해진

---

1) Emile Durkheim, 『*The Elementary Forms of Religious Life*』(London: Allen arts Unwin, 1915), 1쪽.

후에야 뒤르케임이 얘기하는 원시적인 감을 찾아낼 수 있을 것이다. 그러나 이것 역시 필자의 능력 밖의 일이기 때문에 여기서 그 작업은 많이 줄이기로 한다. 우선 문헌이 씌어진 연대에 상관 없이 문헌에 나타난 내용별로 원초적인 것을 일단은 뽑아 원시적인 감으로 잡아보자는 것이다. 그렇다면 아마도 북애자北崖者가 쓴『규원사화揆園史話』만큼 원초적이고도 원시적인 내용을 다룬 것은 없을 것이라고 본다. 거기에는 '태고에 음양이 갈라지지 아니하고…'로 시작하여 구약의 창세기를 방불케 하는 내용이 담겨 있기 때문이다. 그 다음이 아마도『삼국유사三國遺事』에 담겨 있는 단군 신화일 것이며, 이와 병행하여『천부경天符經』,『삼일신고三一神誥』일 것이다.

필자는 일단『규원사화』,『천부경』,『삼일신고』를〈한〉철학의 가장 원초적인 감으로 삼아 보려고 한다. 결론부터 말하면〈한〉철학의 정수는『천부경』81자 그 이상도 이하도 아니라고 먼저 밝혀 두고, 다음 장에서 그 이유를 설명할 것이다. 이런 감들이 전통 사학자들이 볼 때에는 파격적이라 여겨질지도 모른다. 어떤 자료들은 신빙성이 없는 위서僞書같이 취급을 받아 왔기 때문이다. 실증주의 사관에 사로잡혀 있는 사람들은 지금까지 괴담으로 가득 찬 위서로 알려져 있던『산해경山海經』의 내용을 부사년 같은 학자가 분석하여 중국 동북방에 지배적이었던 신화의 주인공이 제준(帝俊. 은의 시조)이었다고 명쾌히 가려냈던 것을 명심해야 할 것이다.[2] 이것은 마치 폰 라드 Von Rad 같은 구약학자들이 창세기 속의 신화를 분석하여 이스라엘 신앙의 원형을 찾아내는 것과 비슷하다고 할 수 있다. 일단은 씌어진 내용을 받아들여 추궁해 갈 때 그 내용 자체가 어떠한 결론에 스

---

2) 千寬宇,「箕子朝鮮이란 무엇인가?」,『月刊中央』(1979. 4.), 95쪽.

스로 도달하도록 하는 것이 『산해경山海經』, 『후한서後漢書』, 『위지 동이전魏志 東夷傳』 같은 오래된 자료를 다루는 방법일 것이다.

〈한〉철학의 가장 원시적인 감으로서 정한 『규원사화』, 『천부경』, 『삼일신고』 등이 후기 종교나 외래 사상에 각색되었을 수도 있음은 사실이다. 그러나 무엇이 원래 없었다면 각색 그 자체도 어렵지 않겠는가? 원단의 감이 있어야 그 위에 각색을 할 수가 있는 것이다.

또 하나 원시적인 감에 넣고 싶은 것은[3] 전래의 '한복 바지'와 '자루'인데 필자는 이것에 대해 연전에 연구를 한 바 있다. 어느 나라나 바지가 있고 자루가 있지만, 심지어는 동양의 어디서도 볼 수 없는 한국에만 있는 이 둘을 표본으로 삼아, 〈한〉의 주인공이 가장 기본적인 생활 용품 속에서 어떻게 자기들의 생각들을 표현해 왔는가를 살피기로 한다. 전자의 문헌적인 것은 '한의 짓'에서, 후자의 실물대상은 '한의 꼴'에서 각각 다루어 보기로 한다.

〈한〉철학의 두 번째 감은 칠이 입혀진 것이다. 즉 BCE 4세기에서 7세기 사이에 불교가 들어왔을 때, 한국에서는 도입된 불교에 〈한〉으로 칠을 입히기 시작했다. 그래서 이런 자료들도 〈한〉철학의 감으로 취급되어야 한다는 것이다. 14~16세기에 신유교가 들어왔을 때에도 같은 현상이 일어났다. 이렇게 칠 입혀진 감을 〈한〉철학의 두 번째 감으로 여기려고 한다. 아마도 가장 방대한 감이 될 것이다. 원시적인 감들이 단편적이라면, 이렇게 칠 입혀진 감들에게 체계적인, 그리고 철학으로서의 〈한〉의 진면목이 나타날 것이다.

〈한〉철학의 세 번째 감은 재단이 다 끝나고 우리 몸에다 맞추어 말아진 감이다. 19세기 말엽부터 등장하기 시작한 동학, 증산 사상,

---

3) 金相日, 『對』(서울 : 새길사, 1974).

원불교, 대종교 같은 종교 운동은 수천 년 간 내려온 〈한〉사상을 종교적으로, 철학적으로 승화시켜 나가는 시기라 할 수 있다. 이는 유교, 불교 같은 데서 이룩되어 칠해진 두 번째 감들을 종합하고, 서양에서 전래된 기독교까지 가미시켜 〈한〉철학의 진면목을 마름했던 것이다. 즉, 원시적인 감에서 나타나는 신화, 주술 같은 요소들과, 칠해진 감에서 나타나는 합리성과 체계성을 종합시켜 하나로 묶어 말음말이를 했던 것이다. 실로 한국인의 자랑스런 〈한〉철학의 꽃송이가 이 세 번째 감들을 통해서 봉오리지기 시작했다고 해도 과언이 아니다. 그러나 아직 이 단계에서도 〈한〉철학이 완성된 것은 아니다. 세계는 이제 한 가족처럼 되었다. 〈한〉철학이 한국인만을 위한, 한반도 내에 국한되어 적용될 사상이라면 아무런 의미가 없을 것이다. 그래서 우리가 〈한〉철학의 감을 뜰 때에 실로 세계를 한 가족으로 보고 우주로 통하는 감을 만들어 내지 않으면 안 될 것이다.

이러한 좌표 설정과 함께 〈한〉철학의 네번째 감은 그 완성을 지향하는 바, 〈한〉철학의 세계화 내지 우주화의 단계이다. 그러자면 〈한〉철학은, 지금까지 형성해 온 동서양의 사상을 망라해서 그 종합적인 위치에 서지 않으면 안 될 것이다. 동양 철학은 두 번째 감에서 어느 정도 취급되었다. 이 네 번째 단계에서는 아직까지 미흡했던 서양 철학과 지금까지의 〈한〉철학의 감들을 종합시켜 보는 단계이다. 여러 사람들이 20세기에 등장한 서양 철학과 〈한〉철학과의 관계를 구명하려고 시도해 본 적이 있다. 실존주의 철학이 그 대표적인 예로 손꼽힐 수 있다.[4] 그러나 양자 간의 불편함 때문에 큰 성공을 거두지는 못했다고 본다. 서로 불편함이 없이 관계되자

---

4) 특히 최민홍 교수는 하이데거 사상과 〈한〉사상과의 관계를 시도하고 있다.

면 그 조건이 되는 감의 질이 서로 같아야 한다.

무명에 삼베를, 비단에 무명을 맞붙일 수 없듯이, 서로 다른 질의 감을 하나로 붙일 수는 없는 것이다. 만약 서로 이질적인 감일지라도 구태여 관계짓고 싶으면, 원단의 감에 가장 가까운 질의 감을 붙여 나가면서 간접적인 방법으로 일치시켜야 한다. 필자는 이와 같이 연계적인 방법을 사용하려고 한다. 가장 비슷한 동질의 감끼리 연계시킴으로써, 이질의 것도 서로 어떤 방법으로든 연계가 되도록 만들자는 것이다. 〈한〉철학에 가장 직접적으로 맞붙여도 많은 동질성을 획득할 수 있다고 보는 것이 과정 철학Process Philsophy이다. 이 과정 철학은 지금 동양 철학, 특히 불교와의 관계에서 많은 연구 자료들이 나오고 있다. 그러나 아직 인도나 중국 철학과 과정 철학의 관계 내에서 연구되고 있을 뿐, 한국 사상과 과정 철학과의 관계 연구는 겨우 시작의 단계이다. 다행히도 한국 불교와 과정 철학의 관계에 관한 학위 논문이 근년에 필자의 것을 포함하여 두 권이 나왔다.[5]

필자가 논문에서 밝히고 있는 주장은 화이트헤드의 과정 철학도 과정의 의미를 제기하기에는 완성되지 못했다는 것과, 한국 사상에 비교해 볼 때 중국이나 인도 사상은 아직도 실체적인 사상의 한계를 벗어나지 못했다는 것, 그래서 과정 철학은 한국 사상, 즉 〈한〉 사상에서 비로소 그 근사한 의미가 실현되었다는 것이다. 처음에 중국이나 인도의 불교와의 관계를 연구했던 과정 철학자들도 한국 불교를 접하면서 더 많은 동질성을 발견하고 있다.

---

5) Soeve Odin, 『*Process Metaphysics and Hua-ten Buddism*』(Albany : State University of New York Press, 1982), Sang Yil Kim, 『*Transformation of Korean Buddhism in the Seventh Century : A Process View*』(Claremont Graduate School, 1982).

감과 감끼리의 땜붙이식의 방법을 지양하고, 과정 철학이 서양 전통 속에서 발전되어 나온 과정과 〈한〉철학이 발전되어 나온 과정을 서로 단계적으로 비교함으로써 서로 간의 일치점을 모색해 볼 수 있을 것이다. 앞으로 과정 철학은 현대 과학적인 토대 위에서 전개된 사상인 만큼, 과학과 철학, 나아가서 신학과 철학의 문제뿐만 아니라, 교육, 생태학, 여성 해방 운동의 신학에 이르기까지 많은 영향을 미칠 것으로 예상된다. 종래의 실존 철학이 다루지 못하던 이런 분야에 손을 댈 수 있을 만큼 과정 철학의 범위는 넓다.

지금까지 〈한〉철학의 감들을 언급했다. 〈한〉철학의 감이 될 수 있는 조건은 '비시원적Nonorientable'이어야 한다. 즉, 감을 재는 자尺가 '비시원적'이라는 뜻이다. 이상의 네 가지 감들은 아직 재단이 되기 전의 것들이다. 최근에 와서 국내 철학자들이 〈한〉철학이라는 용어 자체를 직접적으로 사용하거나, 〈한〉을 철학적인 주제로서 다루기 시작했다. 최민홍은 그의 저서 『한국 철학』에서 〈한〉철학의 존재론, 인식론, 가치론 등으로 나누어, 주로 하이데거와의 관계에서 〈한〉철학을 전개하고 있다. 그 밖의 저서나 논문을 통해 〈한〉철학을 전개한 학자들의 수효도 늘어가고 있다. 〈한〉은 한국 사상을 주제로 하여 추구해 갈 때 한국 사상을 정의할 수 있는 핵심 용어이다. 그리스인들이 '로고스'를, 히브리인들이 '야훼'를, 아랍인들이 '알라'를, 인도인들이 '무'를, 중국인들이 '도'를 그들의 철학 사상의 감으로 사용했다면,[6] 배달 · 동이 겨레들은 〈한〉을 감으로 하여 그들의 생활 습속, 건축, 미술, 나아가 철학적인 사고에 이르기까지 독특한 비시원적인 논리를 전개했던 것이다.

───────────

6) 이들 감들을 문화 인류학에서는 '문화 목록어inventory'라고 부른다.

2. '한'의 짓

'짓'은 두 가지 의미가 있다. '만든다Making'는 뜻과 '한다Doing'는 뜻이다. '집을 짓는다.', '그러한 짓을 하지 말라'고 할 때, 전자는 '만든다'는 뜻이고 후자의 경우에는 '한다'는 뜻이다. 〈한〉의 짓이라 할 때에는 〈한〉이 역사 속에서 '만들어 온 행위'를 뜻하게 된다. 여기서 행위라 할 때에는 몸의 행위뿐만 아니라 사유의 행위도 뜻한다. '만듦'과 '함'의 종합적인 의미를 갖는 '짓'은 〈한〉의 주인공이 〈한〉의 감을 가지고 어떻게 만들어 썼는가를 의미한다. 그런 즉, '짓'은 '솜씨'와 통하는 말이다. 윤성범은 한국인의 '솜씨'를 조화의 기술로 정의하고 있다.[7] 필자가 이미 정의한 바, '비시원적'이란 바로 〈한〉의 짓을 두고 한 말이다. 한국인이 만들어 쓴 모든 짓, 그것이 형이상학적인 것이든 형이하학적인 것이든, 모두 '비시원적'이라고 말할 수 있다.

〈한〉의 짓이라는 정체를 알기 위해서는 위에서 끊어 놓은 네 가지 감들을 하나하나 검토해 보아야 할 것이다. 그러나 여기 〈한〉철학의 틀을 말하는 곳에서는 오직 처음의 감들만을 그 출발점으로 삼으려고 한다. 원시적인 감으로 지적한 『난랑비서』, 『규원사화』, 『단군신

---

7) 尹聖範, 『基督教와 朝國思想』(서울 : 기독교서회, 1965), 32쪽.

화』,『천부경』,『삼일신고』 등으로 분석해 보려고 한다. 이들 자료들을 원시적인 감으로 설정한 것은 그 씌어진 시기 때문이 아니고, 그것들이 담고 있는 내용이 의도적으로 다분히 한국 고유의 것을 지적해 놓고 있기 때문이다.

1) 난랑비서鸞郞碑序

최치원崔致遠이 지었다는 이 난랑비 서문은 한국 사상을 말하는 사람 치고 언급하지 않은 사람이 없을 만큼 가장 귀중하게 여겨지고 있다. 그 본문을 여기에 옮겨 보면,

> "나라에 玄妙한 도가 있으니 일컬어 風流라. 삼교의 근원이 仙史에 상비하였으니 실로 三敎를 포함하고 군생을 접화한 것이다. 뿐만 아니라 들어가면 집안에 孝하고 밖에 나오면 나라에 忠하였으니 이는 魯司寇의 旨요, 無爲한 일에 처하여 不言의 敎를 행하였으니 이는 周桂史의 宗이요, 諸惡을 짓지 않고 諸善을 봉행하였으니 이는 竺乾太子의 化라. 곧 儒佛仙 三敎의 진리를 포함包含한 현묘한 風流道이다."[8]

이 글에 의하면, 우리나라에는 유儒·불佛·선仙이 있기 전에 우리 고유의 '풍류도風流道'라 불려지는 현묘한 도가 있었다. 그러면 풍류도란, 그리고 현묘지도란 도대체 무엇인가? 유동식은 이렇게 설명한다.

---

8)『三國史記』, 新羅本記 眞興王 記事 ;『三國遺事』末戶郎傳.

國有玄妙之道란 나라에 본래 玄妙한 道가 있었다는 것이요, 이
것이 三敎의 진리 내용을 포함包含하고 있었다는 말이다.[9] 또는
이것이 三敎를 포함한다는 뜻도 된다. 그러면 그 玄妙한 風流
道란 무엇인가? 그것은 샤머니즘, 특히 한국적인 샤머니즘이었
다고 본다.[10]

유동식은 현묘지도 혹은 풍류도를 샤머니즘이라고 규정하고 있
다. 여기서 풍류도를 샤머니즘으로 정의하면, 널리 알려진 샤머니
즘에 대한 개념 때문에 풍류도가 많이 곡해될 가능성이 있다.

칼 야스퍼스는 BCE 2세기에서 8세기 사이를 인류 문화의 차축 시
대車軸時代 Axial Age로 정의하고 있다. 차축 시대란 말 그대로 차에
축이 있어야 굴러 가는 중심이 잡히듯이, 그 시대에 인류 역사 전체
가 굴러 갈 수 있는 축이 형성된 시기를 말한다. 서양에서는 소크라
테스(BCE 460~399), 플라톤(BCE 427?~347?), 아리스토텔레스(BCE
384~3) 같은 철학자들이, 동양에서는 공자, 맹자, 노자 같은 인물들
이 모두 이때에 태어나 활동했었다. 그리고 구약성서를 기록한 예언
자들, 곧 예레미야, 아모스, 이사야 같은 인물들도 모두 이 차축 시
대에 활동했었다.[11]

이러한 야스퍼스의 지적은 참으로 탁월했다. 야스퍼스는 이 차
축 시대에 들어서서 현재의 모든 철학과 종교 사상의 유산이 형성

---

9) 여기서 包涵은 빈 공간에 물건을 넣는 관계이고, 包含은 상호 침투하는 관계이다.
그래서 우리 것이 전무한 데서 외래의 것이 채우는 것이 아니고 이미 있던 것과 외
래의 것이 상호 침투하는 것이기 때문에 包含이다.

10) 柳東植, 『韓國宗敎와 基督敎』, 24-25쪽.

11) cf. Karl Jaspers, 『The Origin and Goal of History』, 1-20쪽.

되었다고 했다. 존 캅John Cobb은 차축 시대 이전을 다시 원시 시대 Primitive Age와 문명 시대Civilized Age로 나누고, 인간 존재의 구조를 여덟가지-원시, 문명, 차축, 불교, 호머, 소크라테스, 예언자, 기독 교-로 나누어 논하고 있다.[12] 존 캅은 인간 의식의 상승 과정에 따라 존재 구조에 차이를 두어 분석하고 있다. 그에 의하면 차축 시대란 인간의 '반성 의식Reflective Consciousness'이 등장한 시대다. 반성 의식이란 합리적인 이성으로 인간이 사물을 보기 시작하고 내적인 자기 성찰을 시작하는 의식을 두고 하는 말이다.[13] 이와 같은 반성 의식을 통해 정의Justice와 사랑Love 같은 고도의 윤리 의식도 함께 생겨났다는 것이 이 시대의 특징이라고 보았다. 그리고 원시 시대와 문명 시대란 아직 반성 의식이 생겨나지 못한 단계로서, 둘 사이는 거의 구별을 두고 생각하지 않아도 된다고 하면서, 대략 석기 시대 쯤을 이 시대로 잡았다. 그는 이 원시 시대의 특징을 신화적이라고 했다. 반성 의식에 대해 캅은 '수용 의식Receptiye Consciousness'이라는 말을 사용했는데, 수용 의식이란 현대 심리학자들이 사용하는 무의식과 같다고 할 수 있다. 즉 원시 시대란 수용 의식에 담겨 있는 상징들이 신화를 통해 표출되었던 시대이다.

용커Nicholas J. Yonker는 원시 시대를 BCE 2,3백만 년 전에서 8,000년까지 잡고, 문명 시대를 인류가 농경 시대로 들어오는 BCE 8,000년 이후 약 3, 4천 년경으로 보고 있다.[14] 이 문명 시대가 메소포타미아, 이집트 북서쪽 인도, 그리고 중국의 중앙부Central China

---

12) cf. John B. Cobb, 『The Structure of Christian Existence』.

13) 위의 책.

14) NichoRas J. Yonker, 『God, Man and the Planetary Age』,52쪽.

에서 등장했다고 보면서, 이 시기에 차륜, 월력, 문자, 배, 건축, 조세 제도, 수학, 의학, 천문학 등이 발명되었다고 했다.[15] 그리고 차축 시대를 BCE 200년에서 800년 사이로 보고, 그리스, 로마, 힌두교, 불교, 도교, 유교, 유대교, 기독교, 이슬람교 등 아홉 개의 전통들이 생겨났다고 보았다.[16] 존 캅은 기독교의 존재 구조를 마지막으로 다룬 데 대해, 용커는 모든 전통이 종합자Integrator가 되는 우주적 시대Planetary Age를 전망하고 있다고 했다.

이상의 서양 학자들의 견해를 소개한 이유는, 이들의 이론을 동북아의 역사에 적용해 봄으로써 그 한계를 밝혀 보려는 데에 있다. 최치원이 말한 3교—유교, 불교, 도교—는 분명히 차축 시대의 산물이다. 만약 풍류도를 샤머니즘이라 한다면, 이 샤머니즘은 원시 시대의 산물들이다. 풍류도에는 샤머니즘에는 없는 요소들이 분명히 있다. 즉 풍류도에서는 원시 시대라기보다는 차라리 차축 시대의 요소들이 많이 발견된다. 최치원은 풍류도가 유교, 불교, 도교를 종합해서 이루어졌다고도, 풍류도가 이 3교를 종합했다고도 하지 않고, 풍류도 가운데 유교, 불교, 도교가 다 포함되어 있다고 하여 包含이라고 했지 包涵이라 하지 않았다. 풍류도는 3교를 종합한 그 이상의 '무엇'을 가지고 있었다.[17] 최치원은 당나라에 가서 3교의 진리를 배웠으나, 이에 만족하지 못하고 신라로 되돌아와서 풍류도에서 정신적, 학문적인 만족을 느꼈던 것이다.

유승국은 풍류도를 고신도古神道로 보고 있다. 유교의 효孝개념

---

15) 위의 책, 53쪽.
16) 위의 책, 59쪽.
17) 李恒寧, 「韓國思想의 源流」, 『民族正統恩想의 硏究』, 25쪽.

이 유교가 들어오기 전에 이미 고대 신앙 속에 있었다고 보는 것이다.[18] 공자는 서양의 플라톤이나 아리스토텔레스와 같이 새로운 전기轉機를 만들어 차축을 형성시킨 인물이 아니고, 공자 자신이 말했듯이 요·순의 사상을 승계, 발전시킨 정도였다. 한자漢字를 창제한, 그리고 한자 문화권의 대들보와 같은 복희가 신석기 시대의 인물이고 보면, 차축 시대 이론은 정확하게 맞지 않는 것이 사실이다. 차축 시대 이전에 이미 동북아에서는 서양에서 말하는 차축시대가 형성되어 있었던 것이다. 차라리 동양에서는, 같은 말을 사용해서 적용한다면, 차축 시대의 상한선을 훨씬 위로 잡아 BCE 2,000~4,000년으로 올리는 것이 옳다고 본다. 요·순의 시대와 복희 시대가 모두 이때에 해당되었기 때문이다. 이때는 동이계가 완전히 문화권을 형성할 때로서, 이 차축 시대의 주인공은 다름 아닌 동이계였다. 그러므로 용커가 차축 시대의 문화권으로 중국의 중앙부Central China를 잡은 것은 완전히 잘못된 견해이다. 이러한 견해는 속히 시정되어야 할 것이다.

최치원의『난랑비서』는 비록 짧기는 하지만 우리에게 시사해 주는 역사적 의미는 자못 크다고 하지 않을 수 없다. 유·불·선 3교를 그 안에 포함하고 있을 만큼 큰 생각이 바로 풍류도요, 현묘지도이다. 이러한 풍류도는 화랑도 같은 현상으로 나타났다. 화랑도의 세속오계는 유교와 불교의 도덕률을 종합시켜 거기에다 도교의 모습을 가미시킨 현묘지도의 극치였다.[19] 서양 역사 속에서는 원시 시

---

18) 柳承國,『中國哲學과 韓國思想』, 56쪽.
19) 세속오계의 一, 二, 三계는 유교에서 四, 五계는 불교에서 각각 영향을 듯하다. 윤성범, 앞의 책, 172쪽.

대에 있었던 샤머니즘적인 신화, 주술, 토템 같은 요소들이 차축 시대에 들어오면서 이성에 의해 합리적인 것으로 와해당해 버리고 마는데 비해, 한국에서는 양쪽이 다 갈등 없이 조화를 이루고 있는 것을 볼 때, 풍류도는 민족 고유의 것으로 확연히 드러나지는 않았지만, 구체적 현실 속에서 잠재해 왔음을 시사해 주고 있다. 필자는 이러한 풍류도의 묘를 〈한〉이라고 보며, 화랑도, 금척金尺, 화백和白, 금탑金塔같은 것을 이 〈한〉의 짓으로 본다. 3교를 포함하는 묘, 즉 〈한〉의 솜씨 및 짓은 그 비시원적인 성격에서 나온 것이다.

서양은 고대로부터 사고의 시원적인Orientable 성격 때문에 고질적인 이원론Dualism의 함정 속에 빠져왔다. 내면을 무의식에서 의식에로 구별을 둠으로써, 인류의 역사를 원시 시대는 무의식, 차축 시대는 의식의 역사로 보아, 무의식에서 의식에로의 상승 과정으로 문화를 구별 지으려 했던 것이다. 야스퍼스의 역사 구분, 토인비의 역사 분류도 여기에서 예외는 아니다. 어딘가에다 시원점을 두고 거기서 부차적인 것이 점차로 발전되어 나온다고 보는 사고방식을 시원적이라 정의할 때, 서양의 역사관, 철학적 사고, 예술 등의 모든 것이 시원적인 것으로 물들어 있다.

이 점에서는 중국이나 인도의 것도 정도의 차이는 있을망정 예외는 아니다. 정도의 차이라 함은 인도나 중국의 불교를 고찰해 보면 여실히 나타난다. 인도의 용수는 어느 정도 불교에 '무'의 개념을 도입하여 비시원적인 불교를 만들려고 했으나 성공적인 것이 못 되었고, 이것이 중국에 들어와서는 더욱 더 시원적인 것으로 심화되었을 뿐이다. 이런 불교는 한국에 들어와 비시원적인 불교, 즉 통불교Buddhism of Total Interpenetration를 통해 그 완성을 기할 수 있었다. 이러한 한국 불교의 특징은 최치원이 지적한 현묘한 풍류도라는 우리 고유의 사상이 있었기 때문에 가능했던 것이다.

야스퍼스의 차축 시대 이론은 인간의 의식을 시원적으로 본 데서 내려진 결론이며, 최치원의『난랑비서』는 이러한 차축 시대 이론을 뒤집는, 그리고 동북아의 역사 재평가라는 과제를 제시하는 자료이다. 이런 각도에서 볼 때 존 캅의 이론은 야스퍼스의 것보다는 훨씬 더 비시원적인 방법론에 접근하고 있는 것 같다. 그는 인간의 의식이란 무의식에서 의식에로 지향되는 것이 아니고 축적Accumlation되는 것으로 보았다. 그리고 '기독교적 존재Christian Existence'란 바로 원시 시대 존재Primitive Existence와 차축 시대 존재Axial Existence를 종합한 것이라고 보았다. 즉, 기독교는 신화, 주술(병 고치는)의 원시적 존재의 성격과, 차축 시대의 가치인 사랑이나 정의 같은 규범을 동시에 포함한다는 것이다. 이것은 마치 최치원이 풍류도와 3교를 갈등 없이 본 것과 비슷하다고 할 수 있다. 이러한 캅의 축적 이론은 A.N.화이트헤드의 과정 철학의 이론을 도입하고 있다. 과정 철학은 서양 전통 철학의 이원론적, 시원론적 성격을 배격하고, 의식과 무의식을 하나의 사실체Actual Entity로 묶어 생각한다. 캅은 기독교를 이러한 사실체적인 성격으로 보아 원시적인, 그리고 차축 시대의 종합자로 보았다. 이와 같은 캅의 과정 철학적 방법론은 최치원의 글을 이해하는 데 있어서 야스퍼스의 이론에서 느끼는 거부감보다는 적다고 본다.

2)『규원사화揆園史話』

①『규원사화』의 사관

〈한〉철학의 기본 틀을 찾기 위해 선정한 자료들에 한 가지 공통되는 점이 있다. 한국 역사를 보는 사관에는 대략 유교 사관, 불교 사관, 그리고 도교 사관이 있을 수 있는데, 〈한〉철학이 소재로 한 자료들은 대개가 도가 사관에 의해 씌어진 것들이다. 여기서 논하려는『규원사화』와 다음에 논하려는『천부경天符經』등은 모두 김부식 같은 유교 사학자들에 의해 버림받은 사료들이다.

한국의 역사에도 구약의 처음에 있는『창세기』같은 것이 있느냐고 묻는 사람들이 있다. 정사로 여겨진『삼국사기』나『삼국유사』가 모두 한국 역사의 상한선을 고작 단군에 두고 있으며, 그리고 단군을 설명하기 위해 환웅과 환인을 지나가는 얘기 정도로 기술하고 있다. 김부식 같은 경우, 중국에 의존하는 사대 존화 사상에 기대어 역사를 기술함으로써 한국 역사의 상한선은 더욱 좁혀졌고, 이는 현대의 일본 식민지사관에 의해서 더욱 심화되고 말았다.

그러나 우리가 눈을 돌려 유교나 불교적인 사관에서 벗어나 도가들에 의해 씌어진 자료들에 눈을 돌려 보면 놀라운 사실들을 발견하게 된다. 지금부터 300년 전 숙종 원년(1675년)에 이름 없는 북애노인北崖老人에 의해 집필된『규원사화』는 우리 역사의 상한선을 태초太初부터 잡고 있는, 실로 한국의『창세기』라 할 만한 역사책이다. 이런 자료들은 식민지 학자들과 실증 사학자들에 의해 외면당해 왔다. 그러나 이런 사료들을 보는 눈을 갖는다는 것은 매우 중요하다.[20] 구약에서도 아브라함 이전까지를 역사 시대로 보는 데에 많은 의문이 제기되고 있다. 그러면 우주 창생 기록과 인류 창조의 기록들을 비과학적이고, 실증할 수 없는 것으로 버려야 할 것인가? 현대의 구약학자들이 양식사 비판Form Criticism을 가해 본 결과, 창세기는 대략 네 사람 이상의 저자들이 서로 다른 시기에 기록한 것으로 나타났다. 그 중 우주 창생 기사인 창세기 1, 2장은 제사 문서Priest Writings라 하며 어느 무명의 저자가 바벨론에 포로로 잡혀 가(BCE 586~516) 노예 생활을 하면서 민족의 해방을 절규하며 쓴 단편의 글들이 모아진 것으로 보고 있다.

> 한처음에 하나님께서 하늘과 땅을 지어 내셨다. 땅은 아직 모양을 갖추지 않고 아무 것도 생기지 않았는데, 어둠이 깊은 물 위에 뒤덮여 있고, 그 물 위에 하나님의 기운이 휘돌고 있었다.
>
> (창세기 1:1-2)

라고 한 제사 문서 기자의 심경은, 흑암의 노예 생활로부터 전능하신 하나님의 힘으로 광명의 해방을 받고자 하는 마음의 발로 그 이상도, 이하도 아닌 것이다. 그렇다면, 그 나라 그 민족에게 우주 창생이 어느 신에 의해 생겼건 그렇지 않건, 자기들 나름대로의 창세기를 쓰는 것은 그 민족의 의무요, 사명인 것이다. 이에 『규원사화』의 저자 북애자는,

---

20) 2004년 남북 개천절 행사에서 북 김일성대학 교수들은 『규원사화』와 『환단고기』를 역사적 가치가 있는 사료로 인정하는 발표를 했었다.

슬프다! 우리 선조의 옛 강토가 적국의 손에 들어간 지 어느덧
천 년이요, 이제 그 해독이 날로 심하니, 옛날을 회고하고 오늘
을 슬퍼하며 안타까움을 금할 수 없다.

고 감상에 젖은 심경을 토로한다. 북애자의 『규원사화』는 「조판기
肇判記」, 「태시기太始記」, 「단군기檀君記」, 「만설漫說」의 네 부분으로 나
눠져 있다. 「조판기」는 우주 창생 신화이고, 「태시기」는 단군기의 역
사와 「조판기」의 신화를 연결시켜 주는 역할을 하지만 「조판기」에
가까운 기원 신화Origin Myth부분이다.[21] 그리고 마지막의 「만설」은
북애자 자신의 종교관, 민족관, 역사관 등, 구약의 예언서나 묵시서
같은 것을 방불케 한다.
「조판기」의 서두에서 북애자는,

> 태고에 음양이 갈라지지 아니하고 홍몽한 채 오래 닫히어 있었
> 다. 천지는 혼돈하고 귀신도 매우 슬퍼하고…… 물과 불은 잠
> 시도 쉬지 않고 서로 밀치기 수백만 년이었다. 상계에는 마침
> 한 큰 주신이 있었으니 환인桓因이라 하였다.

동이 배달겨레의 역사는 기자부터다, 단군부터다 하는 유가 사학
자들의 뒤통수를 치는 선언이라 하지 않을 수 없다. 이 서술은 분
명히 신화다. 그러나 신화가 아니다. 선조들이 물려 준 동이가 살
던 옛 강토를 다시 찾으려는 격분의 필봉이다. 이 필봉은 결코 꺾
이지 않았으며, 신채호, 박은식, 최남선 같은 현대 사학자들에 의해

---

21) 鄭鎭弘, 『宗教學序說』(서울, 展望社), 145쪽.

다시 나타나기 시작했다. 유교=사대주의, 그리고 낭郎 · 불佛=자주 독립 사상의 대립 · 갈등 속의 한국 역사를 추적하는 신채호의 『조선 역사 일천년래 제일대 사건』이 나오게 되었고, 최남선의 『불함문화론不咸文化論』이 나오게 되었다. 이들 현대 사학자들은 모두 한국사의 상한선과 범위를 광대하게 잡고 있는 것이 북애자와 같다.[22] 이들은 또한, 우리나라에 3교를 포함하는 오묘한 정신적인 틀이 있었는데, 이는 낭교郎教, 신교神教, 선교仙教라 할 수 있다고 했다. 『한국통사』를 쓴 박은식도 '단군 이래의 신교를 민족 종교의 으뜸으로 도처에서 강조하고, 그것이 배천교拜天教, 대종교大倧教등으로 발전되었음'을 밝히고 있다.[23] 여기서 신교, 낭교, 선교, 풍류도, 고신도라 함은 모두 같은 의미를 지니고 있다. 혹자는 이것이 결국 중국의 도교와 같지 않느냐고 반문할 수도 있다. 그러나 "도교가 정식 종교적인 형식을 갖추고 전래되기는 고구려 영류왕 7년이다. 사상적 접촉의 흔적을 본다면 백제 근초고왕 때까지, 아니 그 이상으로 유추해 올라간다 하더라도 사료에 의한 확실한 근거를 가지고는 삼국 시대 그 이전을 올라가기 힘들다. 그러나 사료의 기록상에야 어떻게 드러나든지 간에, 우리 사상사 속에서 도가적 요소가 발출되는 것이라면, 그 발출시점이 곧 도가 사상 전래의 시원이 되는 것이 아닐까?"[24] 위에서 언급한 바와 같이, 동이들은 그 성격면에서 도가적인 일면이 있었다. 동이 지역에서 나오는 흑도들의 그 담

---

22) 韓永愚, 「17세기의 반존화적 도가 사학의 성장」, 『한국의 역사 인식』(상), 300쪽.

23) 위의 책, 301쪽.

24) 宋桓龍, 「百濟의 道家哲學思想」, 『韓國哲學研究』(上卷), 377쪽.

백성은 도가적 기질을 그대로 반영하고 있다. 차축 시대에 나타난 노자로부터 시작된 도가는 원시적 동이 지역 사람들의 기질적 유산에 지나지 않는다고 본다. 동이족의 도가적 요소는 중국에서부터 영향을 입어서 이룩된 것이 아니고, 도리어 이쪽의 신교적 요소가 중국 쪽에 던져 영향을 입히고 있다.

> 중국(齊, 魯)의 신선가들이 신교의 영향을 받아 삼신사이니 불로초니 하는 말을 잘못 지어내었다··· 그 밖에도 순 임금이 육종(六宗)과 산천제신에게 제사지낸 것이나, 제나라의 팔신제八神祭나 한대의 치우제蚩尤祭 등도 모두 단군 왕조의 동이 문화의 영향이다. 이를테면, 단군 왕조는 그 국력에 있어서만 중국을 압도한 것이 아니라, 그 문화에 있어서도 중국 문화보다 우월하면서 영향 준 바가 크다는 것이다.[25]

이렇게 동이 국력의 우세함과 문화의 우월했던 과거를 되돌아 회상하면서 그 영광을 다시 찾으려는 겨레얼을 가지고 북애자는 『규원사화』를 저술했던 것이다.

북애자는 이 찬란했던 과거의 영광을 되찾는 3대 조건의 하나로 보성保性, 즉 제 본성의 장점을 잃지 말 것을 역설하고 있다. 이는 요즘 흔히 말하는 아이덴티티Identity의 문제이다. 흑인들의 '검은 것이 아름답다', 그리고 '작은 것이 아름답다Small is Beautiful'라는 구호는 모두 제 본성의 장점을 잃지 않아야 된다는 운동이다. 북애자는 그의 만설에서,

---

25) 韓永愚, 앞의 책, 287쪽.

자기의 장점을 지니고 남의 장점을 겸하는 자는 이긴다. 그러나
자기의 장점을 버리고 남의 장점만을 쓰는 사람은 약하다. 그리
고 남의 부족한 점만을 취하는 자는 망한다.

고 함으로써, 그의 보성론이 단순히 배타주의 일변도만이 아님을
보여 주고 있다.[26]

북애자는 역대로 융이戎夷의 여러 민족들, 이를테면 흉노, 척발씨,
여진, 요 등이 검박하고 실질적인 고유의 풍속을 간직했을 때에는
융성하였으나, 중원을 차지한 후 중국의 번거롭고 까다로운 시서·
예악과 풍속을 따른 뒤에는 빈번히 패망한 사실을 들면서, 본성을
간직하는 것이 얼마나 중요한가를 역사적 경험에 비추어 설명하고
있다. 그러면서 지금 청이 강성한 것도 팔기병八旗兵이나 변발 같은
제 본성을 간직한 까닭이니, 만약 청이 제 본성을 잃고 중국 문화에
동화되어 버린다면 수백 년을 가지 못하여 반드시 한인漢人에게 패
망할 것임을 예언했다.[27]

그러면 북애자가 본성이라 할 때 무엇이 우리의 고유한 성性인

---

26) 미국에 살고 있는 한인 교포들은 백인들의 부족한 점만을 취하여 자기 것으로
삼으려 하는 경향이 있다. 자기의 장점은 버리더라도 남의 장점만이라도 취할 수 있
어야 하지 않을까? 그리고 한 단계를 높여 자기의 장점과 남의 장점을 다 취한다면
진정으로 이기는 자가 될 수 있다. 어쩌자고 백인들의 이기주의, 실용주의, 황금 만
능주의의 나쁜 점만 골라 제 것으로 삼아 미국화되었다고 자부하고 사는지? 그리고
제 자식들에게는 제 나라 언어, 문화, 풍속은 가장 못난 것이라고 가르치고 있는지?
과거에 조상이 소중화(小中華)에 심취되어 제 본성을 잃어버렸듯, 이제는 소(小)아메
리카니즘에 심취되어 제 본성을 다 잃고 있으니 망국의 한숨 소리만 깊어질 뿐이다.
27) 앞의 책, 288쪽. 한흑갈등과 폭동 이후 한인사회는 많은 각성을 하였고, 지금은
한글학교와 한류를 탄 문화적 자긍심이 고조되고 있다. 그러나 한사상 없는 한류의
미래가 걱정이다.

가? 두말할 나위 없이 풍류도인 동시에 선교적仙敎的 성격이다. 어디에도 구애되어 시원점을 두고서 마음씀이나 생각함이 아니고, 그 반대인 비시원적인 것, 즉 〈한〉의 유형이 곧 우리의 본성이다. 이 성性을 지킬 때 우리는 강해질 수 있고 잘날 수 있다. 그 반대로, 어딘가에 근원을 묶어 두고 거기서부터 시원적으로 생각하고 마음 쓸 때에는 곧 경직되고 굳어 버려 본성을 잃어버리고 만다. 대표적인 예로서, 중국의 성리학이 들어와서 비시원적이던 우리의 본성을 경직시켜 굳어 버리게 했다. 이제는 서구 사상이 밀려 들어와서 다시 경직시키고 있다. 경직된 상태에서 본성을 다시 찾아 지키는 길은 〈한〉 마음을 되찾는 길이다. 이 본성론을 통해서 역사 이래 통쾌하게도 '오랑캐 콤플렉스'를 공격한 사람이 북애자다. 우리 자체의 성을 보존하는 일을 급선무로 한 후에, 그 다음 단계로서 우리와 같은 성을 가진 이웃끼리 단결해야 함을 강조하고 있다. 그는 청나라보다 명나라를 더 적국으로 간주한다. 북애가 손꼽는 나라들은 소중화 의식에 사로잡혀 있는 자들이 볼 때에는 모두 오랑캐들이다. 그는,

> 고려 시대 이후로 조공 사신을 북으로 보내기 수백 년이 되었건만 이는 한하지 아니 하다가, 갑자기 만주를 불구대천의 원수로 생각하니 이는 무슨 까닭인가? (『만설』)

라고 반문하고 있다. 그는 오랑캐 연합 전선을 강력히 구축할 것을 강조했다. 이처럼 기상천외한 그의 발상이 사대존화에 사로잡혀 있던 선비들의 귀에 먹혀 들어갈 리 만무했다. 지금까지 오랑캐

로 멸시해 오던 여진, 만주, 흉노들과 손을 잡으라는 북애자의 사관은 광야에서나 외칠 소리였음에 분명하다. 이 오랑캐들이 바로 우리들 자신이요, 이들과 연합함은 우리 자신의 연장 혹은 확대를 의미함이니, 이런 본성론의 이치를 어길 때 결국 삼국 통일 같은, 동족과 국토의 반 이상을 읽고 약소국으로 전락하는 계기가 되고 만다고 북애자는 한탄하고 있다. 그 이후 잃은 제 영토 안에 들어갈 때에는 으레 허락이 있어야했고, 그때에는 이미 제 땅을 마치 남의 땅을 밟는 듯한 약소국의 비애 속에 빠져 들어가지 않을 수 없게 되었던 것이다.[28]

그러나 땅이 줄어들었다고 해서 마음마저 줄어들었다는 것을 뜻하지는 않는다. 일본인에게 섬나라 근성, 중국인에게 대륙 근성, 그리고 한국 사람들에게는 반도 근성이 있다고 한다. 만약 한국인의 조상이 동이족임을 깨달아 이 동이족이 살아온 광대한 지역을 지도를 펴 놓고 살펴본다면, 결코 우리를 반도 사람이라고 말할 수는 없을 것이다. 기질론으로 말한다면 동이족이야말로 대륙 지방에서 온 사람들의 무리다. '무궁화 삼천리' '삼천리 반도'는 이젠 재고했으면 한다. 나라의 영토를 반도로 줄여 놓고, '무궁화 삼천리'를 대한 사람이 길이 보전하자는 데에 더 이상 동의할 수 없다. 그러나 중원의 그 넓은 땅을 잃고 나서 한탄해 보았자 죽은 자식 나이 세는 꼴밖에는 되지 않는다.

19세기 중엽부터 대량으로 이주해 간 만주, 러시아만 하더라도, 만주에 현재 300만, 노령露嶺에도 20여만 명, 시베리아 사할린에 9

---

28) 중국의 동북공정 이후 우리 역사 우리 땅 찾기가 얼마나 힘든가를 입증하고 있다.

만 명의 한인들이 살고 있다고 한다. 그뿐 아니라, 일본에 60만, 그리고 북미와 남미에 수백만이라고 하니, 옛 동이족의 웅비하던 기상이 이들을 통해 확대되어 나아가고 있다고 보아도 좋을 것이다.

삼국 통일 이래로 위축되어 온 자아의 성을 다시 찾아 주름살을 펴고 만면에 웃어 보자. 북미주와 남미주 땅은 우리 동이와 같은 북몽골인들이 수천 년 간 살던 땅이 아니었던가? 얼마 전만 해도, 약 9,000년 전의 한국에서 신었던 짚신이 오리건주에서 발굴되었다고 한다. 그런 면에서 아메리칸 인디언과 우리와의 관계는 앞으로 연구해야 할 과제이다. 북애자의 보성론에 따른다면, 우리 동이의 후손들은 첫째로 우리의 본성을 지켜야 하고, 둘째로 우리와 가까운 성을 가진 종족, 즉 인디언과 같은 아시아인들끼리 단결, 연대해 나아가야 할 것이다. 만약 그렇지 않고, 옛날 조상들이 그랬듯이 소중화 사대 사상에 사로잡혀 소小아메리카니즘, 즉 자기를 백인과 동일시하면서 스스로 아시안임을, 그리고 한국인임을 망각하고 바나나 컴플랙스[29)]에 빠질 때, 동이의 후예들에게 걸 마지막 기대는 영원히 사라지고 말 것이다. 이런 점에서 볼 때 『규원사화』는 해외에 사는 모든 교민들에게 각별한 의미를 갖는다고 할 수 있다.

② 규원사화의 신관

다음으로 『규원사화』의 〈한〉 신학적인 면을 토론해 보기로 하자. 『규원사화』는 그 내용면에서 볼 때 신화와 존재론과 역사의 삼자를

---

29) 이 말은 북미주의 Asian-American Theology 분야에서 나와 씌어지기 시작했다.

절묘하게 조화시켜 놓고 있다. 구약 창세기만 하더라도 신화에서 역사로의 비약은 심하다. 아담, 이브에서 카인과 아벨로의 비약 등 이러한 창생 신화에서 역사(단군기)에로 자연스럽게 연결시켜 주는 부분이 『태시기太始記』이다. 「태시기」는 반신화, 반역사적인 다섯 인물들에 관한 기록으로 엮어져 있다. 이들 다섯 인물들은 신시씨神市氏, 치우씨蚩尤氏, 고시씨高矢氏, 신지씨神誌氏, 주인씨朱因氏 등이다. 「태시기」가 이 세상에 연속되는 신들의 기록이라면, 「조판기」는 아직 이 세상과는 상관없는 까마득한 곳에 있는 신들의 기록이다. 하늘에는 큰 주신인 환인桓因이 있고 그에게는 환웅桓雄이라는 한 아들이 있었다. 환인은 풍백風伯과 우사雨師와 운사雲師와 같은 3천 명의 신들을 거느리고 있었다. 이처럼 한 주신 밑에 부하 신들을 거느리고 있는 신관은 단일신론單一神論, Henotheism인 듯하다. 구약에서 '엘로힘'이란 신이 바로 이와 같다. 유대교에서 주신 밑의 다른 신의 존재를 부정하는 유일신론唯一神論, Monotheism이 생긴 것은 모세 이후 '야훼' 신부터이다.

현대 철학자 A.N.화이트헤드는 신의 속성을 둘로 나누어, 신의 영원한 성격, 즉 이 세상에 아직 영향을 받지 않는 상태의 신의 본성을 '처음 남 본성Primordial Nature of God'이라 했고, 이 '처음 남 본성'이 '따르는 본성Consequential Nature of God'으로 변함에 있어서는 하나님에게 '매어 잡음Prehension'이 있기 때문이라 했다. 여기서 매어잡음을 설명하기 위해서는 화이트헤드의 시간 이해가 필요하다. 화이트헤드는 과거란 현재 속에, 그리고 현재는 미래 속에 계속 축적Accumulation된다고 보았다. 과거에서 현재로 이행할 때에는 과거의 것을 일단 버리는 것과 새로운 것을 붙잡는 현상이 나

타나는데, 화이트헤드는 이를 '버림의 매어 잡음Negative Prehension'
과 '가짐의 매어잡음Positive Prehenshion'으로 나눈다. 하나님은 이
두 매어 잡음을 가지고 있음으로써 세상과 관계된다. 하나님은 자
기의 있는 것을 버림으로써, 그리고 이 세상을 붙잡음으로써 늘
새로움Novelty을 경험하게 되고 태어나게Concrescence 되는 것이다.
그래서 화이트헤드는 '하나님이 이 세상을 창조하시는 동시에 이
세상도 하나님을 창조한다'고 그의 『과정과 실재Process and Reality』
에서 말하고 있다. 하나님이 계속 이 세상 속에 태어나고자 함
을, 그래서 이 세상과 하나로 묶여 조화되려고 함을 '내면의 애탐
Subjective Aim'이라고 했다. 이 애탐 때문에 하나님이 세계와 엮어
지는 따름 속에서 자기완성을 기하게 되는데, 이를 '만족Satisfaction'
이라고 했다. 이러한 '만족' 속에서 하나님의 우주적인 춤이 벌어
지는데, 궁극적인 범주Category of Ultimate, 곧 '하나가 많음이 되고
많음이 하나로 증가되는One becomes many and Many become one' 현상
이 나타나게 된다. 이를 '창조성'이라 한다. '많음'은 '하나'에 의해
증가되고, 그래서 더 큰 '덩어리Multiplicity'가 된다. 이러한 하나와
많음 사이의 운동은 나선 운동Spiral Movement을 하면서 새로운 것
으로 끊임없이 태어나게 된다.

이를 도표로 예시해 보면, 이 세상의 어느 한 존재는 선 A에 의해
서 표시되는 매어 잡음을 통해 하나님에 의해 내적으로 무언가 느
끼게 된다.

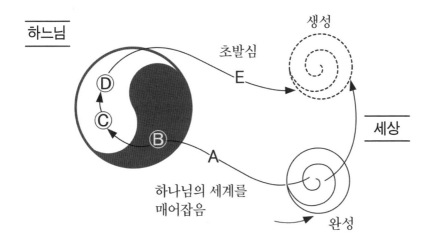

여기 그림 속에서 하나님과 세상 사이에 거리를 두고 그린 것은 단순히 편의상 그렇게 한 것이지, 사실상의 거리는 없다. 이 세상(B)을 느끼기 시작한 하나님은 그것을 그의 태어남 본성(C) 속에 융합하기 시작한다. 이렇게 세계와 융합된 하나님은 사건이 이루어져 나가는 세계 안에서 자기를 알맞게 적응시키는 조화(D)를 얻게 된다. 이제 E는 이 세상과 관계도 되면서 동시에 이 세상이 하나님을 매어 잡게도 된다. 이 세상과 하나님은 서로 E의 상태에서 메아리Echo 상태에 있게 된다. 모든 사례들은 이제 하나님에 의해서 접촉Touch이 이루어지고, 이러한 접촉이 결국 사건의 시작, 즉 하나님으로부터 출발된다. 이러한 출발점을 화이트헤드는 '초발심Initial aim'이라고 했다. 그런 즉, 하나님의 접촉이 결국 모든 의식 발전의 기원점이 되는 것이다.

이러한 화이트헤드의 하나님 이해가 『규원사화』에 나타난 하나님 이해에서만큼 완벽하게 이해될 곳도 없다고 본다. 구약의 창세기를 화이트헤드처럼 그대로 이해하여 받아들이기에는 많은 무리가 있는 것이 사실이다. 그러나 화이트헤드의 과정 철학 용어로 단군 신화를 풀이해 보면, 거의 아무런 견강부회 없이 적용될 수 있음을 발견하게 된다.

① "태고에 음양이 갈라지지 아니하고 홍몽한 채 오래 닫히어 있었다."
② "상계에는 마침 한 큰 주신이 있었으니 환인이라 하였다. 온 세상을 다스리는 헤아릴 수 없는 지혜와 능력을 가지고 있었으나, 그 형체는 나타내지 아니하고 가장 높은 하늘에 자리잡고 있었다."
③ "이 때에 한 큰 주신一大主神이 두 손을 마주 잡고 곰곰히 생각해 말하기를, '이제 우주라고 하는 큰 덩어리가 어둡게 닫힌지 이미 오래다. 혼원한 기운에 싸여 낳고 길러지기를 바라니, 만일 때를 맞추어 열지 아니하면 어찌 헤아릴 수 없는 공적을 이룰 것인가?' 하고 이에 환웅 천황을 불러 우주를 여는 일을 행하도록 명을 내렸다."
④ "명을 받은 천황은 그 곳을 떠나 여러 신을 독려하여 각자 크게 신통함을 나타내게 하니, 다만 풍운이 어둡고 검푸르고 깊으며, 번개가 줄기져 번쩍이고···· 이에 천지가 열리어 하늘과 땅이 비로소 나누어지게 되었다."(『조판기』의 처음 부분)

이상의 『규원사화』의 신화적인 이야기들을 화이트헤드의 용어들로 직접 적용시키려 함은 잘못이다. 그러나 여기에 분명한 사실은 하나님의 '처음 남 본성'혹은 '시원적 본성'과 '따르는 본성'이 뚜렷하다는 점이다. 환인과 환웅은 결국 같은 신의 양면성에 지나지 않는다. 즉 '환인'이 '온 세상을 다스리는 헤아릴 수 없는 지혜와 능력을 가지고 있었으나 그 형체는 나타내지 아니하고 가장 높은 하늘에 자리 잡고 있다'고 함은 하나님의 '처음 남 본성'을 묘사한 것이다. '처음 남 본성'은 하나님의 이상적인 가능성이다. 이러한 가능성들은 하나님이 없이는 알맞게 이 세상에 실현될 수가 없다. 환인이 형체를 나타내지 않는, 숨겨진, 헤아릴 수 없는 지혜와 능력을 가진 분이라 함은 아직 이 세상에 실현되지 않은 가능성으로 '처음 남 본성'을 지닌 신이다. 음양이 아직 미분화된 상태에서 환인은 초발심 Initial Aim을 통해 '두 손을 마주 잡고 곰곰히 생각'하기 시작한다. 이것은 환인 자신의 자기 성찰이요, 자기 관조이다. 이에 환웅 천황을 불렀다 함은 신화적인 표현일 뿐, 자기 자신의 부름이며, 곧 그의 본성 속에 있는 다른 명 '따르는 본성Consequentional Nature' 혹은 '결과적 본성'에 의해 하늘과 땅을 나누어 세상과 자기사이의 메아리침의 반향을 만드는 것이다. 이 두 가지가 내면의 애탐 혹은 주관 목적이다. 이 두 본성 때문에 하나님이 세상을 만듬과 세상이 하나님을 만듬이 동시에 이루어지게 되는 것이다. 여기서 한 가지 중요한 것은, 초발심은 어디까지나 하나님에게만 있다고 함으로써 범신론의 오류를 화이트헤드가 극복하고 있다는 점이다. 그리고 또한 세상에 따르는 본성 때문에 유신론의 오류, 하나님의 초월화의 오류도 범하지 않는다.

환인의 '따르는 본성'에 의해 운사, 우사, 풍백 등 3천여 무리와 하강하여 거울, 칼, 방울의 천부인 세 개로 '처음 남 본성'의 무한한 가능성을 이 세상에 알맞게Relavance해 나감으로써 홍익인간弘益人間,

재세이화在世理化의 이념을 구축했던 것이다. 『삼국유사』에 보면, '옛날에 환인의 서자 환웅이 자주 천하를 생각하고 인간 세계를 탐구하였는데, 아버지가 그 뜻을 알고 아래를 보니 삼위태백三危太伯이 홍익인간 할 만한 곳이라, 여기에 내려 보내서 세상을 이치로 다스리게 했다'고 했다. 환인의 '두 손을 마주 잡고 곰곰히 생각하심'이란, 이 세상이 '매어 잡음Prehension'에 의해 하나님께 내적으로 느껴지는 단계, 즉 위 그림의 'A'에 해당된다. 그리고 환웅이 이 세상에 뜻을 두고 탐구하기 시작하여 '태어남 본성' 'C' 속에 그것을 융합하기 시작하는 단계는 'B'에 해당된다. 조화된 가능성으로 융합된 이러한 환웅이 천부인 세 개와 3천 무리를 이끌고 세상으로 내려와 이 세상과의 관계에서 새로운 알맞음Relevance을 만드는 단계는 'D'에 해당된다. 이제 'E'의 단계는 환인 하나님이 이 세상과 관계되는—이를 화이트헤드는 '내쪼이는 본성Superjertive Nature'이라 했다—측면과, 세상이 하나님을 매어 잡은 양면적인 성격을 띠는 울림Echo의 관계에 있는 하나님이 된다. 하나님과 세상의 접촉Touch은 하나님의 초발심Initial Aim에 의해서 이루어진다. 하나님에게 초발심이 시작되는 것은 그의 안에 자기완성을 하려는 내면의 애탐Subjective Aim이 있었기 때문이다. 'E'의 단계에서 하나님은 만족Satisfaction을 얻게 된다.

'E'의 단계에서 하나님은 '하나'의 대 주재신 '환인'인 동시에, 이 세상의 '많은' 인간 가운데 있는 존재가 된다. 세상을 대할 때 이理로 변화시킨다在世理化함의 '이'란 바로 '하나'와 '많음'의 조화를 의미한다. 화이트헤드는 " '하나님'이 '하나'이고 세상이 '많음'이라고 할 수 있는 것과 같이, 하나님이 '많음'이고 세상이 '하나'라고도 할 수 있다(It is true to say that God is one and the world many, as that the world is one and

God many)"고 했다.[30] '많음'과 '하나'의 관계를 신화적인 방법으로 기술해 놓은 것이 단군 신화라면, 환웅 천황이 남겼다고 전해지는 천부경天符經 81자는 실로 하나와 많음의 논리적 관계를 설명해 놓은 진리들 중에서도 그 정수를 뽑은 것이라 할 수 있다. 이에 대해서는 다음 절에서 상론하기로 한다.

'하나'와 '많음'가운데 어느 한쪽에 치우쳐 전개된 신관을 같은 과정 철학자인 찰스 핫츠혼Carles Hartshorne은 단일극성적 유신론 Monopolar Theism이라고 했다. 즉 '하나'에 치우칠 때에는 이신론 Theism이 되고, '많음'에 치우칠 때에는 범신론Pantheism이 된다. 그리고 전자는 절대주의Absolutivism에 빠지고, 후자는 상대주의Relativism 에 빠지게 된다. '하나'와 '많음', 이신론과 범신론, 절대주의와 상대주의를 통전시켜 어느 한쪽 극도 질적으로 비하시키지 않는 신관을 핫츠혼은 양극성적 유신론Dipolor Theism이라고 했다. 핫츠혼에 의하면 서양의 전통적 신관은 다음의 다섯 가지 요소들에 의하여 결정되었다고 한다.

① 신은 자기의식(consciousness)을 가지고 있는가(C 요소),
② 신은 이 세계를 알고(knowing) 있는가(K 요소),
③ 신은 이 세계(world)를 자기 속에 포함하고 있는가(W요소),
④ 신은 영원한가(eternal)(E 요소),
⑤ 신은 변하는 시간(time)에 의해 제약을 받는가(T 요소)

---

30) 과정철학은 하나가 많음은 되나 그 역은 아니라고 한다. 유일신관의 오류를 피하기 위해서이다. 과정신학은 유일신관에 대해 범재신론paneatheism을 대안으로 제시한다.

이 다섯 개의 ETCKW 요소들의 결합 관계에 따라서 핫츠혼은 아홉 개의 전통 신관을 다음과 같이 나열하였다(P.S.G. 19쪽).

ETCKW : 범재신론(쉘링과 화이트헤드)
EC : 아리스토텔레스의 신관
E : 유출신관(플로티누스)
EDKW : 전통 범신론(스피노자)
ECK : 전통 이신론(어거스틴, 안셀름, 아퀴니스)
ETCK(W) : 반범재신론(제임스)
T(C)(K) : 알렉산더의 신관
T : 와이먼의 신관

물론 핫츠혼은 서양 사상에 나타난 신관들을 중심으로 분류하였다. 핫츠혼은 과정 철학적 신관을 범재신론汎在神論, Panentheism이라 하면서, 위의 다섯 가지 요소들이 모두 이 신관 안에 포함되어 있다고 했다.

적어도 『규원사화』와 『삼국유사』의 단군 신화를 종합시켜 볼 때 한국의 '하나님'은

① 영원하다.
② 이 세상의 시간에 의해 제약을 받는다.
③ 자의식적이다.
④ 이 세상을 알고 있다.
⑤ 이 세상을 포괄한다

는 다섯 요소를 모두 구비하고 있는 분이다. 핫츠혼은 이들 다섯 요소 가운데 하나라도 빠진 신관을 '절단된 신관Truncated Theism'이라고 했다. 적어도 환인, 환웅, 환검의 셋을 종합시켜 보면, 핫츠혼의 다섯 요소들이 하나도 빠짐없이 구비되어 있는 것이 한국의 하나님 사상이다. 그래서 우리 전통 신관을 구태여 정의해 본다면 범재신론이라 할 수 있을 것이다.

단군은 이 세상의 치세가 끝난 후에 태백산 속으로 돌아간다. 그러나 완전히 사라지는 것이 아니고 산신령이 되어서 계속 역사에 영향을 미치고 있다. '버림의 매어 잡음Negative Prehension'에 의해 하늘을 버리고 이 세상에 왔지만, 이제는 같은 매어 잡음에 의해 세상을 뒤로 하고 자기가 온 곳으로 '가짐의 매어 잡음Positive Prehension'에 의해 되돌아가게 된다. 세상에 있을 때에는 하늘이, 하늘에 있을 때에는 세상이 일단은 객관Objective이 된다. 객관화된다 함은 없어짐을 뜻하는 것이 아니고, 현재 속에 축적되기 때문에 불멸성을 갖게 된다. 이를 화이트헤드는 객관적 불멸성Objective Immortality이라 했다. 이 객관적 불멸성 때문에 하나님은 새로움Novelty을 더해 가게 되어 만족Satisfaction에 달하게 된다. 여기서 '많음'은 '하나'가 되고 '하나'는 '많음'에 보태어 또 다른 '하나'가 되는 논리를 이해하게 된다. 하나님은 이 세상과 이러한 나선 운동을 끊임없이 해 나가시는 분이다. 이의 논리적 구조에 관해서는 다음 절에서 보충하기로 한다.

③ 민족사의 재조명
북애노인은 '조선에는 국사가 없는 것이 무엇보다 큰 걱정이다'(서문 중에서)라고 했다. 조선에는 국사가 없는 것이 아니라, 다 사라져 버리고, 있는 것마저도 왜곡되어 버렸다. 일본 고등학교 역사 교과서 중 현대사의 왜곡은 고대사의 왜곡에 비하면 아무것도 아니다. 우리의 기록사는 열 번이나 있었던 큰 수난을 통해[31] 일실되고 말았다.[32]

겨우 남은 『삼국사기』와 『삼국유사』를 통해 우리 역사의 범위와 상한선을 결정해 왔다. 1960년대 초엽까지만 해도 우리 나라에 구석기시대가 없다고 주장되어 왔으며, 단군 시대는 완전한 신화 시대로 일축되어 버렸다. 이는 식민지 사학자들의 악의적인 실증 사학적 방법론 때문이다. 이제는 실증 사학적 방법론으로 보더라도 우리나라에는 엄연히 구석기 시대가 있었을 뿐만 아니라, 세계 최고의 인골마저 나오고 있는 실정이고 보면, 기록사에 대한 재검토가 이뤄져야 할 것이다.

북애자의 『규원사화』를 보면 「조대기」 「고조선밀기」 「지공기」 「삼성밀기」 「진역유기」 같은, 지금은 사라진 39종의 기록 사서들이 충분히 인용되었음을 알 수 있다. 이들 기록사의 자료들을 잃어버리

---

31) 1차:고구려 동천왕 18년(CE 244) 위장 관구검이 고구려 수도 환도성을 공함하여 많은 사서를 불태움.
　　2차:백제 의자왕 20년(CE 660) 나당 연합군에 의한 사비성 함락으로 자료소실
　　3차:고구려 보장왕 27년(CE 668) 당이 평양성을 공격, 전적을 불사름.
　　4차:신라 경순왕 원년(CE 927)후백제의 견훤이 신라책을 전주에 옮겼다가 나중에 왕건에 의해 소각당함.
　　5차:고려 인종 4년(CE 1129) 금나라의 침략 때 사적이 불타버림.
　　6차:고려 고종20년(CE 1233) 몽골난으로 소각됨
　　7차:선조 25년(CE 1592) 임진왜란으로 전적이 없어짐.
　　8차:병자호란(CE 1636)
　　10차:일본 침략(CE 1910)
32) 일본에 이어 중국마저 역사 왜곡에 나서고 있으니 우리 역사는 사방에서 우겨싸임을 당하고 있다.

고, 한국사는 지도 잃은 낙오병 같이 지금 서 있는 점 이외에는 자기가 어디서 왔는지 어디로 가야 할지를 몰라 방황하고 있는 실정이다. 이러한 때에 『규원사화』는 실로 방대한 한국 역사의 연대를 측정케 하는 중요한 자료가 되는 것이다.[33]

『규원사화』는 놀랍게도 지금까지 신화로 취급해 놓은 단군 조선의 47대 왕들의 이름과 그 치수 연대를 정확하게 기록해 놓고 있다. 그리고 단군기 앞에 있는 「태시기」에는 환웅(혹은 신시씨)조의 수천 년의 역사를 기록해 놓고 있다. 환웅은 치우씨, 고시씨, 신지씨, 주인씨 등의 인물을 거느리며, 남녀 혼인, 군신, 의복, 음식 등 인간 366사를 다스리게 했다는 것이다. 물론 이들 인물들은 지금까지 신화적인 존재로 알려져 왔다. 그러나 노아 대홍수 사건이 지금까지 신화로 취급되어 오다가, 현대 고고학의 발굴로 인해 역사적인 사건으로 드러나고 있는 바와 같이,[34] 단군, 환웅조의 역사도 점차로 역사적인 실연대實年代로 증명되고 있다. 유승국은 중국에서 발굴된 갑골문자의 해독에 의해 단군의 연대가 역사적임을 증명했다.[35]

그러면 과연 신화는 왜 생기는가? 어떤 이는 '신화는 의미Meaning이다', '신화는 인간 무의식의 반영이다', '실존적인 투영이다' 등, 해석을 구구하게 붙임으로써 역사와는 일단 분리해서 생각해 보려 한다. 그러나 필자는 이들의 주장을 반대한다. 역사는 축적되는 Accumulation것이다. 축적된 역사가 축적된 언어로 나타날 때 신화가

---

33) 북의 학자들이 『규원사화』의 내용을 일일이 고증하여 평양 역사박물관 입구에 전시해 놓은 것을 2004년 개천절 행사에서 목격하였다.

34) James Norman, 『Ancestral Voices』, 117쪽.

35) 유승국, 『한국 고대 사회 단대에 관한 연구』, 3-6쪽.

된다. 예를 들어, 우주 창생과 함께 바다가 육지가 되고 육지가 바다가 되는 역사가 있었다. 이를 바빌론 신화는 바다의 '티아맛'이라는 여신과 육지의 말둑이란 남신과의 싸움 관계로 신화화하여 표현했다. 그리고 구약 창세기는 물을 혼돈, 흑암, 즉 '테홈Tehom'이라 하여 '티아맛'과 그 어원을 같이 하고 있다. 마치 영화 필름을 돌리는 속도를 빠르게 하면 정상적인 걸음걸이가 날아가는 것처럼 보이듯이, 신화는 긴 역사의 축적이다. 그래서 그 표현에서 걷는 것이 난다고 될 수도 있는 것이다. 『규원사화』에 나오는 '주인씨', '고시씨'는 아직도 우리 풍습 깊이 남겨져 적어지고 있다. 주인씨가 남녀의 혼인 관계를 맡아 다스렸기 때문에 지금도 혼인 서는 것을 주인선다고 하며, 고시씨가 음식을 맡아 주관했기 때문에 지금도 들판에서 식사하기 전에 첫 술을 '고시네'하며 버린다.

그것도 널리 오랜 세월 동안 지켜지고 있음은 가공의 소설적인 사건에서는 출발될 수 없다고 본다. 사람들의 마음속에 강하게 영향을 준 인물이나 사건은 시간이 축적됨에 따라 신화가 되어 버린다. 현대 미국 사람들의 마음속에 조오지 워싱턴과 아브라함 링컨은 신화적 존재로 되어 간다고 한다. 그렇다면, 축적된 언어로써 표현된 신화를 풀어 그 길이를 넓게 잡아 보면 역사가 나올 수 있는 것이다. 가공같이 표현된 신화이지만, 애초에 역사가 아니면 신화 그 자체도 될 수 없다. 『규원사화』도 「조판기」, 「태시기」에서 궐천 년의 역사를 짧은 신화적인 표현을 빌어쓰고 있으나, 현대 고고학의 발굴은 역사로서 그 신화를 입증하고 있다.

최근 소련의 여류 민족학자 자리카시노바는 "한반도에는 구석기 시대에 이미 인간이 살고 있었으며, 신석기 시대에는 벌써 한국적인 문화의 독특성을 발전시켰다"고 했다. 여기서 한국적인 특징이라 함은 두말 할 나위 없이 〈한〉사상이다. 비시원적 특징의 〈한〉사상이다. 이와 함께 기록사로서 원동중의 『삼성기하』와 권덕규의 『조선사』에도,

환인이 다스리던 환국이 있었는데 남북이 5만리요, 동서는 2만리라. 환국은 12분국이 있었는데 총칭하여 환국이라 한다. (삼성기, 6)

또 「조대기」에는,

옛 환국이 있었는데 처음에는 환인이 천산에 살면서 득도하여 장생 치병하여 하늘을 대신하여 인간을 흥왕케 했다.

고 기록되어 있다.

『규원사화』도 신시씨 시대의 영토는 태백산을 중심으로 하여 서남 지방이고, 치우씨는 중국 동북 지방, 고시씨는 동남 지방이었으며, 나중에 삼한이 되었다고 한다. 치우씨의 후예에서 풍이, 견이가 나와 동이족은 전체 아홉 파로 나눠졌다고 했다. 환웅 신시씨 때는 우월한 문화를 가지고 중국인을 압도하던 때였다. 그리고 지금의 중국 문화로 알려진 한문자, 한의학 같은 것은 모두 동이족이 만들어 낸 것이다.[36]

---

36) 동서는 마치 뇌의 우와 좌같이 그 성격이 달라 서로 상충하면서 상생하면서 동북아 문명을 일구어 왔다.

캘리포니아 대학교 생화학 교수 W.M. 브라운은 인류의 조상은 하나이고 18만 년~36만 년 전에 아시아에서는 대협인이, 유럽에서는 네안데르탈인이 있었는데, 아시아의 대협인이 네안데르탈인을 소멸하고 황색인, 백인, 흑인의 조상이 되었을 것이라는 가설을 내놓았다. 이 가설은 유전 인자의 연구에 의해서 내려진 결론이거니와, 최근에 러시아의 고고학자 비탈리 라리체프는 『시베리아 구석기 문화』에서, 1975년 고고학의 발굴을 통해 시베리아 중부 노보시비르크Novosibirsk산 및 아바칸Abakan산맥의 계곡에서 3만 5천 년 전의 구석기 유물이 발굴되었다고 발표했다. 말라이아뉘아 구석기 유물로 알려진 이 자료는 우리의 것과 매우 유사하여 주목을 끈다. 이 유물들 가운데에는 탁월한 예술적 가치를 지닌 것도 있어서, 종래의 서양 학자들이 설정해 놓은 원시인의 개념을 완전히 뒤엎고 있다. 특이한 것은 외부로부터 영향을 받은 듯한 아무런 흔적이 없다는 점이다.[37] 이 아바칸산맥은 중앙 시베리아의 바이칼 호수와 매우 가까운 곳으로 환인 왕조가 7대 3,301년 간 통치할 때의 중심지로 알려져 왔다. 그렇다면, 위의 최신 학설들을 종합해 볼 때, 인류 역사는 중앙아시아 바이칼호 부근의 환국에서 출발하여, 하나는 동쪽으로 내려와 우수하(牛首河, 지금의 길림)에 정착하여 환웅조가 되었고, 다른 한쪽은 서쪽으로 내려가지 않았나 하는 추측을 낳게 한다. 왜냐하면 동쪽으로 내려온 종족과 같은 설형문자Cuneiform를 사용하면서 전혀 그 기원을 아직 알 수 없는, 그러면서 바빌론-앗시리안과는 다른 한 종족이 중앙아시아 쪽에서 방황하고 있었기 때문이다. 이들이 곧 슈메르족Sumerian이다. 이들은 비셈족어를 사용했는데, 신

---

37) 『한국일보』, 1981년 10월 29일자.

비하게도 그 근원을 알 수 없다고 제임스 노먼James Norman은 말하고 있다.[38] 그들이 사용하던 설형 문자가 관심의 대상이 된 것이 17세기 중엽이라는 것도 놀라운 일이다.[39] 그 이유는 슈메르어를 알지 못하면 중동 아시아와 유럽의 언어적 근원을 알 수 없었기 때문이다. 니느웨에서 가져온 설형 문자로 된 책 속에서 이중 언어 사전을 발견하게 되었는데, 한 언어는 아카디안-셈어Akkadian-Semitic이고 다른 언어는 슈메르어였다. 조셉 할레비Joseph Halevy는 이를 반대했으나, 1850년경에 텔 엘-무케냐Tell el-Muquayya에서 발굴된 유적지에서 앗시라아-바빌론의 것과는 완전히 다른 유물이 나왔고, 이 유적지가 바로 슈메르의 도시 우르Ur였다는 사실이 밝혀짐으로써, 니느웨 도서관에서 온 설형 문자 사전의 다른 문자가 슈메르어임이 확인되었다.[40] 이 우르Ur라는 도시는 구약에 나오는 아브라함의 출신지다. 그리고 이 슈메르인들이 안식일 제도와 4주가 한 달이 되는 제도와 60진법 등을 만들었다. BCE 2100년경에 슈메르인들은 인구를 통제하는 법률을 정했으며, BCE 1800년 경에는 바빌론의 함무라비가 그 법을 조직화하여 유명한 함무라비법전을 만들었다.[41] 점성술, 수학 등도 이 슈메르인들이 제작했으며, 그 수준도 매우 높았다. 이 슈메르족의 기원에 관하여 국내 학자들이 동이족과의 관계에서 기술한 논문들이 있어 주목을 끌고 있다.[42]

---

38) James Norman, 『Ancestral Voices』, 3쪽.

39) 위의 책, 67쪽.

40) 앞의 책, 109-110쪽.

41) Mario Pei, 『The Story of Language』, 249쪽.

42) 슈메르족의 기원에 관한 논란이 학계에서는 'Sumerian problem'으로 알려져 있다.

『삼성기』에 의하면, 옛날 환인의 나라 환국의 12국 가운데 수밀이須密爾와 우루虞婁가 있었다고 했다. 영국의 C.H.고든 박사는 슈메르인은 동방에서 왔는데 중근동에 오기 전에 어떤 고문자를 가지고 왔다고 했으며, 우에노上野景福는 '슈메르의 설형 문자는 BCE 2800년 후반기의 태호복회(동이족)가 사용한 팔괘 부호와 흡사하고, 소아시아에서 영국까지 이동한 켈트 고음부의 오감 문자와 흡사하다'[43] 했다. 마리오 파이Mario pei 같은 언어학자도 중국의 설형 문자와 슈메르의 설형 문자는 유사하다고 결론을 내리고 있으며, 휴 모건Hugh Morgan은 셈어와 중국어는 완전히 같다고 했다.[44]

슈메르의 제1왕조를 건설한 '엔릴'의 비문 서序에,

왕위가 하늘에서 내려온 후에 승화된 교권과 왕권이 하늘나라에서 부여된 후에 인간은 예식과 신성한 규범을 완수했다.[45]

했는데, 여기서 슈메르를 환국의 12분국 가운데 하나로 볼 때 왕위가 내려왔다는 하늘나라는 곧 '환국'을 의미한다는 것이다.[46]

이정기는,

'슈메르'의 '숨'은 한국 민족 최초의 정착 중심지인 송화강 SungAri의 송-숭과 유음을 일으킨다. 이 송하리가 일명 속말리

---

43) 송호수, 『민족 전통 사상의 연구』, 7쪽.
44) Marie Pei, 위의 책, 91-92쪽.
45) 文定昌, 『한국·슈메르·이스라엘의 역사』, 71쪽.
46) 송호수, 위의 책, 27쪽.

栗末里인데, 이는 중국음으로 쑤머리라는 것이다.[47]

속말리는 신성한 물이라는 의미이다. 중국음의 '쑤머리'가 '소머리 牛頭'로 전음 되었다는 것이다. 여기서 소머리 사상은 매우 흥미 있는 문제를 야기시킨다. 『규원사화』도,

> 이에 단군이 하늘에 제사한 곳에는 반드시 머리로 이름한 산을 이루었다… 겸하여 다시 원수이신 단군이 제천하는 예식을 항상 그 산에서 행하니, 당시 사람들이 반드시 두산이라 하였다 (「단군기」).

그러면서 북애자는,

> 유독 우수하牛首河란 이름은 알지 못하겠다. 다만 소머리를 물에 담그는 풍속에서 나온 것이 아닌지? (「단군기」)

라며 결론짓고 있다. 여기서 소의 유래에 대해서는 먼저 시베리아 구석기 유적지에서 나온 말라이아뉘아 신화에서 그 대략이 밝혀지리라 본다. 말라이아뉘아 신화에 의하면, 세상의 아버지와, 땅을 상징하는 매머드인 세상의 어머니와, 하늘을 상징하는 들소가 교미하여 이로부터 태양, 대기, 불, 인간이 탄생했다는 것이다. 소머리 사상은 바로 이 신화에서 유래되었다고 본다. 이 구석기 유적 조각의 공통적인 소재는 매머드, 코뿔소, 야생말, 늑대 등이었다. 더욱 신기한

---

47) 이정기, 『ᄋᆞ리ᄅ 원형 문화와 단군 신화』, 65쪽.

사실은 히브리어 알파벳의 제일 처음인 '아레프'가 바로 '소(ox)'라는 뜻이며, 영어의 A는 소의 머리 형상이다. 이러한 연관성들이 소머리 사상을 말하는 배경인 것 같으나, 아직 더 많은 연구가 필요하다고 본다.

이상의 고찰에서 볼 때, 슈메르가 과연 환국의 12분국 가운데 하나이고, 슈메르로 가지고 간 신비한 문자가 복희의 것이고, 월력, 안식일 제도 같은 것이 동이족에서 가지고 간 것이라면, 이는 앞으로 기독교와 한국 사상 사이의 관계를 논하는 데 새로운 빛을 던져 줄 것이다. 왜냐하면 슈메르의 수도가 우르Ur이고, 아브라함의 고향이 우르라면, 동이족과 헤브라이즘 간에 관계가 없다고는 할 수 없기 때문이다. 더욱이 모세의 십계명이 그보다 500년 전에 있었던 함무라비 법전에서 나왔고, 함무라비 법전이 슈메르 법전에서 나왔다면, 그리고 '엔릴'이 받아 가지고 간 것이 환웅 천황의 구전의 글인『천부경』과『삼일신고』라면, 〈한〉사상과 이스라엘 민족 신앙과는 숙명적인 관계에 놓이게 되는 것이다.[48]

3)『천부경天符經』

①『천부경』의 역사적 배경

『천부경』은 환인 천제에 의한 '환국의 말로 전하던 책'으로 알려져 있다. 기록사적 입장에서 볼 때 환인의 환국은 단기 4,315년, 현재에서 약 9,780년 전이다(환인 시대 3,301년, 환웅 시대 1,565년, 단군 시대

---

48) 현재 전해지는 문자 내용 그대로가 아니고 그 속에 담겨진 천·지·인 관계구조가 그대로 전해졌다 보아야 할 것이다.

2,916년). 이를 믿을 수 있을까? 어떻게 그 오랜 세월 전에『천부경』같은, 사상과 논리가 정치한 글이 있을 수 있었을까? 있었다면 어떤 문자로 기록되었으며 어떤 경로로 현재의 우리에게까지 전해질 수 있었을까?

최근에 다행스럽게도 송호수가 '한민족의 고유 사상에 관한 연구'에서『천부경』과『삼일신고』의 역사적 유래에 관하여 폭넓은 연구를 내놓아 주목을 끌고 있다. 여기 송호수의 연구 결과를 요약해보면 아래와 같다.

지금 두 본의『천부경』이 전해지고 있는데, 하나는 묘향산 석벽본이고 다른 하나는 최치원의 사적편으로, 이 두 본은 몇 군데 자구가 틀린 것 이외에 모두 81자로 되어 있다.『천부경』에 관한 옛날 기록들에는 여러 가지가 있다.

「삼성기」(원동중 저) : 환웅 천황이 스스로 하늘을 여시고 천경을 풀이하시고 신고를 강론하시다(여기서 천경과 신고는『천부경』과『삼일신고』임).

「단기고사」(대야발) : 환인의 아들 환웅이 천평에서 천부경을 설교하시니 사방인이 운집하여 청강하는 자가 시중과 같더라.

우리에게『천부경』을 입증해 주는 자료는 이맥의「태백일사」인데, 이맥은 "환웅 대성존이 하늘에서 내려온 후에 신지 혁덕에게 명하여 녹도문으로 글을 쓰게 했다."고 했다. 이는『천부경』이 최초로 녹도문, 즉 사슴 발자국에 의해 표기되었음을 암시해 준다.

「삼성기」에는 신시에 녹서鹿書가 있었고, 복희에게는 용서龍書가 있었고, 단군에게는 전서篆書가 있었고, 나중에 한자漢字가 생겼다고 함으로써 한자 이전에 그 모체가 되는 전문과 녹문이 있었음을 암시하고 있다.[49] 이러한 「삼성기」를 뒷받침할 만한 고고학적 유물이 경북 경산에서 발견되었다. 경산 와촌면 강학동 명마산 해발 320미터 지점에서 발견된 선사암 각문은 경사 20도의 평평한 암반위에 문자가 새겨져 있어, 한자 이전의 문자가 있었음을 실증적으로 암시해 주고 있다.[50] 이는 「삼성기」의 내용이 사실임을 입증해 주며, 또한 『천부경』이 전래된 실증적 자료가 되고 있다.

다음으로 이 『천부경』이 얼마나 보급되었는가를 살펴보자. 경북 울진 사람 남사고(1509~1571)[51]는 조선 명조-선조 때의 천문학 교수였는데, "맑은 새벽 꿇어 앉아 『천부진경』을 독송하되, 불철주야 가림없이 잊지 말라"고 했다. 매월당 김시습도 『천부경』을 알고 있었으며, 조선 정조 대왕은 "천부보전天符寶篆이 비록 지금에는 사실적인 물증은 없으나, 신성이 이로 인해 서로 전수한 것이 우리 동국東國역사에서 일컬어지고 있음이 그 몇 해이런고"라 했다.[52] 「태백일사」를 지은 이맥은 『천부경』의 한 구절(일적십구)에서 자기의 호 '일십당'을 짓고, '천부자는 만세의 강전'이라고 했다. 더 거슬러 올라가면, 평양의 을밀대를 세운 을밀 선인이 3천 무리 앞에서 '다물홍방지가'를 부를 때, 그 속에 『천부경』의 한 구절 '人中天地'를 인용했

---

49) 송호수, 앞의 책, 70쪽.

50) 『동아일보』, 1982. 1. 17.

51) 남사고는 이조 명종 때의 예언가. 호는 격암, 본관은 의령, 사직참봉과 천문학교수 역임.

52) 송호수, 앞의 책, 61쪽.

었다.[53] 이와 같이 천부경은 단군에서 고구려를 거쳐 발해까지 미치고 있다. 발해는 석실에 『삼일신고』를 봉장한 바 있다. 발해 문왕은 "태학을 세워 『천경신고』를 가르치고 환단의 고사를 강의하되… 문치로써 예악을 일으키고 무위로써 제이(諸夷: 여러 오랑캐)를 승복케 하여 현묘지도가 백성에 합하고 홍익인간화가 만방에 파급케 했다"(『대단국본기』10)고 한다. 이에 대해 송호수는 『삼국사기』에서 고운(최치원)이 말한 나라의 현묘지도는 개념적인 데 반해, 문왕은 보다 구체적으로 들고 있다고 지적한다. 즉 "천경과 신고를 강한다고 하니 홍익인간 할 수 있는 방법은 현묘지도요, 현묘지도를 하려면 그 실천 방법이 『천부경』과 『삼일신고』를 가르쳐야 한다는 것으로 해석되니, 한민족의 3대 경전(『천부경』『삼일신고』『참전경』)이 현묘지도의 핵심 사상이요, 홍익인간할 수 있는 유일한 기반임이 분명하다"[54]고 했다.

실로 『천부경』, 『삼일신고』는 민족 고유 경전으로 단군 조선 때부터 고구려, 부여, 신라, 고려, 조선까지 유통되어 왔으며, 이것이 순수한 우리 것임은, 유교 학자 김부식도, 불교 학자 일연도 이를 도외시하고 외면시하고 있는 것으로 가히 증명 될 수 있다. 그러나 『천부경』 81자는 비시원적인 〈한〉사상을 그 속에 담뿍 담고 있다. 『천부경』은 실로 20세기에 과정 철학이 등장하기 이전의 우리 고유의 과정 철학서로서, 앞으로 그 내용을 이에 따라 풀이해 보려 한다.[55]

---

53) 위의 책, 75쪽.

54) 송호수, 76쪽.

55) 역사적 고증 방법은 전근대적 연구 방법이다. 탈현대적 방법은 누가, 언제가 주요한 것이 아니라 본문 자체가 의미하는 의미소가 더 주요하다. 천부경의 의미소는 우리 것임을 그대로 말해준다.

『천부경』과『삼일신고』는 유구한 한민족의 힘을 제공해 온 원동력이다. 여기 계룡산 산정에 사는 엄인수 할머니와『천부경』과의 관계를 한 번 생각해 보자. 엄 할머니는 공주 학봉리에 단군 성전을 짓고 매일 저녁 일곱 시가 되면 성전에 들어가 먼저 제단 앞에 있는 두 개의 촛대에 불을 켜고 향불을 피운 뒤, 다음에는 오른편으로 가 종을 아홉 번 치고 이어 반대편에 있는 징을 여덟 번 친 다음에, 제단 앞에 엎드려 두 번 절하고『천부경』을 외운다고 한다.[56] 이 할머니는 79세 나이에 장작을 팰 수 있다고 하니, 이는 곧『천부경』이 유구한 역사를 이어 주는 민족의 에너지였음을 웅변적으로 말해 주고 있다.

② 천부경 해석

도표에 따라『천부경』의 각 부분에 대한 간단한 주석을 먼저 해 보기로 하자.

'一始無'(Aα)[57] : "하나가 없음에서 시작되었다." 궁극적 존재 Ultimate Being를 '있음'의 하나로 보느냐, '없음'으로 보느냐 하는 문제는 도가와 유가, 유가와 양명학 사이에 논쟁점이 되고 있다. '있음'과 '없음'의 선후 관계를 논함에 있어서 유교와 도교는 그 견해를 달리 하고 있다. 도가에서는 '없음'을 '있음'에 앞세운다.『도덕경』40장에 보면 '천하 만물'은 '있음'에서 나오고, '있음'은 '없음'에서 '나온다.'고 했다. 이에 앞서『도덕경』1장에서는 '이름 없음이 천지의 처

---

56)『주간한국』, 1982년 7월 25일.
57) '일시무시'로 끊어 읽어야 한다는 주장도 있다. 주요한 것은 무와 1의 관계이다. 서양수학에서는 19세기 말 집합론과 함께 이 문제가 거론되기 시작했다.

음이고, 이름 있는 것은 만물의 어머니다'라고 했다. 이에 대해 주역은 '역에 태극이 있는데 태극에서 음양 양의가 나오고, 양의에서 네 개의 상이 나오고, 네 개의 상에서 팔괘가 나온다.'고 했다. 유가는 이러한 주역의 전통을 물려받아 '태극'이라는 '있음'에서 만물이 출발함을 분명히 하고 있다. 유가에서는 태극 이상 가는 개념을 전제하지 않았지만, 도가에서는 무극無極이라든지 태역太易, 태일太一, 태초太初, 태시太始, 태소太素 등으로 태극 이외의 다른 여러 말들로 발전적인 개념들을 사용하고 있다. 주자朱子는 도가의 무극 개념을 태극과 결부시켜 '무극이태극無極而太極'이라고 했다. 주자는 이러한 무극의 도입 때문에 육상산陸象山으로부터 강한 비판을 받게 되었다.[58] 무극은 도가의 용어로서 주렴계周濂溪가 사용한 것으로 필요 없다고 했다. 태극이 최고의 궁극적 존재이기 때문에 그 이상의 무극이 필요 없다는 것이다. 그러나 '무극이태극'이라 할 때 주자의 입장은 도가의 그것과는 다르다. 왜냐하면 도가에서는 무극에서 태극이 발생無極生太極했다고 한 데 대하여, 주자는 이而를 사용함으로써 시간적인 선후나 질적인 우열 관계를 피하려고 했기 때문이다.

'始一析三極'(Aβ) : "처음 하나를 쪼개니 셋이 되더라." 유가와 도가의 관계면에서 볼 때『천부경』의 '一始無'가 유가보다는 도가 사상에 가까운 듯하다. 그러나 양자를 쉽게 일치시키는 것은 잘못이다. 『도덕경』 42장에 보면, '도'는 하나를 낳고, 하나는 음과 양 둘을 낳고, 음양 두 가지는 음기와 양기에 다시 충기沖氣를 합하여 셋을 낳고, 셋은 만물을 낳는다.'고 했다. 숫자적인 면에서 볼 때 도가의 발

---

58) 양자 간의 무극과 태극 논쟁이 유명한 '아호논쟁'으로 알려져 있다.

		α		β		γ
A 서론		一始無		始一析三極		無盡本
B 본론	생성론	α′	a. 天一一 b. 地一二 c. 人一三	β′ -積十鉅	γ′	無匱化三
		α″	a. 天二三 b. 地二三 c. 人二三	β″ 大三合 六生七八九 運三四 成環五	γ″	七一妙衍
	우주론	α‴	萬往萬來	β‴ 用變	γ‴	不動
	인간론	α⁗	本本心	β⁗ 本 太陽	γ⁗	昂明 人中天地
C 결론		一		一終無		終一

생과정은 無→ 一 → 二 →三 → 만물의 순서이다. 이에 대해『천부경』無→ 一 →三의 순서로, 유가와 도가에 비슷하게 접근하면서 어느 쪽과도 맞지 않는다.『천부경』에서는 유가나 도가에 있는 二의 과정이 없이 一과 三이 직접 계속되는 것이 특징이다.

'**無盡本**'(Aγ) : "그 근본에는 다함이 없을 것이다." '無盡', '다함이 없을 것이다'라는 말은 미래적이다. '無盡'은 '無窮'과 대칭이 되는 말이다. '過去追無窮, 未來極無盡'이라 함으로 無窮無盡이란 과거로도 미래로도 끝이 다함이 없다는 뜻이다. 여기서 '本'은 물론 '一始無'의 '無'이다. 쪼개어도 그 본래의 '無' 자체에는 다함이 없을 것이라는 뜻이다. 그래서 一始無(Aα)를 과거, 始一析三極(Aβ)을 현재라면, 無盡本(Aγ)은 미래이다. Aα의 '無'와 Ar의 '本'이 하나가 됨으로써 과거, 현재, 미래가 연속되는 과정에서 쪼개어도 퍼내어도 그 근원이 다하지 않음은 곧 과거, 현재, 미래가 하나임을 뜻한다. 그런 즉, '一' 과 '三'의 관계는 선후나 본말의 관계가 아니다. 쪼개어도 그 전체 하나가 줄어들지 않으니 이 나눔은 물량적인 나눔이 아니다. 이를 천태불교天台佛敎에서는 '一心三觀', '一境三諦', '一念三千'이라 하여 찰나의 '一心' 혹은 '一念' 속에 과거 · 현재 · 미래의 삼세가 다 포함된다고 했다. 이에 대해서는 제2부에서 상론하겠다.

'天一一, 地一二, 人一三'(Bα′) : "하늘 하나가 첫째요, 땅 하나가 둘째요, 사람 하나가 셋째이다." '天一, 地一, 人一'은 개체적인 요원으로 본다는 뜻이다. 그래서 여기서 말하는 '一'은 '一始無'(Aα)나 '始一析三極'(Aβ)에서의 一과는 다르다. 전자는 요원 격으로서의 '一'이고, 후자는 부류 격으로서의 '一'이다. '一, 二, 三'은 서수Order Number이다. 하나, 둘, 셋……으로 '一'을 쌓아 모은다는 뜻이다. 이는 부류 형성Formation of Class의 방법을 논하고 있는 것이다.[59]

부류 형성의 방법에는 내포적 방법과 외연적 방법의 두 가지가 있다. 요원을 하나, 둘, 셋, 넷 등으로 모아 부류를 작성하는 방법을 내포적 정의Intensional Definition of Class라 한다. 그러나 부류의 범위를 먼저 알고 이를 작성할 수도 있다. 예를 들면, 30명이 있는데 이들이 각기 학생이라는 개념에 해당된다면, 이 30명이 '학생'이라는 부류를 형성하게 된다. 이렇게 부류가 형성되는 경우를 외연적 정의 Extensional Definition of Class라 한다. 이 두 정의 방법은 서로 대칭적 관계를 이룬다. 그러나 수의 경우에는 무한의 요원이 포함되어 있으므로 그 외연적 정의는 불가능하게 된다. 따라서 외연적 정의가 불가능할 때에는 내연적 정의를 하고, 내연적 정의가 불가능할 때

---

59) 서수와 기수는 집합론에서 모두 역설을 조장한다. 『천부경』은 역설해의의 견본이라 할 정도이다. 2000년대 이후의 저술에서 필자는 이 문제를 다루었다.

에는 외연적 정의를 하게 된다.『천부경』에서는 이 두 방법을 다 사용하고 있음이 다음의 경우에서 나타난다.[60]

'一積十鉅'(Bβ') : "하나가 쌓여 열로 커진다." 이것은 분명한 내포적 정의의 부류 형성 방법이다. 이렇게 볼 때 Aβ의 '一析三'의 경우는 외연적 정의에 의한 부류 형성 방법이다. Bβ'의 '一'은 요원 격이고 Aβ의 '一'은 부류 격이다. 여기서 벌써 요원과 부류 사이에 질적인 차이가 생김을 발견하게 된다. 이 질적인 차이가 다음 구절에서 분명해진다.

'無匱化三'(Bγ') : "큰 것이 없어지지 않고 三으로 화한다." 부류와 요원의 질적인 차이가 분명해지는 구절이다. '三학년 학생이 50명 있다'면 그 '학생' 하나 하나가 요원으로서 질적으로 같다. 즉, Bβ'에서 十 안에 있는 一은 모두 질적으로 같다. 그러나 50명을 합하여 이를 '三학년'이라 하면, 이 말은 어느 한 학생에만 소속되는 것이 아니고 50명 학생 전부에 해당된다. 이리하여 이 '학생'이란 말은 질적으로 요원인 '각 학생'과는 다르다.[61] 요원 '一'이 쌓여 '十'으로 커지더니, 다시 큰 '十'이 작아지지만 다 없어지지 않고 '三'으로 화하고 만다.

위의 논리에 적용하면, 여기서 '化三'은 '三학년'에 해당하고, '十鉅'는 '학생 50명'과 같다. '三학년'이란 말은 '50명 학생' 누구에게나 적용된다. 이와 같이 '化三'의 '三'은 '十鉅'씩 개개 요원의 '一'에 적용된

---

60) 알랭 바디우는 내포적 정의를 '상황', 외연적 정의를 '상황의 상태'로 구분한다.
61) 이것이 바로 알랭 바디우가 말하는 상황과 상황의 상태가 다른 이유이다.

다. 여기서 '三'과 '一'은 부류와 요원 관계로서 질적으로 다르다. 그러나 '一析三'에서는 '一'이 부류 격이고 '三'이 요원 격이다. 그런 즉, '三'이고, '一이 三이다'(三而一 一而三). Aγ의 '無盡'은 Bγ'의 '無匱'와 대귀가 되고 있다. 여기서 '盡'이 시간의 없어짐이라면, '匱'는 공간의 없어짐을 의미한다. 그렇다면 '無盡本' 앞의 '一析三'은 시간의 나눠짐(과거, 현재, 미래)을 뜻하고, '無匱' 앞의 '一積十'은 공간의 나눠짐(天, 地, 人)을 뜻하게 된다. 이렇게 대귀가 이어져 나갈 때 Aγ의 '본'은 Bγ'의 '三'과 대칭을 이루게 된다.

'天二三, 地二三, 人二三'(Bα) : "하늘이 둘로서 셋이고, 땅이 둘로서 셋이고, 사람이 둘로서 셋이다." 天·地·人이 각각 대칭(二)을 이루게 되면 三, 三, 三의 쌍을 만들게 된다. 일찍이 증산 강일순은 이를 천존天尊, 지존地尊, 인존人尊의 삼시대三時代에다 다음과 같이 적용시켰다.[62]

天尊時代 : 天人, 天地, 天天 → 天三
地尊時代 : 地人, 地地, 地天 → 地三
人尊時代 : 人人, 人地, 人天 → 人三

여기서 '三'은 Bγ'의 '三'과 같다. 즉, 부류 격의 '三'이다.『천부경』에서 이렇게 새롭게 '三'을 설정함은 러셀의 모순에서 부닥치는 두 번째 문제를 해결하기 위해서이다. 러셀은 한 부류에 소속된 요

---

62)『정역』의 '삼천양지'와 '삼지양천'이 이에서 유래한다. 피타고라스는 3:2의 비례를 음악을 비롯한 만물의 근원이라 했다.

원은 전적으로 같아야 한다고 했다. 그런데 '모든 부류의 부류The Class of Classes'에는 모든 부류가 다 포함되어 있어 그 요원들의 질이 다 일관될 수가 없다. 그리고 부류 형성에서 본 바와 같이 무한의 요원을 가진 수數 같은 경우에는 외연적 정의를 할 수 없는 난점이 있었다.[63] 이런 난점을 피하기 위해서 『천부경』은 부류의 전체를 '三'으로 간략화한 것 같다. 즉 '三'을 전체의 수로 만든 것이다. '50명의 학생'의 '三학년'과 같이 '二를 요원으로'하는 '三'이 '天二三, 地二三, 人二三'의 의미이다. '天一一, 地一二, 人一三'의 요원 격과 구별시키기 위해서 '天二三, 地二三, 人二三'을 설정한 것이다. 부류 격의 '三'을 요원 격의 '三'과 구별하기 위해서 특별히 '大三'이라 했다.

'大三合, 六生七八九運三四成環五' (Bβ″) : "큰 三이 합하여 여섯을 놓아 七八九로 직여 三과 四로 이루어 다섯으로 돌아온다." 이 부분은 『천부경』 가운데 가장 난해한 부분이다. 이 구절을 이해하기 위해서는 몇 개의 상수 철학象數哲學의 원리를 응용할 필요가 있다. 상수 철학에서는 짝수를 음수, 그리고 홀수를 양수로 취급한다. 그리고 1 2 3 4 5 6 7 8 9 10의 수 가운데 1 2 3 4 5를 생수生數, 그리고 6 7 8 9 10을 성수成數라 한다. 음수와 양수, 생수와 성수의 관계는 다음 도표와 같다.

이와 같이 우주의 생성 변화는 음양이 뒤바껴 조화함으로써 성립된다. 우주와 생명은 만물을 '生'하여 '成' 할 수 있는 '自性'을 스스로 지니고 있다. 여기서 가장 중요한 수는 '5'이다. 즉 1+4=5,

---

63) 이것이 러셀 역설로 발전한다.

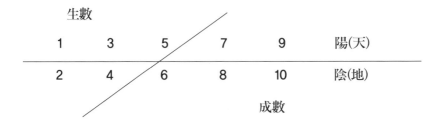

2+3=5, 5+1=6, 5+2=7, 5+3=8, 5+4=9, 5+5=10에서 보는 바와 같이, '5'를 중심으로 만물이 '生成' 되어 나가는 것이다. 그래서 김 일부의 정역은 '五'을 '五皇極'이라고까지 했다.[64] 이러한 상수 철학 의 생성 이론을『천부경』에 응용해 보면 다음과 같다.

수를 제외한 字의 중요한 네 말은 '大', '合', '生', '運', '成', '環'이 다. 수의 순서대로 배열하면, 처음 '大三'을 제외하면 '六, 七, 八, 九, 三, 四, 五'이다. 여기서 '六, 七, 八, 九'는 成數임을, 그리고는 '三, 四, 五'는 '生數'임을 쉽게 확인할 수 있다. 수와 글자를 대입시키면 '六 生', '七八九運', '三四成', '環五'와 같다. 처음 셋은 숫자 다음에 글자 가 있는데, '環五'의 경우에는 숫자 앞에 글자가 있다. '五'에 돌아오 니'(環五)에서 보는 바와 같이,『천부경』은 여기서 상수 철학의 생성 이론生成理論을 표방하고 있다. 생성 이론이라 함은 문왕文王의 낙서 洛書에서 나온 것이 아닌가? 그렇다면『천부경』은 그 이전의 하도 의 원형이라 할 수 있지 않을까? 증산은 우주 생성의 단계를 元, 會, 運, 世의 네 단계로 잡고 우주 생성 일주기를 129,600년으로 잡았 다. 이는『천부경』의 大三, 合, 運(生成), 環과 비슷한 순서이다.[65]

---

64) 순수 논리적으로는 '자기언급'을 한다. 5를 수용할 것인가 기피할 것인가. 한철 학은 적극 수용하는 입장이다.

65) 이 부분에 대한 연구는 2000년대부터 대각선 논법과 역의 관계를 연구한 작업

'생성 이론'을 요원과 부류의 관계면에서 볼 때 우주 창조는 요원과 부류, 부류의 부류, 부류의 부류의 부류……의 형성 과정으로 된다. Bβ″안에는 '三'이 두 번 나온다. '大三合'의 '三'과 '三四成'의 '三'은 부류와 요원 격으로 서로 다르다. 간단히 요원과 부류, 그리고 부류와 요원 관계를 파악할 수 있는 좋은 예이다. 즉, 생성론은 집합론의 부류와 요원 관계에 의해 설명될 수 있다는 것이다.

어기서 제기되는 의문점은 생수에서 1, 2와, 성수에서 10이 왜 빠졌느냐이다. 그 이유는 혼잡을 피하기 위해서라고 본다. 예를 들어, 이미 3의 경우에도 두 번 나와 혼잡을 빚고 있다. '三, 四' 대신 '一, 二, 三, 四'라고 함이 완벽했을 것이다. 그리고 '十'이 빠진 원인은 '環五'로써 사실상 대치될 수 있다고 본다. 위에서 본 바와 같이 10=5+5로 될 수 있기 때문이다. 이와 같은 각도에서 볼 때 'Bβ‴' 부분은 『천부경』의 동맥과 정맥 같은 역할을 하고 있다. '三→五'가 동맥의 역할을, '六→九'가 정맥의 역할을 한다면, '大三'은 심장과 같은 역할을 한다. 즉, '大三'에서 요원, 부류, 부류의 부류 관계를 이루며, 제1단계, 제2단계, 제3단계로 '合'되어 가다가 다시 '되돌아'와 '生成'을 계속한다.

'七一妙衍(Bγ″)："七과 一이 오묘한데 온 데에 퍼져 없는 데가 없다." Bγ′는 Bβ′의 계속이다. 여기서 七과 一은 모두 양수, 즉 시작하는 숫자인 동시에 '生'과 '成'의 대표 격의 숫자이다. '七'과 '一'은 다시 말해 '成'과 '生'을 숫자로 대표하고 있는 것이다. '成'과 '生'이 묘하게 조화를 이룬다는 뜻이 '七一妙衍'의 뜻이다. '生成'은 하나가 많

속에 포함돼 있다.

은 것이 되고 많은 것이 하나가 되는 변화 과정이다. 요원과 부류가 묘하게 생성되어 나간 결과는 '다 퍼짐(衍)'이다. 전체 하나에 개개의 많음이 다 관계되어 있고, 많음의 개개 속에 전체 하나가 다 퍼져 첨가되어 있다. 이를 '衍'이라 한다. 이 '衍'을 '無'(Aα)라, '本'(Aγ)이라 하다가 여기서 '衍'이라 했다. 모두 '하나一'이다. 이렇게 '衍'과 같이 '많음Many'이 모여진 부류 격의 '하나One'를 개개 요원 격의 '하나'와 구별하여 '온On'이라 부르기로 한다. 이 '온'은 완전히 상호 관계된 상태Total Interpenetration이다. 이를 불교에서는 이를 '연기'혹은 '무'라 한다. 그냥 퍼져 나가 있음이 아니라, '生成'의 과정을 통해 관계되어 있기 때문에 '七一妙衍'라 했던 것이다. 『천부경』 81자는 결국 이 '衍'을 실현하자는 이상도 이하도 아니다. 다음 남은 구절들은 이 '衍'을 우주론과 인간론에 적용해 본 것에 지나지 않는다고 본다.

'하나'가 '많음'이 되고 '많음'이 '하나'가 되는 묘합이 결국 러셀의 역설을 해의한다. 생성 이론은 요소와 부류를 유형적으로 나누는 유형화나 단계 이론과는 다르다. 모든 사물은 어느 유형으로 특정한 단계에 소속되어 있는 것이 아니고 생성의 과정Process 속에 있게 된다. 이 과정은 '처음Beginning'도 '끝Ending'도 없는 비시원적 Nonorientable인 운동이다. 이를 화이트헤드는 '합생Concrescence'이라 했으며, 이는 '生成'으로 그 의미를 번역할 수 있다고 본다. 그리고 '하나 속의 많음Many in one'과 '많음 속의 하나One in many'를 '온'이라 할 때 '온'은 화이트헤드의 창조성Creative과 같다. '한'과 '온'의 관계에 대해서는 다음 장에서 설명하고자 한다.

여기서 콰인의 이론을 『천부경』에 적용시켜 보면 다음과 같다. 콰인은 요원을 부류로 단계화하지 않고 명제 내의 관계에서만 층화

Stratified시켰다. 부류(χ)와 요원(γ)을 모두 일반 양화시켰기 때문에 질적인 제한이 불필요하게 되었다. 이것이 '七一妙衍'의 의미라고 본다. 'Many in One, One in Many'이기 때문에 부류와 요원이, 'One'과 'Many'가 요원과 부류의 아무런 질적인 제한을 받지 않는다. 그러나 명제를 성립할 때에는($\oint$) 거기에 사용되는 요원으로서는 어떠한 관계를 갖든지 그 요원이 동시에 부류의 격을 갖지는 못한다($\gamma \varepsilon \chi) \equiv \oint$. 자신이 부류의 요원이면서One in Many동시에 요원의 부류Many in One일 수는 없다는 것이다. 이와 같은 명제 내의 구조를 층화시킴이 Bβ'의 '생성' 관계이다. '6 7 8 9', '2 3 4 5'는 생성 구조 내의 층화이다.

생성 관계를 떠나면 아무런 질적인 제약을 상호 간에 받을 필요가 없게 된다. 이러한 무제약적인 상태는 생성의 처음始과 마지막終에 언제든지 있게 된다. 그 자리가 무(0)와 십(10)이다. 생성의 과정 속에서는 생수와 성수 사이에 질적인 제약을 받게 된다. 이러한 질적인 제약이 없으면 생성 그 자체의 동인력을 가질 수 없기 때문이다. 이 차이는 자성自成하는 동기를 늘 제공하게 된다. 그러면 어떻게 '자성'의 층을 높이는가? 헤겔은 '정반합正反合'의 논리를 사용했다. 그러나 콰인은 이중 부정二重否定, Neither/Nor의 방법을 사용했다. 헤겔은 '정반합'은 단계론의 오류에 빠져 시원적Orientable이 되고, 결국 절대정신이란 궁극자에 대한 실체화의 오류를 면하지 못하게 된다. 그런데 '이중 부정'의 방법은 단계론의 오류를 타파하고 비시원적Nonorientable이게 되므로 실체화의 오류에도 빠지지 않는다. 이러한 '이중 부정'의 방법론이『천부경』특유의 방법론이다.

'萬往萬來, 用變 不動'(βα‴β‴γ‴) : "만 번 가고 만 번 와서 쓰고 변해도 그 근본에는 움직임이 없다." 이 부분은 『천부경』안의 우주론이다. 만 번 가고 만 번 온다 함은 끝없는 '생성'을 두고 하는 말이다. 「도덕경」 4장에 '도는 빈 그릇이다. 그러나 거기서 얼마든지 퍼내서 사용할 수 있다. 또 언제나 넘치는 일이 없다'고 했다. '왕래往來'라 함은 '大三'이 모여서(合) 낳고(生) 움직여(運) 이루고(成) 되돌아(還)옴이다. 『도덕경』 25장에는 '무한히 크기(大) 때문에 안 가는 곳이 없다(逝). 그리고 가기 때문에 멀리 가(遠) 제 자리에 되돌아(反)온다'고 했다. 처음과 끝이 하나로 되어 움직이고 있다. '用變'과 '不動'은 '用'과 '體'의 관계이다. 여기서 '不動'이라 함은 움직이지 않고 고정된 실체적인 것이 아니다. 아리스토텔레스의 '不動者' 같은 것이 아니다. 단계의 정점에 있는 자신은 움직이지 않으면서不動, Unmoved 남을 움직이게 하는 자動者, Mover, 즉 '不動의 動者Unmoved Mover'가 아니다. 그런데 '不動'을 이해하기 위해서는 '無盡本', '無匱', 그리고 '妙衍'을 먼저 이해해야 한다. 여기서 아리스토텔레스의 不動者와는 완전히 다른 면모를 보게 된다. 단계의 정점에 있는 '一者'로서의 순수 동인자가 아니라, 다른 사물 속에In, 그리고 사물과 함께 섞여 있는Together With, 또한 완전히 관계되어 있는Total Corelated '不動'이다. 그런 즉, 아리스토텔레스의 '不動'이 시원적이라면, 『천부경』의 '不動'은 비시원적이다.

'本本心, 本太陽, 昂明, 人中天地'(βα‴β‴r‴) : "근본 마음이 곧 태양이니, 우러러 사람을 밝게 하며, 사람 가운데 하늘과 땅이 있느니라." 우주론이 상당히 도가적인 색채를 띠고 있다면, 인간론은 유가적인 색채를 띠고 있다. '不動'이 곧 사람의 본마음인데 이 마음은 곧 태양이다. 하늘에는 '태양', 그리고 사람의 '본마음', 그래서 사람은 하늘과 땅 사이에 있어 인간人間이라고 한다. 마음을 강조하는 점에서 불가적인 데 접근하면서도, 그것을 허虛하다 하지 않고 밝은 태양에 비유함으로써 유가로 돌아서고 있다. 『大學』은 '明明德(밝은 덕을 빛냄)'이라 했다. 그리고 『中庸』은 '天命之謂性'이라 함으로써 '本心'을 '太陽'에 일치시키듯이 하늘天과 인간의 성性을 일치시켰던 것이다. 이는 신유학에 와서 '天卽理', '性卽理'이론의 시발점이 된다. 그만큼 『천부경』에 나타난 인간론의 이 짧은 구절은 유가 사상의 원점이 되고 있다. 도가에서도 '사람은 땅의 법칙에 따르고, 땅은 하늘의 법칙에 따르고, 하늘은 도의 법칙을 쫓고, 도는 자연의 법칙을 쫓는다(『도덕경』 25장).'고 함으로써 天, 地, 人의 조화를 모색하고 있다. 이와 같이 유·불·선 3교의 인간론을 『천부경』 안의 이 12자 모두 함축하고 있다.

'一'(Cα) : '하나', 혹은 '온'. 『천부경』 전체의 결론이다. 이제 81자는 '一'로 시작하여 '一'로 끝난다. 그러나 처음 '一'과 나중의 '一'은 서로 다른 질의 성격을 가지고 있다. 전자의 '一'은 생성 이전의, 그리고 후자의 '一'은 생성 이후의 것이다. 이를 구분하여 먼저 것을 '한'으로 나중 것을 '온'으로 부르기로 했다.

'一終無'(Cβ) : "하나가 무에서 끝난다." 여기서의 '一'은 '一始無'(Aα)의 '一'과 같다고 본다. 같은 '一'이 '無'에서 시작하여 '無'에서 끝난다. 처음과 끝남이 없는 '비시원적'이라는 뜻이다. '一始無, 一終無'는 한국의 고유한 심성에서 우러나는 사고 유형의 특징인 동시에『천부경』의 핵심이다. 'Neither Beginning Nor Ending'의 이중 부정적 논리가 핵을 형성시키는 논리가 되고 있다. 이 논리는 변증법적 종합의 'Both And'도 아니고, 양자택일의 'Either Or'도 아니다. 이 둘의 논리를 다 종합하고 있다.

이제『천부경』안에 있는 '一終無'와 동일한 운을 이루고 있는 구절들을 모아 보면 다음과 같다.

Aα : 一始無
Aβ : 一析三
Bβ' : 一積十
Bγ" : 一妙衍
Cβ : 一終無

하나(一)가 없음(無)에서 시작하여(始) 셋(三)으로 쪼개어지고(析), 다시 열(十)로 쌓여 사방에 퍼져 나가(衍) 묘하게 되더니(妙), 무(無)로 끝나고 말았다(終). 이 기본 골격 속에 생성론, 우주론, 인간론이 중간 중간에서 설명되고 있다.[66]

'終一'(Cγ) : '一에서 끝난다.' '一終無'가 '하나에서 무로 끝난다From One to Nothing'라면, '終一'은 '하나로 끝난다To One'이다. 전자의 '一'은 생성 이전의 '한'이고, 후자의 '一'은 생성 이후의 '온'이다.

---

66) '일시무시'라 함으로 1과 무가 동시 시작함을 주장하기도 한다. 주요한 것은 집합론에서 말하는 1과 공집합과의 관계이다.

'한'과 '온'의 차이는 '한'이 생성을 시작할 수(一始無) 있다면 '온'은 그것을 할 수 없다는 데에 있다. '온'은 완전한 'One in Many, Many in One'의 대칭적 상태이다. 창조성Creativity 그 자체이지, 생성할 수 있는 초발심Initial aim은 가질 수가 없다. 과정철학의 창조성은 비대칭적이다. 'Many in One'은 불가하기 때문이다. '한'과 '온'의 관계는 과정 철학의 '하나님God'과 '창조성Creativity'의 관계와 같은 관계이다. 이 양자의 관계에 대한 자세한 설명은 다음과 같다.

부 : '한' 과 '온'

'한'과 '온'의 관계는 가장 핵심적인 문제이다. 이 양자 관계를 일상적인 언어로 설명하려고 할 때 많은 혼잡을 빚게 된다. 여기에 수리논리학은 많은 도움을 주고 있다. 그리고 과정 철학의 용어들을 빌어 설명하면 그 개념이 더욱 분명해질 수 있다. 여기서 화이트헤드의 『과정과 실재Process and Reality』에서 몇 구절을 뽑아 그대로 번역해서 『천부경』과 대조를 만들어 보면 같은 점을 많이 발견하게 될 것이다.

위계론적인 입장에서 볼 때 전통적인 신관은 위계의 정점에 있는 존재를 하나님으로 여겼다. 여기에는 거의 예외가 없었다. 그러나 처음도 마지막도 없는 비시원적인, 혹은 비위계론적인 입장에서 볼 때, 하나님을 어떻게 이해하느냐는 가장 큰 문제 가운데 하나이다. 위계의 정점에 있는 하나님이 마치 사령탑 가운데 서서 그 밑의 사물들을 지휘하듯이, 전통적인 하나님은 창조도 파괴도 자의대로 할 수 있었다. 그러나 『천부경』 안에는 이러한 하나님의 개념을 적용시킬 만한 아무런 말도 없다. 처음과 마지막이 없으며 같기 때문에 어느 곳에도 정점적인 하나님의 위치를 정할 수 없는 것이 특징이다.

이러한 『천부경』의 비시원적인 특징이 가장 부합되는 철학이 바로 과정 철학이다. 어떤 철학에나 하나의 궁극지An Ultimate라는 것이 있게 마련이다. 과정 철학 혹은 유기체의 철학Philosophy of Organism 에서는 이 궁극적인 것을 '창조성Creativity'이라 한다. '창조성'은 사령탑에서 지휘봉을 휘두르는 사령관 같은 것이 아니다. 스피노자나 다른 관념주의 철학 같은 일원론자들의 철학에서는 이 궁극자가 물론 하나님God이 되어야 한다. 그리고 이 하나님은 '절대자The Absolute' 와 같은 의미이다. 일원론적인 틀 속에서 볼 때, 이 궁극자는 어떠한 우연적인 것Accidents도 넘어서서 궁극적이면서 '탁월한Eminent'실재의 범주에 속해야 한다.

'창조성'은 아리스토텔레스의 '질료Matter'나 현대의 '중간 재료 Neutral Stuff' 같은 것이다. 그러나 '창조성'은 꼭대기에 서서 밑으로부터 수동적으로 받아들이고Passive Receptivity 움직이는 존재 같은 것이 아니기 때문에, 순수한 '형식From' 같은 것과도 거리가 멀다. '창조성'은 순수한 행위Activity에 대한 개념이다. '창조성'은 아리스토텔레스의 '질료'가 그러한 바와 같이, 자기 자신의 성격A Character of It's Own은 하나도 가지고 있지 않다. 이 '창조성'은 현실의 잡다한 사실성Actuality에 근거해서 존재하는 가장 넓은 범위로서의 궁극적인 개념이다. 성격Property이라 함은 요원과 부류가 유형화될 때 생기는 것이다. 즉, 명제화 될 때 성격이라는 것이 생긴다. 그러나 비단계론적인 콰인의 이론에서 볼 때 요원과 부류는 일반화되기 때문에 모든 성격들은 저마다의 성격을 가지고 있는 것이지, 어느 단계에 속해 질적인 좋고 나쁨에 의해 정해지는 것이 아니다.[67] 즉 '창조성'이

---

67) '성격'이 위계적이라 하는 데서 역설이 발생한다. '성격' 그 자체는 그 성격의 내

란 요원과 부류의 일반화를 의미하는 것이다. 『천부경』의 '一始無'에서의 '無'와 같다. '창조성' 자체는 시작을 못한다. 그 안에는 초발심Initial Aim이 없기 때문이다. 여기서 하나님 안에 있는 초발심만이 창조성을 간섭하여 새로움Novelty을 가져오게 한다. 하나님의 간섭 없이는 이 세계에 어떤 새로운 것도New, 질서도Order 가져올 수가 없다. 즉, 하나님께로부터 나오는 신기감The Novel Feelings이 문을 열어 진전하는 기반이 되는 것이다. 여기서 하나님은 창조성에서 나오며The Outcome of Creativity, 질서의 기본이 되고The Foundation of Order, 신기성에 자극이 된다The Goad towards Novelty. 여기서 질서라 함은 '잘 조절된 대칭에서 생겨난, 그리고 이 대칭이 쌓이고 쌓여 축적된 사실체들의 모임을 뜻한다. 우리는 이미 이러한 현상을 『천부경』에서 보았다.

만약 '無'가 '창조성'이라면, '一'은 '하나님'이다. 우리는 '一'을 '一析三', '一積十'에서 析와 積이란 근대칭 부류들의 종합을 보았다. 하나님은 이 현상의 모든 사실체들의 창조자Creator이다. 그러나 궁극적인 창조가 하나님의 의지에 의해서 되었다고 단정을 내리는 것은 잘못이다. 이에 대한 참된 철학적인 의미는 이렇다. 즉, 하나님은 이 창조성의 태초에 있는 한 예로서 창조성서 생겨나는 모든 행위에 자격을 주는 태초의 한 상태라는 뜻이다. 이러한 각도에서 볼 때 하나님은 결코 모든 창조의 이전Before에 있는 분이 아니고, 모든 창조와 함께With 계신 분이다. 그래서 '창조성'은 '하나님'을 떠나서 의미가 없고, '하나님'은 '창조성'을 떠나서는 의미가 없다. 그리고 이 모든 사물들도 '창조성'이나 '하나님'을 떠나 아무런 의미를 지닐 수 없

용과는 다르기 때문이다. '도가도 비상도' 같이 말이다.

다.[68]

이제, '창조성Creativity', '많음Many', '하나One'의 관계를 살펴보기로 하자. '많음'은 '하나'를 전제하고, '하나'는 '많음'을 전제한다. '하나'는 한 실체의 단일성The Singularity of An Entity을 나타낸다. '많음'은 '떼어진 다양성Disjunctive Diversity'을 뜻한다. 그리고 이 개념은 '존재Being'라는 개념을 이해하는 데 매우 중요하다. 즉, '떼어진 다양성' 안에는 많은 '존재들Beings'이 있게 되는데, 이 떼어진 다양성이 바로 『천부경』안에 나타난 생성 과정인 것이다(大三合六生七八九運三四成環七一妙衍).

'창조성'은 신기성Novelty을 원칙 제1조로 삼는다. '창조성'은 떼어져 있는 우주, 즉 많음의 내용 속에 신기성을 불어 넣는다. 창조 행위란 항상 하나가 되는 것인데, 이 하나가 또 많음으로서의 우주인 복합Multiplicity에다 첨가시켜 나간다(一積十鉅無匱化三).

'창조성'의 두번째 원칙은 따로 떼어져 분리되어 있는 우주로서의 '많음'이 만나서 합쳐 있는 우주로서의 '하나'가 되는 것이다. 이것이 바로 '많음'이 분합된 일체Complex Unity 속으로 들어가는 사물의 기본 성질이다. 창조성 안에서 그래도 불문률처럼 되지 않는 것이 있는데, 그것은 '하나' 속에 종속되지 못하는 '많음'은 결코 있을 수 없다는 것이다. '하나'와 '많음'은 이와 같이 창조를 위한 상호간의 대여자Datum가 되는데, 특히 '창조성'이 완성되어 또 다른 새 것의 생성Concrescence을 위한 대여자가 될 때를 '전이Transition'라 한다. 合, 生, 成, 運, 環과 같은 것은 모두 이러한 '전이'의 계기를 만들어 주고 있다.

---

68) 이렇게 하여 비인격적 창조성(기, 도, 무 같은)과 인격적 하나님이 조화된다.

그런즉, '더불어 일어나 새롭게 만들어 냄Production of Novel Togetherness'이 '생성Concrescence'이라는 말의 궁극적인 의미라 할 수 있다. 생성은 끝없이 새로운 종합을 만들어 내는 것이다. 이것이 '많음이 하나가 되고, 하나가 많음이 된다.'의 진정한 의미이다. 화이트헤드는 이러한 생성의 충동력을 '창조성'이라 했다. 이것은 다른 말로 '불멸의 행위The Eternal Activity'인 동시에 '현실화된 밑바닥의 힘 The Underlying Energy of Realization'이다. 어느 것도 이 창조성을 떠나 있을 수 없으며, 하나님도 예외가 아니다. 그래서 화이트헤드는 '창조성'을 궁극적인 범주Category of Ultimate에 넣었던 것이다. 이 창조성 안에는 열등하고 우월한 실재가 따로 있을 수 없다. 여기에 차이를 두는 데서 이원론의 함정에 빠지게 된다. 창조성 안에 가치를 부여함으로써 가치의 우열에 빠지는 오류를 피하기 위해 화이트헤드는 '가장 시시한 존재의 기침 소리The Most Trivial Puff of Existence'라고 했다.

창조는 끊임없이 '떼어짐Disjuntion'에서 '만나짐Conjunction'으로 진행Advance하는 것이다. 이러한 진행 속에서 떼어짐 속에 주어진 실체들Entities보다 또 다른 새 실체를 창조해 내게 된다. 이것이 '하나가 무에서 끝나지만 끝나서 하나'라는 말의 의미이다. 이 세계는 자기 자체를 거듭 통일시켜 더해 나가는 복합체이다. 이것은 자동적으로 새로운 복합체를 형성시켜 나가는 과정이다. 새로운 실체는 그것이 찾은 바, '많음'의 합체Togetherness인 동시에 그것이 남기고 떠난 '많음' 가운데 있는 하나One이다. 새로운 실체는 그것이 종합시키는 많은 실체들 가운데 떼어진 상태로 있다. 그래서 '많음'은 '하나'가

되고 '하나'에 의해 증가된다. 여기서 첫번째 '하나'는 특히 '온'으로 표시하기로 한다. '一終無終一'에서 구별된 '一'의 '온'과 '한'의 관계와 같다. 이것은 동음다의의 애매성Equivocal이요, B. 러셀이 갖는 역설의 골자이다. 즉, 온이 또 다른 낱이 되는 역설이 러셀 역설이다.

자연은 결코 완성될 수 없다. 자연은 항상 자체를 넘어서 가고 있다. 이것이 자연의 '창조적 진행Creative advance'이다. '창조적 진행'이란 궁극적 원리인 창조성을 매 신기 상황에 응용하는 것이다. 창조적 과정은 율동적Rhythmic이다. 즉, 공적인 많음에서 사적인 하나로 그네줄이 갔다가 다시 공적인 많음으로 되돌아 오는 것이다. 가는 그네줄은 이상과 같은 마지막 원인The Final Cause에 의해 지배 받고, 돌아오는 그네줄은 현실적인 출발 원인The Efficient Cause에 의해 지배를 받는다. 그런 즉, 우주의 하나Oneness와 우주 안에 있는 각 요소들의 하나Oneness와 하나 사이, 즉 창조적 진행 안에서 이 피조물에서 저 피조물로 자기 자신들을 되풀이하고 있다(一終無終一).

여기서 결론적으로 '온'과 '한'의 관계에서 본 '창조성'과 '하나님'의 관계에 대해 알아보기로 하자. 이를 말하기 위해서는 '창조성'은 아리스토텔레스의 '제1질료Prime matter'와 같으면서도 다르다는 것을 기억해야 한다. 아리스토텔레스의 입장에서 볼 때 '제1질료'란 만물이 거기에 근거하여 변하는, 그러나 그 자체는 변하지 않는 영원한 것이다. 그러나 '창조성'은 변화 그 자체의 다른 이름에 불과하다. 화이트헤드는 변화를 주도하고 조정하면서 자신은 변하지 않는 어떤 최고 존재가 있다는 것을 절대 반대한다.[69] 어떤 불변의 존재가 있다면, 그리고 거기서부터 변하는 것이 시작된다면, 이는 질적으로

---

69) John B. Cobb, 『*Christian Natural Theology*』, 20쪽.

유형Type을 위계화하는 것이 되어 이원론Dualism에 빠지게 된다. 필연적으로 시원적이 되지 않을 수 없다. 변하지 않는 것에서 변하는 것이 시원하게 된다.

　그러면 남겨진 질문은, 도대체 어떻게 변화 자체를 시작하게 하여 계속되게 하느냐인 것이다. 화이트헤드는 이 변화 자체를 가능하게 하는 것을 초발심Initial aim이라 했고, 초발심은 오직 '하나님'에게만 있다고 했다. '하나님'은 사건들을 일어나게 하는 이유이며, 사물들이 각기 제 모습을 갖도록 결정하는 분이기도 하다. 그러면 하나님은 '창조성'에 종속되는가, 혹은 그 반대인가? 화이트헤드에 의하면, '하나님'도 '창조성'의 한 사례Instance에 불과하다. 하나님도 창조의 한 단위Unit이다. 이런 점에서 하나님의 창조성에 대한 관계는 보통 다른 사물들이 창조성에 대해 갖는 관계와 다를 바가 없다. '창조성'은 왜 변화가 일어나는가, 변화는 어떤 형태를 만드는가에 대해서는 전혀 설명하지 못한다. 그러나 일단 변화가 생기면 그것이 어떤 형태를 가졌건 상관없이 모든 각개 사물들은 창조성의 사례가 된다. 사례가 되어 먼저 있었던 사례와 한 덩어리가 되고, 동시에 앞으로 생길 사례들에 대해서는 복합체의 한 단위가 되어 자기 자신을 바칠 하나의 새 단위가 된다. 과거의 것이 새 것으로 지향해 나아갈 때 하나님이 없으면 과거는 미래를 창출해 낼 만한 아무런 힘도 갖지 못하게 된다. 그래서 하나님, 과거, 미래는 공동으로 생성, 그것을 위한 이유가 된다. 생성된 것이 무엇이든, 그것은 항상 필연적으로 새로운 창조의 화신이 된다.

　이러한 '하나님God'과 '창조성Creativity'의 관계가 곧 『천부경』 안의 '한(一)'이 '온(無)'과의 관계와 같다. '온(無)'은 가치중립적이다. 결코 생성을 시작하지 못한다. 초발심이 '온'에는 없기 때문이다. 이 가치 중립적인 데서 생성의 출발을 가능케 하는 것은 '한(一)'으로 '一始無'라 한다. 그러나 동시에 '一終無'로서 '一'과 '無', 즉 '한' 과 '온'사 이에는 처음과 나중의 차이가 있을 수 없다. '한'이 'One'이라면 '온'이 'Many'가 되고, '한'이 'Many'라면 '온'이 'One'이 된다.[70] 이러한 시종이 없는 운동 변화를 '萬往萬來 用變不動'이라 했다. 그 안에 있는 '本本心 本太陽'이 초발심이다. '用變不動'하는 '창조성' 속에 '本心', 즉 하나님의 마음이 있어 생성이 가능케 된다. 하나님은 전통적 신관을 형성시켜 아리스토텔레스의 신관과는 다르다. 그래서 화이트헤드는 '하나님이 하나이고 세상이 많음이라 해도, 그리고 세상이 하나이고 하나님이 많음이라 해도 옳다'고 했다.

이와 같이 『천부경』은 과정 철학적 입장에서 볼 때 그 내용이 자세히 천착될 수 있다고 보며, 양자는 서로 보충하면서 보완되어 새로운 경지의 철학, 즉 〈한〉철학의 근간을 형성시킬 수 있다고 본다. 『천부경』 81자는 결국 〈한〉철학의 경전 중의 경전이며, 한국 불교와 한국 유교는 『천부경』의 한갓 첨삭에 불과하다. 한국 불교, 유교의 기본 구조는 『천부경』에 의해 결정된다. 즉, 한국 불교, 유교는 〈한〉철학의 인식론, 우주론, 인간론 등을 확장시켜 주기는 하나, 그 기본 구조는 『천부경』 안에 다 나타나 있는 것이다.[71]

---

70) 한이 온 속에 낱으로 포함包含되는 것을 수학에서는 멱집합power set이라고 한다. 실로 멱집합의 원리는 한철학의 원리이다.
71) 원효의 판비량론 등은 한의 논리를 불교에 적용한 것이다. 필자의 이에 대한 두 권의 연구서 참고.

4) 『삼일신고三一神誥』

① 역사적 배경

『천부경』이 철학이라면 『삼일신고』는 신학이다. 그리고 『참전경』은 윤리학이다. 『천부경』 81자에 철학의 내용들을 다 내포하고 있듯이, 『삼일신고』 366자에 신학의 신론, 인간론, 천국론, 우주론의 내용들을 포괄하고 있다. 『삼일신고』도 『천부경』과 함께 환웅 천황이 말로 전한 글로 알려져 오고 있다. 신채호가 그 중간 서문을 쓴 『단기고사』의 단군조에는 "삼일신고를 천하에 포고하시며…"라고 기록되어 있다. 이 중간 서문을 단재가 쓴 것이 1912년이요, 그가 대종교에 입교한 것은 1914년이다. 단재가 『삼일신고』를 주경전으로 하는 대종교에 입교한 것은 그만큼 이 경을 진경으로 인정했기 때문이라고 한다.[72] 『삼일신고』에는 지금 세 개의 자료가 전해지고 있는데, 발해의 석실본, 천보산의 태소암본, 고경각의 신사기본 등이 그것이다. 그 중 가장 오래된 것은 신사기본이며, 석실본은 현대 대종교측에서 사용하고 있다. 이 세 본의 한 가지 공통되는 점은 이들이 모두 발해본이라는 점이다.[73] 가장 두드러진 예로 兂(無), 虞(灬), 禮(神)같은 글자는 『강희자전』에서도 겨우 찾아볼 수 있는 것으로서, 그 자체가 발해 이후의 문체에서는 볼 수 없다.[74] 그렇다면 『천부경』과 『삼일신고』의 본고장은 결국 발해라는 강한 추측을 불러 일으키게 한다.

---

72) 송호수, 앞의 책, 104쪽.
73) 앞의 책, 152쪽.
74) 앞의 책, 104쪽.

바로 이 점을 포착한 신학자 윤성범은 단군 신화와 기독교의 삼위일체 간의 역사적 상관 관계를 지적한 「환인, 환웅, 환검은 곧 '하나님'이다」라는 논제를 발표하게 되었던 것이다. 윤성범은 환인, 환웅, 환검은 기독교 삼위일체의 성부, 성자, 성신에 대비되는 바, 곧 삼위일체 교리 자체의 흔적Vestigia Trinitatis이라고 주장했다. 그의 논제는 1960년대 한국 토착화 신학 풍토에 강한 충격을 준 사건이었다. 이에 대해 박봉랑은 윤성범의 이론을 한갓 상상과 가설[75]이라고 일축했다. 아테네와 예루살렘이 관계없듯이, 기독교의 삼위일체와 단군 신화는 아무 관계가 없다는 것이다. 그러나 필자가 보기에는 윤성범의 쟁점 가운데 삼위일체신론적인 교리는 뎅그리Tengri 관념에다 토착화시킨 것으로서, 이러한 양자의 접촉 장소를 발해라고 본 것은 탁월한 착안이라고 본다. 윤 박사는,

> 단군 신화의 구성 형태가 경교의 삼위일체신론적인 영향에서 한국적으로 토착화된 것이라고 생각하며, 이것을 「대진 3경교 유행 중국비문」에 있는 교리와 유비시켜 봄으로써 발해국이 특히 공헌이 있다고 생각하는 『삼일신고』 곧 경교의 영향 아래 된 것을 입증해 보려는 것이다.[76]

라 했다.

경교Nestorian는 기독교 정통 신학으로부터 이단으로 규정받고 시리아의 에데사Edessa를 거쳐 아라비아, 터키, 인도, 중국에까지 전파

---

75) 박봉랑, 「기독교 토착화와 단군 신화」, 『한국 논쟁사』, 418쪽.
76) 윤성범, 『한국적 신학』, 220쪽.

된 기독교의 한 종파인데,[77] 경교가 중국에 들어온 시대는 당 시대 (CE 618~907)이며 대발해국(CE 699~926)도 같은 시대여서, 삼위일체의『삼일신고』에 대한 영향에 관해서는 강한 추측을 가능케 함이 사실이다.

먼저『삼일신고』와 발해국 사이의 관계에 대해 더 자세히 언급해 보면 다음과 같다.

발해 석실본에는 발해 시조 대조영의 친동생 되는 대야발大野勃의 서문과 대조영의 어찬이 있고, 발해국 문적 감원인 임아상의 주해가 있다.[78] 두 번째 본인 태소암본도 발해의 비장서이고,[79] 마지막 신사기본 역시 전래된 유래로 보아 발해본이라 할 수 있다. 그리고 위에서 지적한 옛날 한자들이 발해 이후의 것은 아니라는 점이 이를 더욱 강력하게 시사해 주고 있다. 그렇다면 윤성범의 주장의 그 첫 장은 인정할 수도 있다고 본다.

다음으로 검토해 볼 점은 발해국과 경교 간의 관계이다. 한 가지 놀라운 사실은, 대조영의 친동생 대야발이 지은『단기고사 재편서』에 '…석실장서와 고비와 흩어진 역사를 참고하다가 왕년에 돌궐(토이기)국까지 다시 들어가 고적을 탐사하여 이 책을 저술하여…'[80]라는 구절이 있다는 점이다. 이 구절은 발해와, 그 당시 경교가 이미 전달되어 있던 터키 간에 직접적인 문화 교류가 있었음을 시사해 준다. 이 점은 윤성범 박사가 미처 전개해 놓고 있지 못한 발해국과

---

77) T.A. Burkill, 『The Evolution of Christian Thought』, 98쪽.
78) 송호수, 앞의 책, 138쪽.
79) 위의 책, 149쪽.
80) 위의 책, 110쪽.

터키국과의 밀접한 문화 교류를 알리는 귀중한 자료다.

여기까지는 윤성범 박사의 탁견에 대해 수긍을 하지 않을 수 없다. 그러나 그의『삼일신고』가 곧 삼위일체의 흔적이요, 단군 신화는 넉넉 잡아 발해 시대, 즉 지금부터 2,000년 이상 올라갈 수 없는-물론 윤 박사도 단군사와 단군 신화는 구분하고 있기는 하지만-자료라는 주장은[81] 다음과 같은 사실에 의해 납득될 수 없다고 본다. 삼국사기에 의하면, 고구려의 시조 고주몽의 개국 공신인 극재사克再思가『삼일신고』의 읽는 법[82]에 대해서 말하고 있고, 이것이『삼일신고』에 대한 사적으로서는 최초의 것이기 때문이다. 고구려의 건국 연대가 BCE 37년이고 보면, 발해보다 약 700년 전이나 된다. 발해 3세 문왕이 그의 봉장기에서 '이 책(삼일신고)은 고구려에서 전해진 것이다'라고 했기 때문이다.[83] BCE 37년경의 극재사가 이미 그 독법을 쓸 정도라면, 그 당시 사람들 가운데에는『삼일신고』가 많이 유포되어 있었다는 것을 입증하는 것이다. 그리고 사람들에게 그만큼 유포되어 보편화되자면, 이미 그 이전에『삼일신고』가 전래되어 내려오고 있었음을 또한 추론할 수 있다. 대략 이런 경로로 추리할 때에『삼일신고』는 현재와 같은 원형으로 보존시킨 곳은 역시 발해이고, 그 이전에는『천부경』과 같이 전문篆文, 그리고 그 이전에는 사슴 글자鹿圖文로 전해 내려온, 실로 안호상의 주장대로 민족 고유 사상, 즉〈한〉사상이 담겨 있는 진수라고 여겨진다. 그 이후의 모든 사

---

81) 윤성범,『한국적 신학』, 203쪽.
82) '…반드시 신고를 읽을 때는 먼저 정실을 택하여 진리도를 벽에다 걸고 세수결신한 후…' 유정기,『동양 사상 사전』, 38쪽.
83) 앞의 책, 138쪽.

상은 결국 『천부경』, 『삼일신고』의 주석에 불과하다 해도 과언이 아니다. 너무나도 세련된 표현에 놀라워서 라고까지 하는 사람들이 있으나, 두 경전 속에, 흐르고 있는 비실체적, 곧 비시원적인 면모는 〈한〉사상만이 가지고 있는 특성이기 때문에, 간밤에 박서방이 가필을 했다 하더라도 〈한〉의 진수가 전혀 다치는 바가 없다고 본다. 두 경전 속에 인격적 하나님과 비인격적 창조성이 아우러져 있다는 것에서 경이로움마저 느끼게 한다.

그리하여 윤성범의 소론, 즉 『삼일신고』가 경교의 영향을 받았다는 학설은, 기독교가 있기 전에 『삼일신고』가 문헌적으로 있었다는 흔적을 볼 때 성립될 수 없다고 본다. 터키와 발해국이 직접적인 문화 교류를 할 때 『삼일신고』가 도리어 기독교 교리 형성에 영향을 미치지나 않았는지 윤성범과는 반대 방향으로 생각해 볼 수 있다는 것이다. 동쪽에서 영향을 받은 경교가 서방 쪽 교회와 교리상의 갈등을 일으켜 결국 본고장인 동쪽으로 방향을 돌린 것은 아닌가 하는 추측도 가능하다. 이에 대한 규명은 경교의 교리와 다른 교회의 교리 사이의 비교 연구, 그리고 경교 사상과 『삼일신고』의 비교 연구를 통해서만 이뤄질 수 있다고 본다. 이를 하나의 신학적 과제로 남겨 놓고, 기독교의 삼위일체와 『삼일신고』를 역사적으로 두고 볼 때, 따로 독립한 지역에서 독자적으로 생겨난 것이라 하더라도 인류 역사상에서 매우 오래된 문헌이기에, 기독교의 삼위일체 교리를 이해하기 위해서는 더 없이 좋은 자료일 것이다. 오래된 문헌일수록 가필과 첨삭이 필수이다. 마치 살아있는 세포와도 같이 말이다.

여기서 결론적으로 말하고 싶은 것은, 윤성범의 학설, 즉 『삼일신고』와 경교 사이의 문화 유통 관계는 인정할 수 있지만, 그 영향의 선후 관계는 납득할 수 없다는 것이다. 아마도 기독교의 우리 문화에 대한 선취적인 영향을 강조한 것은 역시 기독교의 토착 문화에 대한 우월주의에서 나온 신학자들의 고집이 아닌가 생각된다. 이런 역사적 고증 관계를 넘어서 양자 간의 사상적 비교는 양자 간의 관계를 더욱 공고히 할 것이다.

② 「천훈天訓」 -우주론

『삼일신고』의 현존 세 본 가운데 석실본과 태소암본은 다섯으로, 즉 「천훈」 「신훈」 「천궁훈」 「세계훈」 「진리훈」으로 장이 나눠져 있지만, 신사기본은 그렇지 않다. 분장이 되어 있지 않은 신사기본은 천훈의 처음을 '主若曰'로 시작하고 있고, 나머지 두 본은 '天帝曰'로 시작하고 있다. 그러나 세 본이 모두 분장의 제목명을 빼고 나면 366자로 되어있다. 이는 1년을 이루는 날 수와 일치한다. 하나의 의도적인 일치가 아닌가 추리된다.

다섯 장 가운데 「천훈」장은 『삼일신고』 우주론Cosmology과 같다. 그리고 『천부경』의 내용을 부연하는 듯한 인상을 줄 만큼 그 내용이 『천부경』과 일관되어 있어, 두 경이 모두 고유한 민족 정통 사상인 〈한〉사상의 소산임을 강하게 암시하고 있다. 이제 분장별로 나누어 처음에 있는 「천훈」의 구절 하나하나에 대해 주해를 해 보면 아래와 같다.

主若曰 혹은 帝曰 : '주님이 말씀하시되, 혹은 하나님이 말씀하시되'

기독교의 구약성서 안에는 두 개의 큰 신의 이름이 있다. 엘로힘

(Elohim, 삼상 28:13)과 야훼(Yahweh, 창 4:26, 출 6:20)가 그것이다. 전자는 BCE 850년경에, 후자는 BCE 750년경에 사용되던 신의 이름들이다. 영어 성경은 엘로힘을 'God(하나님)', 야훼를 'Lord God(주 하나님)'으로 번역했다. 신의 성격상으로 보아서 엘로힘이 자연을 다스리는 절대 권능을 가지고 하늘 위에서 땅 아래로 군림하는 분이라면, 야훼는 인간과의 희로애락을 나누는 인격적인 관계 속에 있는 분이다. 비인격적이던 엘로힘(BCE 850)이 인격적인 야훼(BCE 750)로 발전했음을 의미한다.

『삼일신고』의 '天帝'(석실본과 태소암본)와 '主若'(신사기본)은 구약성서의 '엘로힘'과 '야훼'에 각각 대비될 수 있다고 본다. 갑골 문자에 의하면, 제帝가 천天보다 먼저 생겼는데, '帝'는 열매가 나무 꼭대기에서 땅 밑으로 떨어지는 것을 상징하는 것으로, 하향적 일방통행을 하는 신의 주권 행사를 의미하고, '天'은 인간(大)과 하늘(o, ㅁ, 一)과의 상관관계를 의미한다. '帝'가 '天'으로 변한 것은 대략 주대(周代, BCE 1100)로 잡는다. 주나라 무왕이 은나라 주紂왕을 치고 주周를 세울 때, 정변의 합리화로서 인간과 하늘의 공동 노력으로 이루었음을 강조하기 위해 '天'의 개념이 생겨났을 것으로 본다. 대략 보아서 '帝'는 '엘로힘,' '天'은 야훼의 성격에 가깝다. 그러나 중국에서 '天'개념의 발전 과정으로 보면, '天'이 완전히 '야훼'와 같다고 함은 잘못이다. 天은 공자에 와서는 상당히 내재적이 되었고, 대학에서는 덕德으로, 중용에서는 성性으로 발전, 송宋·명대明代에 와서는 이理로 변해, '성즉리性卽理' 혹은 '천즉리天卽理'로까지 발전하여 완전히 비인격적인 법칙, 이치 같은 것이 되어 버렸던 것이다. 그래서 기독교가 중국에 처음 들어왔을 때, 그들의 'God' 혹은 'Deus'(라틴어)를 天

으로 표시하기를 꺼리고 상제上帝라 했던 것이다. 최고 실재자를 표시하기 위한, 이보다 더 좋은 말이 사실상 중국에는 없었다. 다시 천주교에서는 '天'에 '主'를 붙여 '天主'라고 그들 신의 이름을 붙여 부르게 되었다. '帝主'라고 하지 않고 '天主'라고 한 것은 그만큼 '天'이 '帝'보다 인격화하기 쉬웠기 때문이다.

이와 같이 중국에서는 帝나 天이 모두 내면화되거나 초월화되어 단일극성적 신관Monopolar Theism으로 변화되고 말았다. 이에 반하여 한국의 '하나님'은 철저하게 양면성, 즉 초월성과 내면성을 다 지니고 있는 양극성적 신관Dipolar Theism의 소산이다. 초월신관은 이신론 Theism에 빠지기 쉽고, 내재신관은 범신론Panentheism에 빠지기 쉽다. 이에 대해서 범재신관Panentheism으로 표현되는 양극성적 유신론은 이 두 함정을 다 피할 수 있다. 바로 우리 한국의 '하나님'이 범재신관의 표현이다. 변종호는 그의 저서 『Hann-animism 강요』에서 우리 범재신관적 신의 이름을 '한아님'으로 표현해야 된다[84]고 했다. 기독교 성서의 옛 번역이 '하나님'이라 한 데 대해 공동 번역은 '하느님'이라고 했다. '하나님'을 개신교측에서 사용해 왔기 때문에 가톨릭과 공동사용의 목적으로 '하느님'으로 고친 것 같다.[85] 그러나 필자가 생각하기에는 어원에서 본 바와 같이 '하느님'이든 '하나님'이든 모두 〈한〉에서 연원하고 있음은 같기 때문에, 그 내용적 의미에 있어서는 별 차이가 없으리라고 본다. 차이가 있다면, '하나님'은 '엘로힘' 같이 초월성을, '하느님'은 '야훼' 같이 내재성을 강조하는 것이 되어버린 데 있다고 본다.

---

84) 변종호, 『Hann-animism 강요』(上), 149쪽.

85) 그리고 1990년대 표준 새 번역은 '하나님'으로 바꾸었다.

『삼일신고』의 세 본이 '天帝'와 '主若'이라고 다르게 표현하는 것은 결국 같은 신의 초월성과 내재성의 양면성 때문이라고 본다. 천제天帝는 주권자로서의 초월성을, 주약主若은 인격자로서의 내재성을 각각 강조하기 위해서 표현의 차이가 생겼다는 것이다. 그러나 이는 한자로 표기할 때 생긴 표현의 차이이고, 우리의 고유한 하나님 혹은 하느님 개념 안에서는 양자는 모두 〈한〉으로 종합되고 있다. 그래서 대종교측의 『배달 철학 원론』은 '한배검'[86]으로, 송호수는 그의 논문에서 '님'으로 번역하고 있다.[87] 양자를 종합하면 결국 '주 하나님'이 될 것이다.

元輔彭伀(원보팽우) : '원보팽우'—석실본, 태소암본,
咨爾衆(자이중) : '너희 무리들'– 신사기본.

석실, 태소암 두 본은 주 하나님이 원보 팽우에게 말하는 것으로 되어 있고, 신사기본은 일반 무리들에게 말하는 것으로 되어 있다. 원보란 지금의 수상首相격의 직명이며, 팽우는 사람 이름이다. 팽우의 '우伀'는 옛날 글자로 되어 있다. 사람人을 넷 합하여 된 글자이니 그 뜻은 '사람들'이다. 사방의 인민(伀)이 우伀의 의미이니, 팽우는 고유 명사이고 '너희 무리들'은 그 의미라 할 수 있어서, 세 본 사이에 근본적인 차이가 없다고 본다. 팽彭은 설문說文에 의하면 '鼓聲也'요, 광운廣韻에 의하면 '行也道也'라, 즉 행도行道하는 것을 의미하니, '팽

---

86) 『배달 철학 원론』, 20쪽.
87) 송호수, 82쪽.

우'란 '도'를 행하게 하는 사람을 의미한다.[88] 구약성서에서도 인간들의 이름을 그 인간이 한 행동에 따라 정하였다.

蒼蒼非天 玄玄非天(창창비천 현현비천) : "창창한 것도 하늘이 아니고 현현한 것도 하늘이 아니다."

발해 재상 임아상의 주에 의하면, '창창은 심흑색이요, 현현은 검으나 누른색'이라 했다. 최치원은 우리의 고유한 진리를 현묘지도玄妙之道라 했다. 『도덕경』은 도道를 유현幽玄이라고 했다. 동이족이 만든 도자기 흑도가 바로 담백 유현한 색이다. 여기서 우리는 도가 사상의 기원을 우리 동이에서 찾게 된다. 그리고 도교를 황로의 교黃老之敎라 한다. 이는 모두 검고 누른색에서 나온 이름이다. 후대 사람들이 『천부경』이나 『삼일신고』를 볼 때 너무나 강한 도가적인 표현 때문에, 이것이 도가의 영향력 하에 후대에 와서 지어진 것이라고 전후를 바꾸어 생각함이 오히려 옳을 줄로 안다. 차라리 『도덕경』 같은 노장 사상이 『천부경』과 『삼일신고』의 영향을 받은 한 단편이라 할 수 있다. 씌어진 연대상으로 보아서 그렇게 추리함이 당연할 것이다. 무조건 우리 것을 무시하고 진귀한 우리 것이 나오면 위서라, 혹은 중국의 도가나 유가의 영향이라 규정하고 무시해 버리려 함은 시정되어야만 할 것이다. '창창현현'은 도가적인 색채가 농후한 것이 사실이나[89] 『천부경』과 『삼일신고』 전편에 걸쳐 밝고 환한

---

88) 유정기, 『동양 사상 사전』, 392쪽.
89) 시베리아 남쪽 곰들의 색은 대개가 감(玄)거나 검(黑)거나 하다. 곰 숭배족들은 신(검)과 감(玄)을 숭배했다. 안호상, 『민족의 주체성과 화랑얼』, 148쪽.

태양빛이 주류를 이루고 있음을 망각해서는 안 된다. 우리의 〈한〉은 바로 '검음'과 '하얀'의 종합색이며, 이것이 바로 '창창'도 '현현'도 아니라는 색의 표현으로 나타나게 된 것이다. 어느 한 색에도 구애되지 않음은 궁극적 실재를 하늘天이라 할 때 하늘의 비실체성을 강조하기 위함이다. 왜냐하면 어떤 실체성을 갖게 되면 반드시 특정한 색을 가지고 있어야 하기 때문이다. 색은 실체의 필수 조건이다.

여기서 『삼일신고』가 하늘天과 하나님神을 구분하고 있음에 주의해야 한다. 이는 창조성Creativity과 하나님God을 구분해서 생각하는 화이트헤드의 사상과 일맥상통하는 것인데, 매우 중요하다. 전통 신관은 이 점을 무시했기 때문에 큰 과오를 범해 왔다. 유정기는 전자를 도체道體라 했고, 후자를 주제主帝라고 했다. 그리고 주제는 반드시 도체에서 나온다고 보았다. 마치 하나님이 창조성에서 나온 것과 같이. 그래서 하나님은 우주를 창조한 것이 아니고, 우주를 조화造化한다고 했다. 창조성 혹은 도체는 우주의 법칙 혹은 이성 같은 것으로, 로고스Logos와 같다. 하나님은 이 로고스와 더불어 있다. 하나님도 이 창조성 안의 법칙에 따라 이 우주를 조화할 뿐이다. 그래서 무에서 유를 창조했다는 전통신관을 반대한다. 그러나 분명히 알아야 할 점은, 하늘이 창창하지도 않고 현현하지도 않다. 즉 색이 없다고 함은 가치 중립적이기 때문에 조화를 시작할 수는 절대로 없다는 것이다. 반드시 조화의 시작은 하나님의 초발심初發心에 의해서만 가능하게 된다.

宄形質(무형질): "형질이 없다"

있음有은 보통 두 가지 방식 존存과 재在로 나눠진다. 존存이란 성능적性能的인 용사用事의 상象이 시간적으로 생성 변화하면서 시간에 있는 현상現象이다. 그리고 재在는 기질적氣質的인 물체物體의 형형形이 공간적으로 생성 변화하면서 공간에 있는 상태狀態이다. 그래서 유有란 존·재存在의 합칭이다.[90]

$$有 \begin{cases} 存 - 性能 - 用事 - 象 - 時 - 現象 \\ 在 - 氣質 - 物體 - 形 - 空 - 狀態 \end{cases}$$

유有의 개념이 종횡으로 엮어져 여러 양태로 나타난 것이 성질性質, 기능機能, 체용體用, 사물事物, 형상形象, 시공時空과 같은 말들이다. 이 모든 어휘들은 철학의 가장 핵심이 되는 것들로서, 모두 존재存在의 다른 표현들에 불과하다. 위의 도식에서 볼 때 형질形質이란 만물의 유형적有形的인 소질素質의 최초 단위로서, 공간적으로 있는 것이다. 즉, 형질이란 그리스의 자연 철학자들이 말한 아르케Arche와 같은 것으로서, 무엇이 있는 최초의 단위이다. 이 아르케를 자연 철학자들은 아톰Atom이라 하였으며, 플라톤은 이데아Idea라 했다. 아리스토텔레스는 형상Form과 질료Matter로 나누었다. 이 아르케 개념은 서양 철학사에 고질적인 실체Substance개념을 가져오게 되었다. 수학이나 물리학도 결국 이런 아르케 개념을 탈피 할 수 없었다. 만유인력을 발견한 뉴턴도 물체의 최소 단위를 입자Particle로 보았던 것이다. 그의 이러한 입자설은 현대 양자 물리학에 와서야 부정되어, 파동—입자설로 대치되게 되었다. 서양의 유신론적 신관은 완전히 철

90) Chang Bin Lee, 『The Philosophy of Dualistic Monism』, 4쪽.

학의 실체 개념 위에서 설계되어 온 것이 사실이다. 실체 개념을 부정한 양자 물리학적인 입장에서 전개된 철학이 과정 철학이요, 과정 신학이다. 과정 철학은 실체 대신에 과정Process이라는 개념으로 대치하고 있으며, 전통적 형질의 개념을 타파하고 있다.

이러한 시각에서 볼 때 『삼일신고』의 무형질무無形質無, 즉 형질 없음은 수천 년 전에 이미 실체 개념인 형질을 부정함으로써 현대 양자 물리학적 상상력을 여실히 발휘하고 있다. 서양 철학이 실체에서 과정으로 생각이 바뀌기까지는 무려 2,500년 이상의 세월이 걸리지 않았던가? 무형질의 선포는 철학사적 입장에서 볼 때 획기적이라 아니 할 수 없다. 여기서도 지금은 사용하지 않는 옛 글자 兂(無)를 사용하고 있다. 兂의 匕는 비匕이니 밀착한 것이고, 几는 궤机이니 속이 빈 것이다. 속이 빈 것에 밀착한 것이니 모순 개념이다. 따라서는 일면 유有이지만, 일면 무無를 의미하게 된다. 유와 무를 동시에 의미하기 위해서 옛 글자 兂를 그대로 쓴 것 같다. 이러한 의미는 「천훈」의 마지막에서 뚜렷해진다.

兂端倪, 兂上下四方(무단에 무상하사방): "처음과 끝도 없고, 아래위 동서남북도 없다."

시간의 과거, 현재, 미래를 주宙라 하고, 공간의 상하사방을 우宇라 한다. 그리고 공간을 대대지법待對之法으로 계界라 하고, 시간을 주류지도周流之道로 세世라 한다. 이를 도식화하면 이렇다.

$$\Big\langle \begin{array}{l} 時—宙—世—道—周流—과거, 현재, 미래 \\ 空—宇—界—法—待對—상하사방 \end{array}$$

이 도식에서 우주宇宙, 세계世界, 법계法界, 세도世道와 같은 말이 생겨났다. 이 도식에서 보면, '세계'나 '우주'는 서양의 'World'나 'Universe'와는 다르다. 즉 '세계'나 '우주'는 시공의 복합 개념이나, 서양의 그것은 단순히 공간 개념이다. 시간과 공간을 철저히 분리하여 서양 철학은 생각해 왔던 것이다.

서양의 공간 개념이란 같은 장소, 같은 시간에 다른 두 물체가 동시에 있을 수 없다는 것이다. 이것이 전형적인 실체 개념이다. 시·공 연속의 장場개념은 현대 양자 물리학에 와서야 파악되었다. 시간은 공간 속에서 움직이고, 공간도 시간 속에 있다. 그래서 시·공은 연속되어 있다. 위의 도식에서 보는 바와 같이, 존재란 이미 시공 연속 개념이다. 만약 세계를 끝없이 큰 방이라 하고 그 속에 천체와 입자들로 가득 차 있다고 가정한다면, 뉴턴의 역학은 그 속에서 물질을 다 빼내어도 공간은 변화가 없다고 주장한다. 즉, 공간과 존재를 분리해서 생각했던 것이다. 뉴턴의 이러한 주장에 대해 아인슈타인은 그의 특수 상대성 이론에서 물질을 다 빼낸 공간에도 전자파가 언제나 가득 차 있다고 주장했다. 전자파와 공간은 밀접한 관계를 갖게 된다. 뉴턴과 아인슈타인의 또 한 가지 차이는, 아인슈타인이 공간이 내부 구조, 즉 장(場, field)을 가지고 있다고 생각한 데 비해 뉴턴은 진공이 있다고 생각했던 점이다. 아인슈타인은 그의 장이론이 $E=mc^2$처럼 에너지와 질량의 등식으로 증명된다고 했다. 여기서 질량과 에너지는 똑같이 있음存在의 자격을 유지하게 되고, 그러면 시·공은 절대로 분리되어 있을 수가 없다. 그래서 아인슈타인은 종從, 횡橫, 고高의 3차원에 시간을 넣어 제4차원의 상대성 이론을 전개했던 것이다. 여기서 아인슈타인의 장 개념은 '존재'의 개념

과 같으며, 곧 '세계', '우주'이다.[91]

화이트헤드는 전통 뉴턴 '물리학의 개념을 타파하고 아인슈타인 적 장場의 입장에 입각, 같은 장소에 같은 물체가 동시에 있을 수 있다고 하여 이를 '이어짐Duration'이라고 했고, 특히 이러한 시·공적 동시성을 '현재적 직접성Presentational Immediacy'이라 했다. 그리고 이러한 '존재'를 사실체Actual entity라 했다.[92] 사실체는 전통적인 존재 개념과는 원전히 다른 것으로, 객관적 존재일 뿐만 아니라 주관직인 경험, 의식, 인식의 작용이 함께 한 개념이다. 화이트헤드는 하나님마저도 사실체라고 했다. 사실체는 언제나 현재적, 실제적이기 때문에 순수한 가능성인 궁극적인 범주, 창조성에는 속할 수가 없다. 그래서 하나님을 창조성에서 구분하여 생각하게 된 것이다.

'무단예'는 시간의 끝도 처음도 없음이고, '무상하사방'은 공간적인 아래 위도, 상하사방도 없음이다. 그리고 '무有'는 위의 글자 풀이에서 본 바와 같이 '있음'과 '없음'의 종합으로, 이는 시·공 연속을 의미한다. 시·공이 연속되어 복합될 때에는 이미 그 시원을 알 수 없는 비시원적인 것으로 되어 버린다. 처음도 끝도 없는 상하사방, 아래 위도 없는 비시원성을 단적으로 표현하는 것이 『천부경』의 '一始無, 一終無'다. '무단예 무 상하사방'은 '일시무 일종무'의 시공적 표현이라 할 수 있다. 이는 시·공 연속이며, 전자파와 같이 어디에나 퍼져 있는, 즉 『천부경』의 연衍과 같다.

虛虛空空(허허공공) : "텅텅 비어 있다."

91) 백광하, 『태극기』, 128쪽.
92) cf. A. N. Whitehead, 『Process and Reality』.

이 텅 비어 있음을 뉴턴의 진공으로 착각함은 큰 잘못이다. 영어는 허공을 'Nothingness', 혹은 'Emptiness'로 번역한다. 허공은 절대로 영어처럼 부정의 개념이 아니다. 차라리 'Fullness'로 번역함이 허공 개념에 가깝다고 본다. 혹은 'Total Interrelation'이라고 번역함이 좋다. 허공은 절대 진공이 아니다. 공간에서 물질을 다 빼 버려도 그 속에 전자파가 가득 차 있는 것이 허공이다. 여기서 진정한 유有의 창조가 나오게 되는 것이다. 보이지 않는 에너지(E)에서 보이는 질량(M)이 나오듯이, 보이지 않는 허공에서 보이는 물질이 나오는 것이다. 화이트헤드 철학에서의 창조성과 사실체의 관계도 이와 같다고 할 수 있다. 그런 즉, 유와 무는 같으며 하나이다.

兂不在 兂不容(무부재 무불용) : "어디나 있지 않은 데가 없으며, 무엇이나 감싸지 않는 것이 없다."

처음도 끝도 없이, 상하사방도 없이 존재하자면, 거기에는 크고 작은 차이가 있어서도 안 되고, 질의 우와 열이 있어서도 안 된다. 이것이 〈한〉의 존재 모습이다. 이것은 위계적Hierarchical이지도 않고, 유형적Typological이지도 않다. 많음을 다 포함한다고 할 때, 포함하는 그 하나는 포함되는 것 안에 있을 수 없다. 결국 그 하나를 포함하는 또 다른 공간이 있어야 한다. 여기서 자연히 공간의 위계가 생기고—포함하는 것과 포함되는 것 사이에—유형이 생겨난다. 따라서 시작하는 공간이 있게 되고, 시작하는 순간이 있어야 한다. 이것이 뉴턴의 절대공간 개념이다. 그러면 어떻게 이러한 시간과 공간의 시원성을 피할 수 있을 것인가? 피하는 길이란 포함하면서 동시에 포함되어야 한다. 하나가 많음이 되고, 많음이 하나가 되어야 한다. '어디에나 없는 데가 없다' 함은 많음Many으로 존재하는 모습이고, '무엇이나 감싸지 않는 것이 없음'은 하나One로 존재하는 모습이다. 이 두 개념은 창과 방패의 모순과 같다. 이를 '역설적Paradoxical'이라 한다. 여기서 편의상 〈한〉 개개의 존재 모습을 '낱Knot'이라 하고, 전체로서의 존재 모습은 '온on'이라 하자. '온'과 '낱'은 편의상 붙인 이름이며, 〈한〉의 다른 두 이름에 불과하다.[93]

여기서 '없는 데가 없다' 함은 〈한〉이 '낱'으로 상하사방으로 처음도 끝도 없이 퍼져 있는 모습이고, '무엇이나 감싸지 않는 것이 없다' 함은 〈한〉이 '온'으로 감싸여 있는 모습이다. '온'과 '낱'은 부류와 요원의 개념이나, 이는 '온'이 '낱'이 되고 '낱'이 '온'이 되는 창조성 안의 논리성에서 본 부류와 요원의 관계이다. 플라톤은 '온'을 '낱'에서 분리시켰다. 그래서 그는 '온'으로서의 이데아는 '낱'의 개개 사물보다 완전한 성질을 가지고 있다고 보아, 절대화 혹은 초월화 시켰던 것이다. 그는 '온'의 '온'을 '이데아'의 '이데아'라 하여, 그것을 선The Good혹은 신God이라 했다. 더욱이 플라톤은 '온'과 '낱'의 종합으로서 제3의 인간The Third Man까지 만들어 냈던 것이다. 이는 요원과 부류, 즉 '낱'과 '온'을 층계화하는 오류에서 생긴 결과이다. 이는 시·공을 분리시켜 순수 공간 개념으로만 추리할 때 생기는 자연스런 결과이다. 그러나 〈한〉은 '낱'과 '온'이 복합되어 있는, 시·공이 연속된 장Field다. 〈한〉의 이러한 '온'과 '낱'의 두 면 때문에 하나님도 '태어남의 본성'과 '따르는 본성'의 양면성을 갖게 되고, 동시에 하나

---

93) 멱집합 원리에 의해 낱 속에 온이 포함될 때가 바로 〈한〉이다. 이는 한 불확실성 或을 초래하고 낱 속에 온이 포함되는 관계가 中이고 同이다.

님 안의 두 극, 마음의 극Conceptual Pole과 몸의 극Physical Pole을 지니게 된다. 이 두 극이 결국 하나님의 두 본성을 결정한다. 여기서 주의할 점은, '태어남'이나 '따름'이 결코 토마스 아퀴나스가 얘기하는 것처럼 인간이 죄를 짓기 전후와 같은 내용과는 전혀 다르며, 다만 하나님이 다른 사실체들과 어떻게 연관되는가의 관계만을 말하기 위한 것이라는 점이다. 둘째로, 여기서 본성이라 함은 스콜라 신학이 말하는 바 사람의 본성, 하나님의 본성, 천사의 본성, 동물의 본성처럼 등급으로 결정되는 본질의 개념이 아니다. 여기서 말하는 본성이란 한 사실체가 다른 사실체에 어떻게 관계되는가의 방법에 관하여 씌어진 말에 지나지 않는다. 그래서 하나님에게 두 본성이 있다고 해서 두 개의 실재가 따로 있는 것이 아니고, 한 사실체에 있는 두 면Aspefct이란 뜻이다.[94]

그런 즉, 두 본성을 말한다고 해도 한 사실체로서의 하나님에 대한 것이다. 이 한 하나님을 세상과 관계지어 말할 때에만 두 면을 언급하게 되는 것이다. 하나님의 '태어남 본성'이란 이 세상과 독립하여 가능한 상태인, 추상적으로 혼자서 스스로 있는 면이다. 틸리히의 '존재 근거Ground of Being'와 같다. 이는 중세기의 최고 존재 Supreme Being와도 같은 대상이다. 차이점은, 틸리히나 중세기 신학은 이들을 다른 세상 사물들과 구별하여 따로 전에Before 있는 것으로 생각한데 비해, 화이트헤드는 창조와 더불어With 있는 것으로 생각한다는 점이다. '따르는 본성'은 하나님을 인격적으로 주님Lord으로 여길 때나 하나님의 역사성을 강조하여 끊임없이 세상에 생기는 일에 영향을 받을 매의 본성이다. '태어남의 본성'이 만물을 감싸고

---

94) Robert B. Mellert, 『What is process Theology?』, 39-50쪽.

있을 때의 '온'이라면, '따르는 본성'은 없는 데가 없이 '낱'으로 있을 때이다. 하나님은 '따르는 본성' 때문에 끊임없이 이 세계 안의 '낱'의 사례들Actual Occasion을 첨가시키고 확대시켜 나아간다. 이 점에서 하나님은 시간적인 요소Temporal Factor를 빼놓을 수 없이 지니게 된다. 이 세계 안의 '낱'이 곧바로 하나님의 본성을 변화시키게 된다. 우리의 낱낱의 존재 양식, 행동 양식이 그대로 하나님의 그것을 변회시키는데 영향을 미치게 된다. 모든 낱낱이 사실체들이 파악하고 영향을 미치는 것처럼, 같은 방법으로 하나님도 다른 사실체들을 파악하고 영향을 미친다. 하나님은 '온'으로서 '낱' 속에 일어나는 일들을 돌아보고 관심을 쏟으며, 항상 새롭게 더 큰 일들에 유인Lure을 받게 된다. 하나님은 결코 지상에 군림하는, 자의적인 전지전능한 통치자가 아니라, 모든 '낱'의 자유 앞에서 힘없는 분이다. 이런 점에서 하나님도 다른 피조물과 별 차이가 없다. 그는 더 세상을 탐하기 때문에 더 알게 되고, 더 알고 있기 때문에 고통을 겪게 된다. 그는 '이해 많으신 고난 받는 동반자 친구'이다.

이상과 같은 「천훈」의 주해를 종합해서 전문을 번역해서 옮겨 보면 아래와 같다.

'주 하나님이 계상 팽우에게 말씀하시되, 저 검푸른 것도 하늘이 아니며 저 검은 것도 하늘이 아니다. 하늘은 형상도 질료도 없으며, 처음도 마지막도 없고, 아래 위나 상하사방도 없다. 그래서 텅텅 비어 있으나, 어디나 없는 데가 없고, 무엇이나 감싸지 않는 것이 없다.'

③「신훈神訓」—신론

「신훈」51자는『삼일신고』안의 신관神觀을 말하는 부분이다. 三一 신론이 최초로 언급되고 있다. 이는 하나님의 한 존재가 덕德, 혜慧, 역力의 세 존재 모습으로 나타난다는 것을 말한다. 한 가지 유의할 점은,『삼일신고』의 하나님은 하늘(혹은 도체, 창조성) 안에 있는 분이라는 점이다. 이 점은 구약성서를 해석하는 서양 신학자들이 하나님을 창조성 밖에 둔 것과 대조가 된다. 과정 신학자들이 비로소 창조성 안에 두고 신관을 처음 전개했다. 창조성 밖에 두었을 때 무에서 유를 창조하는 창조관이 나오게 되었던 것이다. 창조성 안이라 하여 하나님이 창조성에 의해 제약을 받느냐 하면, 그렇지 않다. 창조성은 가치 중립적이기 때문이다. 어디까지나 가치 중립적인 에너지 혹은 힘으로서의 창조성 자체를 조화造化하시는 분은 하나님이기 때문이다.

> 檀在兄上一位(신재무상일위) : "하나님이 그 위에 더 없는 으뜸 자리에 계시사"

「천훈」에서 하늘天은 아래 위, 상하사방이 없다고 했었는데,「신훈」에서는 하나님(檀)이 그 위에 더 없는 으뜸 자리에 계신다고 했으니, 양자 간에 서로 차이가 있지 않은가? 일견, 플라톤, 아리스토텔레스로부터 영향을 입은 아퀴나스 신학으로 되돌아간 듯하다. 왜냐하면「신훈」의 표현상으로 볼 때에 하나님은 모든 만물 위에 더 이상 올라 설 수 없는 자리에 있기 때문이다. 즉, 동물→인간→천사→하나님의 서열 선상에서, 그 본성에 있어 하나님은 최상위에 서 있기 때

문이다. 「천훈」의 '무형질', 곧 형상과 질료의 없음에서 형상–질료의
체계는 무너지고 말지 않았던가?

그러나 「신훈」은 「천훈」과 서로 어긋나지 않는다. 하나님이 더 없
는 으뜸 자리에 있다 함은, 하나님을 '태어남'과 '따르는', 그리고 '마
음의 극'과 '몸의 극'으로 나누어 볼 때, 하나님의 '태어남의 본성'과
'마음의 극'을 위에, '따르는 본성'과 '몸의 극'은 아랫자리에 각각 둘
수 있다는 것이다. 그러나 아퀴나스같이 본성의 우열에 의한 나눔이
절대 아니며, 하나님과 세상과의 관계 면에서 볼 때 언어상으로 그
렇게 표현될 수 있다는 것뿐이다. 그리고 아래 · 위로 시원적으로 나
눌 때 중세기 신학은 창조성의 안팎과 같은데, 「신훈」은 '하늘天', 즉
창조성 안의 아래 · 위이다. 그리고 하늘에는 상하사방, 아래 · 위가
없다. 그렇다면, 이는 중세기적 위계 방법과는 전혀 다른 비시원적
장場에서 본 아래 · 위의 개념인 것이다. 화이트헤드가 하나님을 사
실체 가운데 하나라고 하면서 하나님 안에 있는 초발심 때문에 '으
뜸되는 예Chief Example'라 한 것도 결국 「신훈」이 더 없는 으뜸 자리
에 하나님을 둔 것이나 마찬가지라 할 수 있다.

有大德, 大慧, 大力(유대덕, 대혜, 대력) : '큰 덕과 지혜와 힘을 가지
시다.'

『배달 철학 원론』은 '큰 덕을 가지신 환인이시요, 큰 슬기를 가지
신 환웅이시요, 큰 힘을 가진 환검이시다.'로 번역하고 있다. 덕, 혜,
역을 환인, 환웅, 환검에 각각 일치시키고 있다.

나철은 『신리대전神理大全』의 「신위神位」에서,

한얼은 한임과 환웅과 환검이시니, 한임은 만들어 됨造化의 자리가 되시고, 환웅은 가르쳐 됨敎化의 자리가 되시고, 환검은 다스려 됨治化의 자리가 되시사, 한울(天=온누리)에 계셔서는 위가 없으시며, 만물萬物에 계셔서는 비롯始이 없으시며, 사람에 계셔서는 먼저先가 없으시니, 나누면分 셋三이요, 합치면 하나一이니, 셋과 하나(三, 一)로서 한얼자리(神位)가 정하나니라(『神理大全』「神位」).[95]

또 같은 책의 「신도神道」에서는,

하나님의 도는 형상이 없는 형상이며, 말이 없는 말이며, 함이 없는 함이라.[96]

라 했다. 또,

대종大倧의 이리는 삼일三一일 뿐이니, 일一만 있고 삼三이 없이는 그의 용用이 없는 것이고, 삼三만 있고 일一이 없이는 그의 체體가 없는 것이다. 그러므로 一은 三의 체가 되고 三은 一의 용이 된다. 한 뜻一意으로 화해 행함은 즉 삼卽三이 되고 세 진리三眞가─모두 돌아옴黙會歸은 즉 일卽一이 되니, 셋으로서 하나이 됨에서 신으로 합하는 것이라.[97]

---

95) 안호상, 173쪽.
96) 위의 책에서 재인용.
97) 유정기, 403쪽.

라 했다. 또 서일徐一의『회삼경會三經』에 의하면,

> 한얼은 한울의 임자시니天之主帝, 고이가 넓고德薄 슬기가 밝으
> 며飜炤, 힘이 굳세사力强建 얼굴 없이 만드시며, 말씀 없이 가르
> 치시며, 하염없이 다스리시니라. 크도다! 한얼 길이여, 곧 하나
> 요 곧 셋이 되어卽一卽三, 몸體을 함에 더 없는 데 이르시며, 씀
> 用을 함에 맞끝(倪=終末=끝마침) 없음을 다하시니라.[98]

위의 인용한 구절들은 놀랄 만큼 기독교의 삼위일체 교리에 접근
하고 있다. 도교가 '一生二生三生萬物', 그리고 유교가 '一生二生四
生八生…'의 논리라면, 우리 〈한〉철학은 '一卽三, 三卽一'의 논리이
다. 그러나 전통 라틴 신학이 전개한 삼위일체 신관에는『삼일신고』
에 접근할 수 없는 차이가 있음을 간과해서는 안 된다. 라틴 신학의
표현은 비록 셋이 하나요, 하나가 셋이라고 하고 있으나, 그 속을 들
여다보면 철저하게 실체적 사고방식, 즉 한 장소에 동시에 셋이 있
을 수 없다는 사고가 깔려 있는 것이다. 여기서 전통 라틴 신학이
전개해 온 삼위일체 논리의 결점을 지적해 보면 아래와 같다.

라틴 신학이 고백해 온 삼위일체론, '세 인격 안의 한 실체One
Substance in Three Persons', 혹은 '세 구별된 면을 가지신 한 실재One
Actuality Having Three Distinct Aspects'라는 교리를 재검토해 보기로
하자.

여기서 세 인격Personae이라 함은 하나님의 세 가지 역할Roles을 의
미한다. 둔스 스코투스Duns Scotus라는 교부는, 이 셋은 형식상의 구

---

98) 안호상, 1741쪽.

별이지 실제로 그렇게 구별되는 것은 아니라고 했다.[99] 이것은 서양 기독교 사상 속에서 삼위일체 논리를 전개하기가 얼마나 어려웠는 가를 보여 주는 발언이라 할 수 있다. 셋이 동격이냐, 아니면 그 사이에 우열이 있느냐, 우열이 있다면 어떤 것이 먼저냐 등, 해결하기 어려운 난점이 많은 것이 삼위일체론이다.

이러한 난점이 생기는 근본 원인은 하나님을 실체Substance로 보았기 때문이고, 이 실체적인 하나님을 모든 존재보다 먼저Before, 그리고 모든 존재의 위에Above 두었기 때문이다. 한 실체를 이렇게 최상의 먼첫자리에 고정시켜 놓으면, 삼위 안의 다른 실체들은 거기에 따르는 부수적인 것이 되어 버리고 만다. 이러한 오류는 전통 신학이 창조성과 하나님을 구별하여 생각하지 못하고, 하나님의 본성을 본질적으로Essentially 구분했기 때문이다. 창조성 안에서는 처음과 나중이 없고, 본질의 우열이 있을 수가 없다. 시간이란 이 세계의 한 부분이요, 이 세계 이전에 시간이 따로 있을 수 없다. 하나님은 이 세계 이전에 있는Before 분이 아니라, 세계와 함께 있는With 분이시다.

삼위일체를 말할 때에 아버지Father는 세계 이전의 존재론, 그리고 아들Son은 그 다음의 위치로 종속시켜 버리게 된다. 그리고 아리스토텔레스의 논리에 의하면, 한 실체의 자리에 다른 실체가 동시에 있을 수 없다. 고로 아버지와 아들은 시 · 공의 동시적 존재가 될 수 없다는 논리가 성립된다. 이러한 논리의 어려움은 실체화의 오류에서 생긴 것이며, 이런 실체화의 오류를 파괴하자면 한 실체 속에 다른 실체가 동시에 있을 수 없다는 아리스토텔레스의 논리학이

---

99) Lewis s. Ford, 『The Lure of God』, 100-101쪽.

파괴되어야 한다. 이러한 전통 논리를 약간 벗어나 새로운 삼위일체론을 전개한 신학자는 폴 틸리히이다. 틸리히는 삼위일체의 원리Trinitarian Principle를 힘Power, 의미Meaning, 그리고 그것의 조화Union라고 했다.

> 신에 대한 인간의 직관력은 항상 신의 깊이(힘의 요소, The Abyss of The Divine)와 그 내용의 충만(의미의 요소, The Fullness of Its Content) 사이에서 구분이 생긴다. 이 구분은 또한 신의 깊이와 신의 로고스 사이의 구분과도 같다. 신의 심연 혹은 깊이는 하나님을 하나님이 되게 하는 신성 자체Godhead의 근저가 된다. 이것은 그의 주권의 뿌리가 되고, 접근할 수 없는 존재의 심연이며, 모든 만물이 거기서 생겨나는 존재의 근원이다. 그것은 곧 힘Power이다.[100]

틸리히가 힘, 의미, 그것의 조화로써 삼위일체의 원리를 삼은 것은 『삼위일체』가 큰 힘, 큰 지혜, '큰 덕으로써 하나님의 3대 원리'를 삼은 것과 대비될 수 있다. 즉, 대력大力은 그대로 힘Power으로, 대혜大慧는 로고스 혹은 의미Meaning로, 그리고 대덕大德은 그것의 조화Union로 볼 수 있다는 것이다. 틸리히는 이 '힘'을 특히 존재 자체Being-Itself, 혹은 존재의 바탕Ground of Being이라고 했다. 그리고 비슷하게 화이트헤드는 창조성Creativity이라 했다. 화이트헤드는 이를 또한 '실체적 움직임Subsiantial Activity'이라고도 했다.[101] 두 사상가가 모

---

100) Paul Tillich, 『Systematic Theology』 Vol. I, 250-251쪽.
101) 화이트헤드는 『과학과 현대 세계』에서는 'Substantial Activity'라 했고, 『과

두 어떤 불확정한 힘—창조성 혹은 존재 그 자체—에서 출발하고 있다는 점에서는 같다. 그러나 틸리히는 전통적인 이분법, 즉 '창조되지 않은 창조주Uncreated Creator'와 '창조된 피조물Created Creatures'을 엄연히 구별하고 있다. 그리고 존재 자체를 창조주와 일치시키고 있다. 그러나 화이트헤드는 창조주란 창조성의 모든 예 가운데 대표되는 예Chief Example에 불과하며, 창조주도 사실체이기 때문에 창조성과는 구분하여 놓는다. 이 점이 둘 사이의 차이점이라 할 수 있다.

틸리히는 '힘'이 삼위일체의 제1원리임에도 불구하고 제2원리인 '의미' 없이는 혼란에 빠진다고 했다. 이럴 경우엔 그것이 창조의 근저가 될 수 없다고 했다.[102] 여기서 의미 혹은 로고스가 제 틀이 잡히면 존재 자체가 하나님이 된다. 이것이 곧 '힘'과 '의미'의 조화인 성육신이요, 아들이다. 그래서 틸리히는 '힘'을 아버지, '의미'를 성령, 그 '조화'를 아들로 본 것 같다.

틸리히의 삼위일체 원리는 하나님의 '온', '한', '낱'과 매우 흡사하다. '온'은 존재 자체 혹은 창조성으로, 그리고 '낱'은 그 '의미'로, '한'을 그 조화로 볼 때 기본 구조는 같다. '온'은 감싸지 않는 것이 없이 다 감싸고 있는바 존재의 근거가 되며, 이 '온'이 사물의 개개에 의미를 부여하여 나타날 때를 '낱'이라 할 때, '온'과 '낱'은 성부와 성령으로 '한'인 아들에게서 조화를 이룬다. 틸리히의 이분법인 창조주와 창조물의 구분을 피하고 화이트헤드의 창조성과 하나님과의 관계에 연결시킬 때, 『삼일신고』의 삼일 논리는 매우 합당성을 갖게 된다.

정과 실재』에서는 이를 'Creativity'론 바꾸었다.
102) P. Tillich, 250-1쪽.

결국 틸리히도 존재 자체를 실체화시켜 그것이 흔들리면 다른 것은 따라 흔들린다고 생각했기 때문에 전통적인 사고 방식에서 과히 멀리 서 있는 신학자는 아니다. '많음'이 '하나'가 되고 '하나'가 '많음'이 되기 때문에 '온', '한', '낱'은 선후先後나 시종始終, 그리고 우열優劣에 있어서 같다. 어느 것이 먼저이고 나중이라 말할 수 없으며, 삼자 사이는 서로 비시원적이다. 윤성범이 비록 역사적으로 기독교 삼위일체와 『삼일신고』와의 관계를 주장하고 있음에도 불구하고, 그 사상의 배경을 이루고 있는 철학적 배경에서 볼 때 양자는 큰 차이가 있는 것이다. 『신리대전』이나 『회삼경』의 삼위일체 논리의 풀이에서 보는 바와 같이, 우리 전통 사상은 철저하게 '무선후', '무시종', '무상하'에 일관하고 있으며, 이는 곧 〈한〉의 꼴이며, 이러한 꼴에서 '형상이 없는 형상', '말이 없는 말', '함이 없는 함'의 짓이 생긴다고 보고 있다. 그래서 우리는 틸리히와 대화의 처음은 시작할 수 있어도 결론은 같이 내릴 수 없음을 발견하게 된다.

生天 主兄數世界 造甡甡物(생천 주무수세계 조신신물)

纖塵兄漏 昭昭甡甡 不敢名量(섬진무루 소소영영 불감명량)

"한울 이치(天, 天理)를 내生시며 셈 없는無數 누리를 차지主하시고, 많고 많은 물건物을 만드셨으니, 티끌만큼도 빠진漏 것이 없으며, 밝고昭昭도 신령靈靈하여 감히 이름 하나 헤아릴 수 없다."(안호상 역)

"한얼님은 한울을 주관하시고 만물을 창조하시되 티끌 만큼도 빠뜨림이 없고 밝고도 신령하시어 감히 이름 지어 헤아릴 수가

없느니라."(『배달 철학 원론』 역)

　하나님의 3대 기능, 낳고生, 세계를 주관하시고主, 지으시는造기능
이 잘 표현되어 있으며, 하나님이 상대하는 대상은 하늘天과 세계世
界와 물物이다. 하늘을 낳고生天, 세계를 다스리고主世界, 물을 짓는
造物 것은 하나님의 큰 덕, 큰 지혜, 큰 힘에 의해 각각 성취된다. '낳
고', '다스리고', '짓는' 3대 기능은 결국 하나님의 초월적인 면이다.
이는 하나님의 '태어남의 본성' 속에서 이루어진다. 하나님은 하늘
안에 포함되면서 그것을 낳는다. 즉 하늘을 초월한다. 그리고 하늘
안에 있는 사물을 지으신다. 조물造物하시는 하나님은 곧 세계를 주
관하는主世界 주님이시다. 엘로힘인 동시에 야훼이다. 하나님인 동시
에 주 하나님이다. 초월자인 동시에 인격적이다. "티끌만큼도 빠지
심이 없다"고 함은 하나님의 무소부재無所不在, 없는 데가 없다不在
고 한 「천훈」과 일치한다.

　'온' 누리 속에 '낱낱'이 하나도 빠짐없이 포함되면서 그 낱낱 하나
가 온 속에 전혀 소멸당함이 없다 함이 곧 '밝고도 신령하다' 함의
의미이다. 다이아몬드의 모든 부분이 불빛을 받을 때 모두 제 빛을
발하는 경우와 같다. 일반 세계에서는 큰 것은 잘 보이고 작은 것은
큰 것에 가려져 보이지 않는다. 그러나 주 하나님의 세계에서는 '온'
이 '낱'이요, '낱'이 '온'이기 때문에 크고 작은 차이 없이 모두가 제
모습을 드러낸다. '온'과 '낱'이 평행선을 이루는 것이 아니고, 서로
서로 휘어지면서 만나 속으로 들어가 드디어 속과 겉이 없어져 버리
는 것이다. 그렇기 때문에 무엇이나 감싸지 않는 것이 없게無不容된
다. 이러한 존재를 감히 이름 지을 수 없는 것은 당연하다. 이름이란

처음과 끝이 있고, 아래 위가 있고, 겉과 속이 있을 때에만 그 질서에 따라 붙일 수 있는 것이다. 그러나 비시원적인 세계에서는 이런 질서가 없다.

聲氣願禱 絶親見 自性求子 降在爾腦(성기원도 절친견 자성구자 강재이뇌)

> "소리·김(聲·氣)으로 원하여 빌면 친히 보임을 끊으시나니絶, 성품으로부터 씨子에서 찾으라(自性求子). 너의 머리골에 내려 계시나니라."(안호상 번역)[103]
>
> "겉마음과 헛소리로 원해 빌면 친히 나타내 보이지 않으시니라. 저마다의 본성에서 한얼 씨를 찾아 보라. 너희 머리 속에 내려와 계시느니라."[104]
>
> "성과 기를(신의) 원도하면 절대로 친견하니 진성으로부터 그 아들子을 구하라. 너의 뇌 중에 잠재하신다"[105]

여기서 세 번역 사이에 차이가 있으니, 처음 안호상의 「배달 철학 원론」 역은 절絶을 '끊으신다'의 부정적 의미로 번역했고, 송호수 번역은 '절대로' 혹은 '간절히'라는 긍정적 의미로 파악했다. 송호수는 고왕의 찬, 임아상의 주를 예로 들며 긍정적으로 번역함이 옳다고 주장하고 있다. 즉, 고왕의 찬(CE 714년)에 보면 "성기를 이절爾絶하

---

103) 안호상, 173쪽.
104) 『배달 철학 원론』, 23쪽.(『배달 철학 원론』 역).
105) 송호수, 89쪽.(송호수 역).

지 아니해야 진부를 친견할 수 있다"고 했고, 임아상의 주는 "일신一神의 성기를 듣고자 기도하라. 그러면 절대로 친견할 수 있나니"에서 모두 절친견絶親見을 긍정적으로 번역하고 있기 때문이라고 했다.[106]

　언어에는 역설적인 면이 있어서 한 말이 정반대의 의미로 쓰일 때가 허다하다. 예를 들어, 離(이)는 '떠난다'는 뜻과 '만난다'는 뜻을 동시에 의미하며, 영어의 'Leave'는 '떠난다'는 뜻과 '남긴다'는 뜻을 같이 포함하고 있다. 이와 마찬가지로 絶絶 자도 '끊는다'는 의미와 '간절히'라는 부정과 긍정의 의미를 다 가질 수 있다. 이상하게도 긍정으로 풀이해도 부정으로 풀이해도 그 의미에는 별 차이가 없다. 여기서 간절히 기도해 구한다 함은 신약성서 예수의 말씀 가운데 "문을 두드리라, 열릴 것이고, 구하라, 찾을 것이다."는 구절과 같으며, 그때 자기의 마음속에서 아들을 구할 것이라 함은 마치 기독교 신약성서를 그대로 읽는 것 같은 착각을 하게 된다. 아들과 우리 마음속에 있는 성령은 완전히 하나이다. 우리의 머리 속(혹은 머리골)에 내려와 계신다 함은 신의 내재성을 강력하게 시사한다. 생천, 주세계, 조물하신 초월자가 이제는 인간의 뇌골 속까지 내려와 내재화되어 있다. 초월자가 아버지라면 내재자는 그 아들子이며, 뇌골 속에서 아버지를 찾는 것이 아니라 아들을 찾으라 함은 바로 아버지와 아들과 우리의 뇌골 속이 모두 하나이기 때문이다. 아들을 간절히 친해 보려 할 때에 곧 아버지를 만나게 되는 것이다. 삼위일체를 이만큼 구체적인 표현으로, 그리고 추상적이 아닌 생리적인 말을 빌어 나타내기란 쉽지 않다.

　전통 삼위일체 신관은 시원적인 사고 방식에 근거하여, 변하는

---

106) 위의 책, 90-91쪽.

세계에서 변하지 않는 하나님을 분리시킴으로써 하나님을 완전히 정체된 분으로 만들고 말았다. 그러나 하나님은 끊임없이 신기성 Novelty을 가지고 이 세계를 탐하고Appetition 있는 분이시다. 거기서 즐거움Enjoyment을 얻는다. 이 '탐하고' '즐거워하심'은 하나님 안에 두 개의 극, 즉 '몸의 극'과 '마음의 극'이 있기 때문이다.[107] '몸의 극'이 있기 때문에 몸을 가진 우리의 뇌리 속에 내려와 있을 수 있다. 그리고 이 '몸의 극'이 있기 때문에 아들은 아버지에게 세상에 내려 가려고 간청하고 세상을 탐하고 이 세상의 연인과 결혼까지 하려 했던 것이다. 하나님은 이 '몸의 극'을 통해 세상을 탐하고 세상과 마주 서 있는 칭을 만들어 자기의 경험 속에 세상의 것으로 채워 나가신다. 이를 화이트헤드는 하나님의 영구성Everlasting이라 했다. 하나님의 영구성은 이 세상이 없으면 도저히 이룩될 수 없는 것이다. 이 세상의 일을 계속 신기하게 여기시고 탐하시고, 탐하시다가 그것이 질병, 전쟁, 죽음이면 함께 슬퍼하고 고통받고, 그것이 건강, 평화, 삶이면 함께 기뻐하신다. 그래서 화이트헤드는 하나님이 세계를 만드는 동시에 세계도 하나님을 만든다고 했다. 몸의 극을 통해 경험된 이 세계의 사례들은 하나님의 영구성 속에 죽지 않고 기억된다. 이를 객관적 불멸성Objective Immortality이라 한다.

'마음의 극'이 하나님의 '온'의 면으로 기울어지려 하고, '몸의 극'은 '낱'의 면으로 기울어지려 한다. 그러나 양면은 서로 갈라지지 않고 각자가 개체별로 모두 '온' 속의 '온All in All'이 된다. 그래서 하나님은 태어남의 본성으로 볼 때에는 '온'이고, 세상을 따르는 과정에서 볼 때에는 '낱'이다. 그러나 반대로 세상은 태어남에 있어서는

---

107) Donald W. Sherbume, 『*A key to Whitehead's Process and Reality*』, 184-186쪽.

'낱'이지만, 따르는 과정 속에서 '온'이 된다. 세상과 하나님은 이와 같이 '온'에서 '낱'으로, '낱'에서 '온'으로 움직여 만물을 지으시되, 티끌만큼도 빠트리심이 없게 되며, 어디나 비추지 않는 것이 없다. '온'과 '낱'의 이러한 생성 변화 과정이 『천부경』에서는 숫자적으로 묘사되어 있고, 『삼일신고』에서는 '있지 않는 데가 없고 감싸지 않는 것이 없다'로 표현되어 있다.

하나님은 신기성을 탐하여 세상과 함께 자라가며, 이름할 수 없는 완전한 기쁨Enjoyment of Perfection을 경험하시게 된다. 그런 즉, 하나님의 완전은 혼자 있음의 완전이 아니라, 세상과 더불어 있는 완전이다. 여기 최동의 「천훈, 신훈」의 영문 번역을 소개한다.

Behold the heaven which has no shape and has neither the low a high margins nor any corners. But the blue and haze span above you is no real heaven and the real heaven is within your self-being, Oh, praised be He the God of Trinity, the almighty in most high above who hath virtue, wisdom and power of infinity, the Creator, of Heaven and Earth are all Living Creatures and He is omnipresent and invisible, get respond to your prayer and descend upon your soul. (『조선 민족 상고사』, 174쪽)[108]

결론적으로 『삼일신고』 「신훈」에 나타난 신관을 핫츠혼의 규범에 의해 다시 종합해 보면,

---

108) 윤성범, 213쪽.

하나님은 영원하다(E)

시간적이다(T)

자기 의식적이다(C)

세상을 알고 계신다(K)

세상을 포함하고 계신다(W)

와 같아 범재신론Panentheism이라고 구태여 정의할 수 있으리라고
본다.

④「**천궁훈**天宮訓」

天 檀國 有天宮(천 신국 유천궁) : "하늘은 하나님의 나라이니 그 가
운데 하늘 집이 있다"

함은 「천훈」이나 「신훈」에서보다 훨씬 구체적인 표현이다. 발해
문적원감文籍院監인 임아상任雅相은 "하늘 집은 유독 하늘 위에만 있
는 것이 아니라 지상에도 있으니 즉 태백산 남북종南北宗이 신국이
며, 그 산 위의 하나님이 강림한 곳이 천궁인데, 사람에게도 역시 같
은 천궁이 있으니 몸이 곧 신국이요, 머리 속이 곧 천궁이다. 이 세
천궁이 즉 하나이다."라고 했다. 하늘 천궁과 땅 위의 천궁과 사람
속의 천궁이 합하여 셋이며 또한 하나의 천궁이라 했다. 이는 삼위
일체의 논리를 하늘나라에 적용한 것이다. 〈한〉사상에서 쓰는 말
로 바꾸면, '온 나라', '한 나라', '낱 나라'라 할 수 있다. 이 셋은 시·
공간적으로 동시 적이다. 유정기는 『천부경』의 '天一一, 地一二, 人
一三' 견주어 "천궁은 一인데 천의 천궁에 신은 제一로 계시고, 지의

천궁에 신은 제二로 내리시고, 인의 천궁에 신은 제三으로 된다"[109]
고 풀이하고 있다. 천·지·인을 서수적으로 풀이하면 순서의 우열
이 생길 우려가 있다. 그러나 『천부경』의 '一始無 一終無'는 서수적
순서를 초월한다. 그렇기 때문에 세 천궁은 결국 모두 같다. 화이트
헤드는 하나님이 특히 이 세상 속에 내려 앉으심을 '함께 함의 본성
Superjective Nature'이라 했다.

偕萬善 門萬德(계만선 문만덕) : "온갖 착함으로 층계돌을 하고 온
갖 덕으로써 문을 삼는다."

창조성은 가치중립적이라 했다. 거기에는 선·악, 덕·부덕이 없
다. 그래서 '근저' 혹은 '힘'이라고 했다. 층계돌偕이란 밑에서 하나
하나 낱낱이 쌓아 위에까지 이르러 하나로 됨이니, 온갖 선이 층계
돌까지 쌓인다 함은 하나와 전체의 유기체성과 낱낱의 가치Value
의 차이를 동시에 말하게 된다. 층계는 어느 한 층만 빠져도 전체
가 허물어진다. '낱'의 가치가 '온'의 가치를 좌우한다. 그러나 위에
있는 것, 가운데 있는 것, 처음 있는 것 등의 차이가 있다. 이러한
차이는 과연 어떻게 결정되는가? 토마스 아퀴나스의 신학처럼 하
나님, 사람, 천사, 동물의 본질로 층위가 결정되는가? 〈한〉사상은
근본적으로 비시원적이기 때문에 사물에 이러한 차이가 있음을 부
정한다. 사물은 모두 사실체이다. 하나님도 사실체에 포함된다. 그
렇기 때문에 가치에 우열이 있을 수가 없다.
'이러한 층위Gradation'를 정하는 것은 오직 하나님이 하는 일인데,

---

109) 유정기, 369쪽.

그것은 그에게 있는 '힘' 때문이 아니고 오직 하나님에게 있는 초발심 때문이다. 이 초발심은 선이 변하여 덕이 되는 문門이 된다. 선은 아직 구체화되지 않은 덕이다. 선이 문을 나와 덕이 된다. 천궁의 층계에 달려 있는 문을 나올 때 덕이 된다. 천궁은 선의 층계로 되어 있고, 그 꼭대기에 하나님이 있고 문이 있어 선이 덕으로 된다. 창조성은 힘 자체이다. 그리고 이것은 혼돈이요, 타는 불Burning Fire과 같다. 여기서 하나님이 초발심으로 층계를 결정하고 문을 만들어 줄 때, 혼돈이 변하여 질서가 생기고 가치가 이루어진다. 층계는 크게 다음의 네 단계로 나눠질 수가 있다.

첫째 단계 : 무한한 가능성으로 가득 차 사실성이 전혀 없는 태어남의 본성의 단계.
둘째 단계 : 가능성이 사실화되어 가기는 하나, 아직 '낱'들이 '온'에 이르지 못한 단계.
셋째 단계 : 완전히 가능성이 사실화된 상태로, '낱'이 '온'으로 다 된 상태, 즉 따르는 본성의 상태.
넷째 단계 : 사실화된 '온'이 다시 시간적인 세계 속에 '낱'으로 나타나 '한'이 된 상태인데, 이를 특히 '함께 함의 본성Superjective Nature'라 한다.

『규원사화』의 「조판기」는 이 단계를 정확하게 설명하고 있다.[110]
첫째 단계는 환인이 혼돈 속에서 "세상을 다스릴 헤아릴 수 없는 지혜와 능력을 가지고 있었으나, 그 형체를 나타내지 않고 가장 높

---

110) 「규원사화」, 18-21쪽.

은 하늘에 자리 잡고 있을 때"이다. 이는 '태어남의 본성' 단계이다. 세계와 독립하여 많은 가능성으로, 즉 사물들의 본원적 인因으로 있을 때이다. 핫츠혼의 영원학ⓔ과 자의식ⓒ만 가지고 있는 단계이다.

둘째 단계는 "천지에 쌓인 기운이 흩어져 만물이 되게 하고 신령스럽고 빼어난 성질과 곧고 맑은 기운을 모으고 받기는 했으나 나타나지 않은…", 즉 낱낱의 기운과 성질을 모아서 만물과 인간을 만들려 하는 상태의 단계이다.

셋째 단계는 "환웅 천황이 수많은 소신들과 더불어 하계하여 산과 개천과 바다와 구름과 벌판과 마을의 일들을 다스리는", 즉 하나님의 '따르는 본성'의 상태이다.

넷째 단계는 "이제 사람과 그 밖의 만물을 다 만들었으니 너무 아끼지 말고 무리를 이끌고 인간 세상으로 내려와 하늘을 이어 가르침을 세우고…" 다시 "이어 천부인 세 개를 주며 말하기를 '이것을 가지고 가서 천하를 펴라' 했다." 이는 '함께 함의 본성'의 단계이다.

이상의 매우 신화적인 표현 속에서 그 내용을 살펴보면, 하나님이 나타나는 이 세상과의 관계가 정치하게 단계적으로 설명되고 있다. 이 단계 없이는 질서가 있을 수 없고, 가치와 생명도 있을 수 없다. 「천궁훈」 안의 다음 구절들은 이 네 단계에 대한 설명이다.

一禮攸居(일신유거) : "한 신이 계신 집이다."

『삼일신고』의 하나님은 유일신唯一神이다. 전통 신관의 종류로 유일신, 단일신, 범신론의 세 종류를 대표로 꼽을 수 있다. 유대교, 기독교, 이슬람교는 유일신론이요, 대개의 동양 종교는 범신론이다.

한국의 신관을 보통 단일신관Henotheism이라 한다. 단일신관이란 위에 주신이 되는 하나의 신이 있고, 그 밑에 다른 작은 신을 거느리고 있는 신관이다. 보통 단일신관에는 주신의 이름이 뚜렷하고 다른 소신들의 이름도 뚜렷하여, 소신들 간의 싸움, 갈등 같은 것이 선명하게 기록되어 있다. 그러나 『규원사화』나 『삼국유사』에 나타난 신관은 이러한 단일신관의 성격이 뚜렷하지 못하다. 풍백, 운사, 우사, 삼천 무리, 군령제철 등은 그 이름들이 우주 자연이나 이 세상 안의 영웅, 통치자들의 이름이다. 그런 즉, 단일신관이라고 이름을 붙인 것은 적절하지 못하고, 다른 이름이 필요하다고 본다. '범재신관 Panentheism'이 이에 해당한다.

羣靈 諸護侍 大吉祥 大光明處(군령제호시 대길상 대광명처) : "뭇 신령과 제 철인들이 모시고 있어 지극히 복되고 가장 빛나는 곳이라."

여기에 뭇 영들과 뭇 철인들에 대하여는 구체적인 설명이 없다. 히브리인의 야훼도 초기에는 다분히 단일신론적이었다. 유일신 야훼가 그 밑에 다스리는 뭇 신들을 가지고 있었다. 단일신론은 유일신론이 되기 전의 첫 단계이다. 중세기 신학이 많은 천사들의 존재를 인정한 바와 같이, 군령제철을 다신론적으로 규정하는 것은 속단적이라 본다. 차라리 온갖 착한 자들萬善, 온갖 덕을 갖춘 자들萬德이 층위적으로 최상위의 하나님과 함께 그 지위에 맞게 있음을 뜻한다고 본다. 한국의 하나님이 계신 곳은 언제나 해같이 밝은 환한 곳이다. 이는 『천부경』에서 본태양本太陽으로 묘사되어 있는 바와 같이 밝음明이 항상 최상의 자리와 함께 있다. 이는 최남선이 주장하는「붉」사상과 관계있음을 뜻한다.

惟 性通功完者 朝 永得快樂(유 성통공완자 조 영득쾌락) : "오직 참된 본성을 통달하고 모든 공적을 다 닦은 이라야 나아가 길이 복락을 얻을지니라."

'참된 본성을 통달하고 공을 완성한다' 함은 천궁 안의 만선의 층계를 다 오름을 뜻한다. 층계의 마지막 밑에는 창조성의 혼돈이 있고, 선도 악도 혼돈 속에 있다. 여기서 출발 층계의 단계를 밟아 오른다 함은 자기 속의 성을 통달해야 하고, 밖으로는 공을 다 이루어야 함을 말한다. 성을 통달함은 내적인 경험을 통해 과거를 현재 속에 빠짐없이 축적해 나감이다. 이러한 내면적인 축적을 주관적 불멸성Subjective Immortality이라 하고, 바깥으로 공을 쌓아 나가 축적함을 객관적 불멸성Objective Immortality이라 한다. 천궁이라 혹은 심판이라 함은 이 두 불멸성이 하나님의 기억 속에 남겨짐을 뜻한다. 자기의 성을 통한 정도에 따라, 자기가 공을 쌓음의 정도에 따라 천국이 결정된다. 그런 즉, 천국이 현재적 직접성Presentational Immediacy이다. '지금 여기Here and Now' 속에 천궁이 있으며, 그리고 현재적 직접성 속에서 영원한 현재Eternal now가 된다.

천궁의 현재적 직접성은 자기의 성을 통하는 것性通과 밖으로 향해 공을 쌓는 것功完이 합치될 때에만 이룩된다. 기독교 역사를 보면, 성통과 공완이 서로 분리되어 갈등을 빚어온 것을 발견할 수 있다. 가톨릭 교회는 밖으로 행위를 통한 공을 쌓는 것만 강조했고,

개신교는 그 반대로 내면의 믿음만 강조하여 주관적인 경향으로 흘렀던 것이다. 공완이 밖으로 남을 사랑하는 것이라면, 성통은 안으로 믿음을 기르는 것이다. 전자가 사회 구원 쪽이라면, 후자는 개인 구원 쪽이다. 한국 교회는 후자에 치중함으로써 그 균형을 잃어버리고 말았다. 극재사의 말대로 『삼일신고』를 3만 번 읽어 이런 불균형적 신앙에서 탈피하여 성통 공완할 때이다.

⑤ 「세계훈世界訓」

『삼일신고』 다섯 편을 신의 본성 별로 구분해 본다면, 「천훈」은 '창조성'에 관하여, 「신훈」과 「천궁훈」은 '태어남의 본성'에 관하여, 그리고 「세계훈」과 「진리훈」은 '따르는 본성'에 관하여 다룬 것으로 생각할 수 있다. 「세계훈」은 하나님이 자기의 '따르는 본성'에 따라 어떻게 우주와 세계를 지었는가에 대한 기록이고, 「진리훈」은 하나님이 어떻게 인간의 본성을 결정했는가에 대한 기록이다. 「세계훈」 안에서는 하나님과 세계와의 관계가 매우 구체적이다. 「신훈」 「천궁훈」에서 하나님이 지으셨다造物는 말이 있어도 어떻게 지으셨다는 얘기가 없는데, 「세계훈」에는 지으신 것에 대한 매우 구체적인 표현들이 들어 있다.

爾觀森列星辰 數兄盡(이관삼렬성진 수무진) : "너희는 듬뿍 널린 저 별들을 바라보라, 그 셈이 다함이 없으며."

하나님이 세계를 짓기 전에 이미 우주에는 별들이 듬뿍 널려 퍼져 있었다. 여기서 무에서 유를 창조했다는 창조는 성립되지 않는다.

구약성서에도 하나님의 세계를 짓기 전에 하나님의 신이 지면에 운행하고 있었다고 했다. 무에서 유를 창조했다는 설은 제사 문서(창세기 1장), 야훼 문서(창세기 2장), 제2 이사야, 욥기, 시편 어디에서도 찾아 볼 수 없다. 무에서 유를 창조했다는 기록이 처음 나오는 곳은 마카비 2서 7:28[111]이다. 놀라운 사실이다. 구약, 그것도 외경外經 속하는 마카비서에 나오는 구절을 가지고 기독교 전체 교리를 결정하는 부분이 정해졌으니 말이다.[112] 마카비에서 나오는 한 구절로 '무로부터Ex Nihilo'의 단서로 삼은 근본 목적은 하나님의 전지전능과 선하심, 그리고 상대적으로 인간의 타락을 강조하기 위한 것 이상도 이하도 아니다.[113]

> 大小, 明暗, 苦樂, 不同(대소, 명암, 고락, 부동) : "크고 작음, 밝고 어두움, 괴롭고 즐거움이 같지 않다."

수없이 듬뿍 늘어서 있는 별들 속에서 새로운 세계라는 질서를 만들 때에는 반드시 대칭이 있어야 한다. 대칭은 조화의 필수 조건이다. 음·양이 가라앉고 떠오르는 작용을 하는 과정 속에서 생성이 이루어진다. 크고 작음은 모양, 밝고 어두움은 양과 음 같은 사물의 성질, 그리고 괴롭고 즐거움은 감정, 즉 느낌의 대칭이다. 『규원사화』에는 음·양이 갈라지지 않고 홍몽한 채 오래되어 귀신도 매

---

111) "하나님께서 무엇인가를 가지고 이 모든 것을 만들었다고 생각하지 말아라."
112) Lewis S. Ford, 『The Lure of God』, 21쪽.
113) 위의 책, 22쪽.

우 슬퍼하고 있었다.[114]고 했다. 모양이 크고 작게, 성질이 밝고 어두움으로 갈라져 같지 않을 때 비로소 생성 조화는 시작된다. 하나님 자신이 조화의 초발심을 갖게 되는 것도 몸과 마음의 대칭 극을 가지고 있기 때문이다. 이 두 극이 같지 않음不同에서 세계가 지어지기 시작한다.

구약성서 창세기는 "땅은 아직 모양을 갖추지 않고 아무것도 생기지 않았는데, 어둠이 깊은 물 위에 뒤덮여 있었고, 그 물 위에 하느님의 기운이 휘돌고 있었다."(창세기 1 :2)고 했다.

여기서 하나님께서 "빛이 생겨라." 하시자 빛이 생겨났다. '하나님께서 빛과 어둠을 나누시고'(창세기 1:3), 즉 밝음과 어둠을 처음 나누시었다. 음 · 양이 대칭됨은 조화 생성의 첫째 조건이다. 그래서 『삼일신고』는 크고 작음, 밝고 어두움, 나아가 감정의 기쁘고 슬픈 것 까지를 선결 조건으로 내놓았던 것이다. 이러한 대칭(二)을 『천부경』에서는 '天二三, 地二三, 人二三'이라고 했다. 이 '큰 삼大三이 합하여 六을 낳고 七, 八, 九로 돌아 三, 四를 이루어 다섯으로 돌아오는' 생성을 하게 되는 것이다. 그런 즉, 天二, 地二, 人二는 각각 「세계훈」속의 대소, 명암, 고락의 대칭을 두고 하는 말이다.

一種造羣世界 種勒日世界 使者 舝七百世界(일신조군세계 신 칙일 세계 사자 할칠백세계) : "한 하나님께서 모든 누리를 지으시고 그 가운데 해누리를 맡은 사자를 시켜 칠백 누리를 거느리게 하시니."

여기서 세계라 함은 시간(세)과 공간(계)의 합칭이다. 여기서 칠백

---

114) 『규원사화』, 18쪽.

세계란 시·공 종합의 우주를 말한다. 칠백의 특별한 의미는 없다고 본다. 추측컨대 七은 성수成數의 으뜸이 되는 양수이며 천의 수이다. 북두칠성에 각별한 신성의 의미를 부여하는 것과 무관하다고 할 수는 없을 것이다. 여기서 해누리를 맡은 사자에게 시켰다 함은 우리의 먼 조상들이 태양을 숭배한 사람들임을 암시한다. 『천부경』에서 天二(대소), 地二(명암), 人二(고락)다음에 '天三'이 나오듯이, 「세계훈」에 '一神'이 나옴은 '大三'과 '一神'이 동격임을 의미한다. '天三' 다음에 생성의 과정이 나오듯이, 「세계훈」은 곧바로 세계 창조의 과정을 쓰고 있다.

爾地自大 一丸世界 中火震盪 海幻陸遷 内省現象(이지자대 일환 세계 중화진탕 해환육천 내성현상) : "너희 땅이 스스로 큰 듯이 보이나 작은 한 알의 누리니라. 속 불이 울려 퍼져 바다로 변하고 육지가 되어 마침내 모든 현상을 이루었느니라."

시·공 종합으로서의 세계를 순수한 우리말로 표현하면 '누리'이다. 온 누리라 함은 온 세계를 의미하며, 넓은 공간도 기나긴 시간도 동시에 의미한다. 온 누리는 큰 것 같지만, 작은 한 개의 알과 같다. 우리가 사는 지구를 하나의 작은 알一丸이라 표현함은 아마도 가장 오래 된 문서 속의 가장 현대적인 우주관에 가까운 표현이리라. 구약성서만 하더라도 세계를 평평하게 보지 않았던가? 그리고 구약성서는 땅 밑이 물로 되어 있다고 했다. 게다가 지구 전체가 물로 쌓여 있다고 믿었다. 노아 홍수 때에는 하늘에서 궁창이 열려 물이 쏟아지고, 땅이 터져 밑에서 물이 올라오기도 했었다. 그러나 『삼일신고』는 "속불이 울려 퍼져 바다로 변하고 육지가 되어 모든 형상을 이루었다"고 함으로써, 지구 내부가 불로 가득 차 있다는 현대적 학설에 더 근접한다. 창세기에는 하나님이 "물 한가운데 창공이 생겨 물과 물 사이가 갈라져라."(창세기 1:6), 또 "하늘 아래 있는 물이 한곳으로 모여 마른 땅이 드러나거라." 하시자 그대로 되었다(창세기 1:9)고 했다. 이에 대해『삼일신고』는 속에 용암(불)이 터져 바다가 변해 육지가 되었다고 함으로써 훨씬 더 과학적인 표현을 빌어 쓰고 있다. 이는『천부경』안의 생성 과정이며, "만 번 가고 만 번 와서 쓰고 써도 다 함께 변화가 없다."는 말과 같다. 바다와 육지가 변해 뒤집어지는 데에서 비로소 상象이 생겨났다. 다음은 이 상들에 대한 더 구체적인 표현이다.

檀呵氣包底 煦日色熱 行翥化游裁 物 繁殖(신가기포저 후일색열 행저화유재 물 번식) : "하나님이 김을 불어 밑까지 싸시고 햇빛과 열을 쬐시어, 다니고, 날고, 탈바꿈하고, 헤엄질치고, 심은 온갖 동식물들이 불어났느니라."

창세기에는 하나님이 유독 인간을 만들 때에만 김을 불어 넣으셨는데,「삼일신고」는 온 누리의 온 밑까지 모두 김을 불어 넣으셨다고 했다. 이 차이는 매우 중요하다. 사람만이 하나님의 숨김에 의해 만들어졌다고 함으로써 인간이 계속 특권을 행사하고, 그러다 보니 지금 기독교 서방 세계는 자연 파괴, 환경오염, 식량난의 심각한 생태학적 위기에 처하게 되었다. 그 반면에 동양의 종교들은 모든 산천과 생물을 신격화함으로써 자연 정복을 하지 못해 후진성을 면하지 못하고 있다. 이는 과학의 문제가 아니고 신관의 문제이다. 헤브라이즘—기독교는 인격신관을 강조하여 인간중심적 사고 방식이 발전했고, 동양에서는 자연신관을 강조하여 자연 중심적 사고 방식이 전해 내려왔다.

여기에 양자는 모두 극단의 위기를 초래하고 있다. 이에 대해「삼일신고」에 나타난 하나님은 한 분이시고 인격신적이면서도 자기의 숨김을 모든 누리 속에 불어 넣으셨다고 함으로써 자연신적이다. 하나님은 자연을 지으면서도 자연 속에 내재해 계신 분이다. 만약 기독교의 야훼 하나님이 자기의 숨김을 만물 속에 불어 넣으셨다는 구절이 창세기에 한 번만 있었더라면, 인류 역사는 근본적으로 달라졌을 것이다. 하나님의 숨김이 온 누리 속에 밑바닥까지 퍼져 있다고 해서 하나님의 인격성은 조금도 흔들리지 않는다. 인도 사람이나 중국 사람들이 엄두도 못 낼 신관이 아닌가 한다. 우리는 하나님의 이러한 인격신적 성격과 자연신적 성격을 종합하여 양극성적 유신론, 혹은 범재신론으로 정의한 바 있다.

햇볕을 쬐어 기어다니고(行), 날고(翥), 탈바꿈하고(化), 헤엄질치는(游), 그리고 심는(裁)나무를 만드셨다 함은 매우 과학적인 표현이다. 지어지는 순서는 창세기와는 반대이다. 창세기는 나무, 물고기, 곤충, 짐승의 순서이다. 그러나 창세기도 "하늘 창공에서 땅을 환히 비추어라."(창세기 1:15) 하심은 햇볕으로 '행저화유재'를 지으시는 것과 같다. 위의「세계훈」의 내용을 일목요연하게 도식화하면 아래와 같다.

1. 數兒盡
   (수무진)
   $\left\{\begin{array}{l}\text{大小(天二)}\\\text{明暗(地二)}\\\text{苦樂(人二)}\end{array}\right\}$에서 世界가

2. 中化震
   (중화진)
   $\left\{\begin{array}{l}\text{海}\\\text{陸}\end{array}\right\}$에서 象이

3. 呵 氣
   (가 기)
   $\left\{\begin{array}{l}\text{行(행)}\\\text{薵(저)}\\\text{化(화)}\\\text{游(유)}\\\text{裁(재)}\end{array}\right\}$에서 物이

⑥ 「**진리훈**眞理訓」

「진리훈」은 지금까지 전개해 온 삼일신론을 인간관에 적용해 본 것이다. 이는 마치 기독교 신학에서 삼위일체 신관을 자연 현상, 문화 현상, 역사 현상, 종교 현상에 적용해 보는 것과 같다. 안셀름(Anselm)은 아버지, 아들, 성령을 샘, 강, 호수에 상호 관계시켰고, 루터는 아버지를 문법에, 아들을 변증법에, 성령을 웅변에 대비시켰고, 어떤 이는 성부, 성자, 성신을 인식, 사고, 명상에 대비시키기도 했다.[115] 어거스틴은 삼위일체를 내적 능력으로서의 마음Mens, 외적 이해로서의 지식Notitia, 양자를 결합하고 그 이해를 완성하는 능력으로서의 사랑Amor을 각각 성부, 성자, 성신에 일치시켰다.

이와 마찬가지 논리로서 「진리훈」은 삼일신의 논리, 즉 셋이 하나요, 하나가 셋이라는 논리로 인간의 성품을 분석하고, 나아가서 선악, 청탁, 후박의 가치를 대비시켜 나간다. 이 「진리훈」은 총 166자로 되어 있어 『삼일신고』의 366자 가운데 가장 많은 분량을 차지하

---

115) 박봉랑, 『기독교 토착화와 단군 신화』, 240쪽.

고 있다. 여기서는 전체 번역을 싣고 약간의 설명을 가해 보려한다.
유정기의 번역에 의하면,

"人間이나 物質이나 모두 다 같이 三眞을 받았으니 그는 性과
命과 情이다. 人間은 그 三者를 全有하였으나 物質은 그 一者
만 偏有했다. 眞性에는 善과 惡이 없으니 上嚞은 性에 通하고
眞命은 淸과 濁이 없으니 中嚞은 命을 知하고 眞情은 厚와 薄
이 없으니 下嚞는 精을 保하나니 이 三眞으로 돌아가면 一神
이 될 것이다.

그런데 오직 중인은 迷地해서 三妄이 着根하니 그는 心과 氣와
身이다. 心은 性에 의하여 善과 惡이 있으니 善은 福하고 惡은
禍하며, 氣는 命에 의하여 淸과 濁이 있으니 淸은 壽하고 濁은
夭하며 身은 精에 의하여 厚와 薄이 있으니 厚는 貴하고 薄은
賤하다.

眞과 妄이 三途로 대립되니 그는 말하면 感과 息과 觸이다. 그
것이 十八境을 轉成하니 感은 喜, 懼, 哀, 怒, 貪, 厭이요, 息은
芬, 爛, 塞, 熱, 震, 濕이며, 觸는 聲, 色, 臭, 聲, 味, 淫, 抵니
라. 중인은 善과 惡, 淸과 濁, 厚와 薄이 서로 교잡하여 외경으
로만 따라서 任走하매 生하고 長하고 衰하고 病해서 歿하는 苦
로 떨어진다. 그러나 哲人은 그의 感을 制止하고 그의 息을 調
整하고 그의 觸는 禁制하여 一意로 化行하니 妄을 버리고 眞으
로 가서 大神機를 발하나니 성에 통하고 공을 완수함이 이것이
다."

라 했다.

세조, 예종, 성종 때에 거둬들이라고 지적된 책 가운데 『대변설大
辯說』은 말 그대로 「삼일신고」를 대변하는 책이다. 그 내용은 삼·일
논법을 인간의 품성에 대비시켜 보는 것으로 다음과 같다.[116]

> 성性은 명命을 떠나서 있지 아니하고, 명은 성을 떠나서 있지
> 아니하며, 정情은 그 가운데 있느니라.

> 심기신心氣身은 삼방三房이니 방은 성화成化의 근원이요, 기는
> 심을 떠나서 있지 아니하고 심은 기를 떠나서 있지 아니하니 身
> 은 그 가운데 있다.

> 감식촉感息觸은 삼문三門이요
> 문은 행도삼법行道三法이니
> 감은 식을 떠나지 않으며
> 식은 감을 떠나지 않으니
> 촉은 그 가운데 있다.
> 성性을 진리의 원관元關이 되며
> 심心은 진신의 현방玄房이 되고
> 감感은 진응의 현문玄門이 된다.
> ·········.

「진리훈」에 나타난 인간관은 자연과 인간, 몸과 자연의 완전한

---

116) 송호수, 124쪽.

조화를 주장한다. 역사를 자연에서 분리시키고, 마음을 몸으로부터 분리시켜 이원론적으로 생각해 온 것은 데카르트 이후 서양 철학에 나타난 전형적인 특징이라 할 수 있다. 화이트헤드는 "경험 Experience이란 하나가 많음 가운데 있는, 그리고 하나가 많음 속에서 생겨나는 스스로의 기쁨(Self-enjoyment of being one among many, and of being one arising out of the composition of many)"(PR, 220)이라고 했다. 몸이 하나라면 마음이 많음으로 나타나고, 몸이 많음이라면 마음이 하나로 나타난다. 그래서 하나가 많음 속Among에 있고, 또 많음 속에서 Out 나타나는 것은 창조의 자기 기쁨이다. 화이트헤드는 많음과 하나, 마음과 몸이 서로 잡아당김을 '느낌Feeling'이라 했다. 느낌에는 '물物의 느낌Physical Feeling'과 '심心의 느낌Conceptual Feeling'이 있다.[117] 그리고 이 둘을 종합한 느낌을 '명제적 느낌Propositional Feeling'이라고 했다.

이 세 느낌의 관계를 삼·일 논법으로 설명한 것이 「진리훈」이다. 즉, "성은 명을 떠나 있지 않고, 명은 성을 떠나 있지 않으며, 정은 그 가운데 있다" 함은 마치 물의 느낌은 심의 느낌을 떠나지 않고, 심의 느낌은 물의 느낌을 떠나지 않으며, 명제적 느낌은 이 둘을 합일한다는 논법과 같다. 어느 하나는 다른 하나에 대해 '하나'와 '많음'의 관계를 유지한다. 이러한 자기-기쁨Self-Enjoyment으로서의 경험은 만물이 모두 같다. 그래서 「진리훈」은 인간과 사물이 성, 명, 정의 삼진을 모두 같이 받았다同受고 했다.

그러면 동물과 인간의 차이는 어떻게 설명하는가? 여기에 대해 화이트헤드는 '하나'와 '많음'의 조화인 사례들Occasions의 배열 순서

---

117) Victor Lowe, 『*Understanding Whitehead*』, 43쪽.

Serial Order의 차이뿐이라고 했다. 이를 「진리훈」은 성, 명, 정이 인간에서는 온전全之하고 사물에서는 치우쳐偏之 있다고 했다. 이는 성, 명, 정의 조화 배열의 차이를 말하는 것으로서 이는 과정 철학적 입장과 같다. 생명이란 인간이나 동물이나 식물이나, 원자, 분자의 배열순서에 의해 결정될 뿐, 단위체들의 생명 가치는 모두 같다는 것이다. 생명은 결국 하나와 많음을 끊임없이 창조적으로 조화시키지 않으면 기쁨도 없고 부지할 수가 없다.

이러한 인간과 사물과의 관계를 극단으로 이분화시킨 사상가 가운데 하이데거와 사르트르의 예를 들어보자. 하이데거는 돌봄Care을 요하는 인간이 돌봄이 없는 이 세계 속에 던져져Thrown 있다고 함으로써, 극단적으로 인간과 다른 사물과의 관계를 소외시켰다. 그러나 「진리훈」에 의하면, 돌봄을 요하는 인간이 돌보아주는 세계(혹은 자연, 사물) 속에Among 있고, 자기도 곧 이 바깥 것을 돌보아 주고 있는 것이다. 사르트르는 그 자체 안에 있는 존재Being In-Itself와 그 자체를 위한 존재Being For-Itself를 분리시킴으로써 인간을 공연히 자연 혹은 세계와 양립화시켰다.[118] 이러한 실존주의의 비극적 외톨이 인간을 다시 자연과 세계에 조화시킨 두 서구 사상가는 화이트헤드와 떼이야르드 샤르댕이다. 이 양자는 모두 인간의 안의 실재와 바깥 실재의 합일성을 강조했던 것이다.

존 캅은 이러한 합일 모델을 생태학적 모델Ecological Model이라 하여 생명의 가치를 새롭게 정립하고 있다. 그는 인간의 생명이란 생태학적 모델에서 볼 때 자연의 한 부분이며, 다만 생명의 사례들

---

118) John B. Cobb, 『*Process Thelogy*』, 18쪽.

이 배열되는 순서에 의해 인·물의 차이가 날 뿐이라고 했다.[119] 이는 『삼일신고』의 진리훈에 나타난 사상과 매우 같으며, 진리훈은 궁극적으로 생태학적 모델에 입각하여 씌어진 글이다. 이러한 생명의 가치를 생태학적 모델의 입장에서 볼 때 윤리, 도덕의 가치 체계도 달라질 수밖에 없다. 성, 명, 정의 삼진이 자기-기쁨의 조화를 찾고 있을 때에는 선으로 나타나지만, 만약 그 균형이 깨어지고 나면, 즉 인간의 자의가 작용할 때에는 삼진이 삼망—심기신—이 된다. 삼진과 삼망의 비례에 따라서 선악, 청탁, 후박의 도덕적 기준이 생겨난다. 그리고 생사마저도 이에 따라 결정된다. 선하고 맑고 두터우면 기쁨과 즐거움이 있고, 그 반대일 경우에는 그렇지 않다. 이것은 후대 노장老莊의 신선 사상으로 발전하는 사상적 기틀이 된다. 철저한 생태학적 모델에서 본 생사관이라 할 수 있다. 『천부경』안의 본본심本本心이 참된 마음이며, 본심대로 살면 행복을, 그렇지 못하면 불행을 초래한다.

다시 삼망은 서로 대對하여 삼도三途—감, 식, 촉—로 나아가 십팔경에 부딪치면, 나고, 자라고, 늙고, 병들고, 죽는 지경에 떨어지고 만다. 여기서 십팔경을 감,식,촉에 배정하면 다음 도표와 같다.

대(對) { 감(感) - 회, 구, 애, 로, 탐, 염.
식(息) - 분, 란, 한, 열, 진, 습.

작(作) { 촉(觸) - 성, 색, 추, 미, 음, 저.

여기서는 『천부경』의 大三을 삼진, 삼망, 삼도라 보고, 大三合六生이 감, 식, 촉 안에 6개씩 나눠질 수 있다고 보는 것이다. 삼도 안에

---

119) Charges Birch & John Cobb, 『The Liberation of Life』, 98f쪽.

서 6개씩 세분됨으로써 유, 불, 선 3교의 사상을 모두 함축하고 있다. 즉 감의 희, 구, 애, 로, 탐, 염은 송·명대에 발전한 신유학의 사단칠정四端七情의 칠정설(희, 노, 애, 락, 애, 오, 구)을 예견케 하며, 식의 분, 란, 한, 열, 진, 습은 도가의 양기養氣론을 예견케 하며, 촉의 성, 색, 추, 미, 음, 저는 불교 특히 유식 불교Yogacara의 전오식前五識을 예견케 한다. 성, 색, 추, 미, 음, 저를 전오식에 비견할 때 삼망의 심心은 마나식Mana에, 그리고 삼진의 성性은 얄리야식Alaya에 비교되는 한 체계를 세우고 있는 것이다. 성, 명, 정의 작은 3이 卽三卽一과 같이 작용을 하여 큰 3을 낳고, 큰 3이 다시 확산하여 큰 3의 하나 하나가 6을 낳으니 모두 18이 된다. 작은 3도 卽一卽三 작용을, 큰 3도 卽一卽三 작용을 함으로써 집일함삼회귀일執一含三會歸一이 되어 모두 18을 낳는다. 이 18속에 유·불·선 3교의 이치가 모두 포함되니, 현묘지도가 이에 있는 것이다.

3. 〈한〉의 꼴

짓Style이 눈에 보이지 않는 이념, 전통 같은 내용적인 것이라면, 꼴은 건축, 옷, 행동 같은, 눈에 보이는 외형적인 것이다. 그러나 안의 생각에 있는 것이 밖으로 표현되는 것인 만큼 짓과 꼴은 밀접한 관계에 있다. 편의상 그렇게 나누어 본 것일 뿐, 양자 사이에는 아무런 구별이 있을 수가 없다.

한의 짓을 위의 장에서 비시원적, 비실체적, 비이원론적인 것으로 정의해 보았다. 지금까지 일본 식민지 사학자들은 이러한 〈한〉사상 속에 나타난 비시원성, 비실체성 등을 아주 열등한 가치로 멸시해 왔다. 예를 들어, 한국 사람을 '엽전'이라, '합바지'라 함으로써 앞뒤가 없는 비과학적인 사람들로 규정하여 무시해 버렸던 것이다. 옛날 엽전이 앞뒤의 구별이 없고, 한복바지가 앞뒤가 없다고 하여 이것이 곧 한국 사람을 상징하는 말로 쓰이게 되었다. 과학적이라 함은 원인과 결과, 즉 처음과 나중의 구별이 뚜렷하고 오른쪽과 왼쪽, 아래와 위의 차이가—분명해야 하는데, 즉 시원적이어야 하는데, 한국 사람들의 사고방식은 그렇지 못하다는 것이다. 그래서 이러한 비과학적인 사고방식 때문에 한국 사람들은 역사에 발전도 가져오지 못하고 정체된 채 내려왔다는, 소위 역사의 정체 이론으로써 일본의 식민지 통치를 합리화시켰던 것이다.

서구적 개념으로 볼 때 〈한〉사상은 비합리적인 것이 사실이다. 아니, 이를 특징으로 삼는 것이 〈한〉철학이다. '한'의 어원 속에 있는 '대강' 或 같은 것이 이를 대변한다. 합리주의라 함은 유클리드 기하학과 뉴턴의 물리학적 입장에서 본 합리성이요, 진보주의라 함은 찰스 다윈의 입장에서 본 진보이다. 그러나 기하학은 유클리드 기하학에서 비非유클리드 기하학으로 발전하고 있고, 물리학은 뉴턴의 물리학에서 아인슈타인의 상대성 이론의 물리학으로 발전하고 있다. 비유클리드 기하학은 종래의 수학 법칙을 뒤엎고 삼각형의 내각의 합이 180도보다 클 수 있고, 평행선은 만나며, 1+1=2가 아닐 수도 있다는, 실로 종래 우리들의 수학적인 관념들을 전면적으로 바꾸어 놓고 있다. 뉴턴 물리학이라 함은 위에서도 말한 바와 같이, 입자─실체설에 근거를 두고 있는 만큼 그 학설이 부정되고, 입자─파동의 장場이론으로 대치되고 있다. 이에 따라 뉴턴 물리학에 근거를 두고 있던 칸트 철학도 그 수정이 불가피하여 새로운 수학과 물리학에 의해 전개된 과정 철학의 등장은 자연스러운 일이라고 할 수 있다.

실체 사상의 과오는 이원론이며, 이원론은 자연과 인간, 몸과 마음의 분열을 가져와, 자연의 파괴와 인격의 파탄이라는 인류 문명 생존에 관계되는 심각한 결과를 초래하고 있다. 여기서 비실체적, 비시원적인 〈한〉사상이 등장해야 될 역사적 필연성이 있는 것이다. 서양에서는 지금 실체Substance라는 말 대신에 과정Process이라는 말이 대치되고 있으며, 수천 년의 한국 역사 속에 삶이 되어 전승된 〈한〉은 '과정'과 그 의미가 상통한다고 본다.

〈한〉의 것은 『천부경』과 『삼일신고』에 그 전모가 밝혀지고 있는 바, "형질이 없고, 처음도 끝도 없고, 상하사방도 없으며, 텅 비었지만 없는 데가 없고, 무엇이나 감싸지 않는 바가 없는" 것과 같다. 이러한 〈한〉의 짓이 꼴로도 나타났으니, 한국의 집 모양, 옷의 구조 등이 이러한 한의 꼴에 대한 구체적인 표현이라는 것이다. 이러한 구체적인 생활 구조 속에서 꼴을 찾기 전에 짓과 꼴 사이를 매개하는 것이 있으니 바로 역易이다.[120] 여기서는 단순히 역을 '대칭'이라는 관점에서만 고찰하려고 한다. 역은 우주와 세계 안의 모든 대칭들을 음(--)·양(—)으로 상징하여 그 조합組合 관계에 의해 우주의 실상을 파악하고 있다. 역이라 함은 보이는, 혹은 보이지 않는 모든 대칭의 구조를 총망라한 것이다. 보이지 않는 사고의 세계에도 대칭 구조가 있는가 하면, 보이는 건축 혹은 의상의 양식 속에도 대칭이 있다. 전자가 짓Style, 후자가 꼴Shape이다. 짓에 이어 꼴에 대하여 논할 차례이다.

1) 역易의 유래

역의 창시자는 보통 태호 복희(BCE 1195~1080 ; 3528~3413)로 알려져 있다. 태호 복희의 성은 풍風인데, 동이의 아홉 겨레 가운데 풍이風夷가 있었다. 태호 복희가 나서 자란 곳은 기주冀州인데 여기는 옛 동이 겨레의 땅이었다.[121] 『맹자』와 『사기』는 순임금이 동이 사람이고 기주에 살았다 하니, 기주는 동이의 근거지였음이 분명하다.

---

120) 필자는 이에 관해서 최근 『역과 탈현대의 논리』(2006), 『대각선 논법과 역』(2012), 『대각선 논법과 조선역』(2013)을 저술하였다.

121) 안호상, 『배달 동이는 동아 문화의 주인공이다』, 155쪽.

태호란 '큰 밝음', 즉 '한밝'을 의미한다. 최남선은 복희라는 이름 자체가 '붉'에서 나왔다고 하며, 복희가 동이인임을 강조했다. 안호상도 '태호太皡'가 대호大皡이므로 태太와 대大는 같은 뜻을 가졌다. 태太와 대大는 우리 배달 말(檀文= 桓文)로서 '한(桓, 韓)'이요, 이 '한'은 하나一, 제일, 첫째, 지주, 하늘 등 20여 가지의 뜻들을 가지고 있고, 한문자로 표기하면 약 40가지가 된다. 태호의 '皡, 皓' 등의 뜻은 밝음(明,鮮)이다. 그러므로 태호太皡는 우리말 '한밝'을 한문자로 빌어 이두문식으로 적은 것이다'라 했다. 이와 같이 태호복희가 전설적인 중국의 황제였다는 설을 뒤엎고 우리 동이와 같은 혈통의 인물로서 밝혀지면, 동북아 역사는 완전히 뒤집혀지고 만다. 왜냐하면 동아의 유교, 도교, 그리고 문자의 시작이 태호 복희로부터 그 원시적인 출발을 하고 있기 때문이다. "복희가 날아가는 물오리의 꼴과 같은 한 산 위에 올라가 그 하수 그림의 이치를 생각한 결과, 하늘의 숫자가 25요, 땅의 숫자가 30으로서 모두 합쳐 55인 것을 깨달았다. 복희가 이제 1획을 그어 기수로서 양(一)을 형성하고, 2획을 그어 우수로서 음(- -)을 형성하였다. 그리고 또 복희는 건 1, 태 2, 이 3, 진 4, 손 5, 감 6, 간 7, 곤 8 등의 8괘를 그었다"(『歷代神仙通鑑』卷一) 이렇게 동양 철학의 정수리라 할 수 있는 역이 창제되었다.

　역의 가장 오래된 모습은 소의 뼈牛骨에 의한 점법에서 찾을 수 있는데, 고대 동이족이 이를 제일 처음 사용했음은 고고학적 유물이나 고문헌에 의하여 증명되고 있다.[122] 유승국의 연구에 의하면, 동이족이 소뼈에 점쳤다는 기록은 중국의 고문헌뿐만 아니라 「위지 동이전」 부여조에 보이듯이, 부여 사람들이 외부족과 전쟁을 해야 할 일

---

122) 『갑골학상사논총』, 「위지동이전」, 『태평어람』.

이 생겼을 때에는 소를 잡아서 하늘에 제사를 드리고, 그 소의 발굽을 보아 길흉을 점쳤으니, 그 발굽이 벌어지면 흉하여 전쟁에 지게되고 합해지면 길하여 전쟁에 승리하는 것으로서, 이는 신이 계시하는 것이라고 여겼던 것이다.

여기서 둘이 합하여 하나가 된다 함은 다름 아닌 음양 사상을 나타내는 것으로서, 음양 상대의 화합론, 즉 태극 이론이 되는 것이다. 따라서 음양 사상과 화합론은 그 원천이 동부족의 것으로 후대에 중국에 영향을 준 것임을 알 수 있다.

이와 같이 음양 상대성과 태극 화합론은 그 원천에 있어서 고대 동이족에서 발원한 것이며, 이것이 한국의 역사 전통을 이루어 놓았을 뿐만 아니라, 중국 및 아시아의 모든 한자 문화권에까지 영향을 주어온 것이라 하겠다.[123]

이상의 결론을 종합해 보면, 지금까지 서쪽 화하계에서 나온 것이라고 알려져 있던 역이 그곳이 아니라 동이에서 나왔으며, 동이가 원시 시대에 사용하던 우골점이 발전하여 태호 복희에게 와서 지금의 형태와 같은 역이 완성되었을 것으로 여겨진다. 또한 복희의 원시 태극설이 주 왕(BCE 1100년경)에 의해 중국 풍토에 전해져 이론화되었을 것으로 본다. 이러한 역 이론이 다시 등장하게 된 것은 주렴계(CE 1017~1073)의 태극도설에 의해서이며, 신유학Neo-Confucianism은 바로 여기서부터 출발하게 되었다. 그러나 헬무트 Wilhelm Hellmut가 지적한 바대로, 주렴계는 태극에서 음양이, 음양에서 오행 만물이 생겨나는 등의 위계적 발생 방법으로 이해하여[124]

---

123) 『韓國民族思想史大系』, 「韓國需學史 序說」.

124) Wilhelm Hellmut, 『*Heaven, Earth, and Man in the Book of Change*』, 4쪽.

역의 본래 모습을 상실하고 말았던 것이다. 필자는 중국 학자들의 이와 같은 위계적 사고방식을 시원적Orientable이라고 규정했다. 이러한 중국인들의 시원적 사고 방식은 도교나 불교를 이해하는 데에도 여실히 나타나고 있다.

2) 〈한〉의 공간 이해 : 한복 바지와 뫼비우스 고리

〈한〉을 비시원적이라 정의하고 〈한〉이 눈에 보이지 않게 짓는 모습Style을 통해 〈한〉을 고찰해 왔다. 이러한 비시원적인 〈한〉의 모습은 〈한〉의 모양Shape, 즉 꼴에서도 그대로 나타난다. 한국인들이 그들의 건축이나 의상 같은, 눈에 보이는 물건을 만들 때에도 비시원적인 〈한〉의 꼴을 이용하고 있음을 밝히려는 것이 이 장의 목적이다.

하나의 사각형을 통해 시원과 비시원의 구별을 해 보면 다음과 같다. 사각형 A와 B가 있다고 할 때 이 둘을 마주 붙이면 〈그림 1〉에서 보는 바와 같이 A에서 B로 계속적인 선분을 그을 수 있다. 이런 경우를 기하학적으로 말해 시원적Orientable이라한다. 이에 대해서 사각형의 한쪽 끝을 1회전시켜 맞은편 끝에 붙이면 〈그림 2〉와 같은 하나의 단곡면One Surface이 생기는데, 이 단곡면 주위에 한 번 펜을 대어 선을 긋기 시작하면 펜을 떼지 않고 앞·뒷면에 연속되는 선을 그을 수가 있다. 이러한 단곡면을 뫼비우스 고리[125]라고 한다. 이 뫼비우스 고리와 같이 앞뒤가 없이 하나로 붙어 있는 경우를 비

---

125) 독일의 수학자 A.F.Moebius(1790~1868)가 이 고리를 발견하여 그의 이름을 따 뫼비우스 고리라 부르게 되었다.

시원적이라 한다. 그러나 뫼비우스 고리도 면에 있어서는 앞뒤가 없어, 비시원적이라 할 수 있지만, 가장자리인 변Edge은 아직 연속되어 있지 않다.

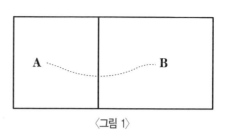

〈그림 1〉

즉, 변으로 볼 때에는 시원적이라 할 수 있다. 여기서 우리는 하나의 사각형을 놓고 생각할 때, 두 개의 면Side과 네 개의 변Edge이 그 속에 있음을 발견하게 된다. 이 면과 변이 모두 연속될 경우에는 완전한 의미에서 비시원적이라 할 수 있다. 사각형의 두 면과 네 변을 어떻게 결합시키느

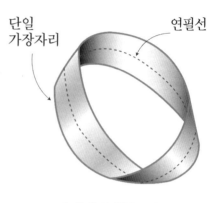

단일 가장자리　연필선

〈그림 2〉 뫼비우스 고리

냐에 따라서 비시원의 정도가 결정된다. 예를 들어, [   ]와 같은 사각형은 두 면과 네 변이 한 군데에도 맞붙은 곳이 없다. 그런데 사각형의 한쪽 끝을 길게 말아 원기둥Cylinder(   )을 만들면 단 한 짝의 변만 마주 붙고 두 면은 그대로 남게 된다. 사각형으로 원기둥을 만들고 그 다음에 원기둥의 양쪽 끝을 마주 붙이면 하나의 토루스Torus가 생겨나는데, 이 경우에 네 변은 모두 맞붙어 있고 두 면만이 남아 있다. 그리고 마지막의 경우 뫼비우스 고리는 사각형의 한쪽 끝을 역 회전시켜 맞붙인 것으로 한 변과 한 면이 남아 있다. 이를 일목요연하게 표시하면 아래와 같다.〈그림 3〉

원기둥과 토루스의 경우에는 선분의 방향이 모두 같다. 뫼비우

스 고리의 경우에만 한 쪽이 반 개로 되어 있다. 그리고 변과 면의
수가 많을수록 시원적이고 적을수록 비시원적이다. 그러면 변이
제일 적은 것은 토루스이고, 면이 제일 적은 뫼비우스 고리이다.

	방 향	변	면	
사각형		4	2	
원기둥		2	2	
토루스		0	2	
뫼비우스 고리		1	1	

〈그림 3〉

　이론적으로 볼 때 토루스와 뫼비우스 고리를 종합하면 가장 비시
원적인 것을 만들어 낼 수 있다. 토루스의 경우처럼 한쪽은 같은 방
향으로 하여 원기둥을 만들고, 다른 쪽은 뫼비우스 고리처럼 한쪽
끝을 역회전시켜 보자(　). 화살표의 지시에 따라 원기둥
을 먼저 만든다. 〈그림 4〉 원기둥의 한쪽 끝을 뫼비우스 고리 때처
럼 역회전시켜 맞붙인다. 그 다음 단계부터는 상당히 자의적이다.
비튼 한쪽 끝을 다른 한 맞은편에 붙이자면 어느 한쪽이 원기둥의
몸체를 〈그림 5〉와 같이 뚫고 들어
가 안으로 내려온 다른 쪽과 만나면
된다. 만약 완전 대칭으로 만날 수
있다면 〈그림 5-c〉와 같이 된다.
　이를 클라인 원통Klein Bottle[126]라

〈그림 4〉

126) Felix Klein(1849~1925)이 처음 발견하여 그의 이름을 따 클라인 원통이라
한다.

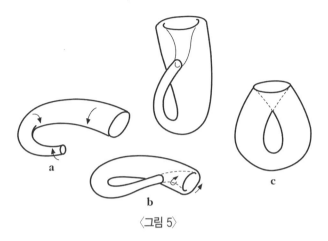

〈그림 5〉

하는데, 이 클라인 원통의 경우는 토루스와 같이 변이 하나도 없다. 즉 클라인 원통에서 일단의 비시원성을 보게 되는 것이다.

여기서 클라인 원통에 관하여 및 가지 지적하고 넘어가야 할 점은 원기둥의 한쪽 끝이 원기둥의 몸통 자체를 들고 들어간다는 것이 결국 하나의 구멍Hole을 몸체에 만들게 됨으로써 면의 불연속성을 만드는 결과를 이루게 된다는 점이다. 이런 의미에서 클라인 원통은 3차원 공간에서는 사실에 있어서 불가능하다. 이 클라인 원통은 순수한 수학적 논리이다. 클라인 원통의 모든 면이 연속되어 있으려면 어디서도 면과 면의 교차점이 있어서는 안 된다. 그러나 면과 변의 비시원성을 고찰하는 과정에서, 클라인 원통은 하나의 과정으로서 논리적으로 가능하다. 클라인 원통은 모든 면, 모든 변이 다 붙어 있는 비시원적 공간이다.

〈한〉을 공간적으로 정의하라면 바로 이 클라인 원통을 제시할 필요가 있다. 이는 한국인들이 이러한 공간 개념을 이용하여 의상, 특히 한복 바지를 지은 것에서 찾을 수 있을 것이다.[127] 필자는 전에 전통 의상인 한복 바지가 뫼비우스 고리와 클라인 원통의 공간 개념을 이용해 만들어진 것임을 밝혔다. 1967년 겨울, 경북 울진에서 어머님이 한복바지를 재단하는 과정을 무심코 곁에서 보고 있던 중, 두 개의 천을 하나의 천에서 잘라내 뒤집어 마주 붙이는 것을 보고, 그것이 바로 뫼비우스 고리의 원리임을 발견했다. 그 후 7년 간 뫼비우스 고리와 한복 바지의 구조를 관찰하여 1974년에 단행본으로 「對 : 뫼비우스 고리와 袴」[128]를 출판하기에 이르렀다. 그 이후로 한국 사상 속에 이러한 비시원적 요소가 있을 것이라는 생각에, 1975년 미국 클레어몬트 대학원에서 한국 불교에 나타난 〈한〉사상을 고찰하면서 이를 과정 철학에 연결시켜 박사 학위 논문을 쓰게 되었다. 이와 같이 필자에게 있어서 뫼비우스 고리(혹은 클라인 원통)와 한국 사상은 오랜 관계를 맺고 있다.[129]

클라인 원통을 〈한〉의 공간이라 할 때, 이 공간 개념이 어떻게 한복 바지를 통해 나타났는가는 〈한〉사상을 구체적인 방법으로 이해하기 위한 첩경이 된다. 클라인 원통과 한복 바지(이후로는 바지라고 함)의 구조를 연결시키는 방법에는 연역·귀납의 두 가지 방법이 있다. 연역적 방법이란 〈그림 5-c〉에 완성된 클라인 원통에서부터 연역적으로 바지를 재단하는 방법이다.

바지의 경우 좌·우·상·하가 완전 대칭인 점을 고려하여 클라

---

127) 이 책을 쓴 이후 세종대 임영자 교수와 제자들은 바지뿐만 아니라 한복 전체가 위상기하학을 이용한다는 사실을 밝혔다.

128) 김상일, 『뫼비우스 고리와 한복 바지』(서울, 새글사, 1974).

129) 필자는 1999년 『초공간과 한국문화』(교학연구사)를 단행본으로 뫼비우스 띠와 한국문화 제 분야에 연관시켜 출판했다.

인 원통도 완전 대칭적인 것을 상상하지 않을 수 없다. 바지의 좌·우·전·후·상·하의 대칭은 원래 천의 그것과는 정반대로 되어 있다. 여기서 뫼비우스 고리와 클라인 원통의 구조가 문제시된다. 바지의 대칭에서 원래 천의 대칭을 이끌어 내는 방법과, 원래 천의 대칭에서 바지의 대칭을 이끌어 내는 방법이 모두 가능하기 때문에, 전자를 '연역적', 후자를 '귀납적'이라 편의상 이름을 붙여 보았다.

만약 〈그림 5-c〉의 클라인 원통을 좌·우로 완전 이등분이 되도록 잘라내면 〈그림 6〉과 같아지는데, 두 개의 뫼비우스 고리가 각각 〈그림 6-c, d〉와 같이 분리되어 나온다. 이 두 개의 뫼비우스 고리는 한복 바지의 좌·우 가랭이에 해당된다. 〈그림 6-c〉와 〈그림 6-d〉의 뫼비우스 고리를 다시 절단하여 한복 바지의 작은 부분들을 결정한다.

지금까지 한복 바지의 기본 구조와 각 부분에 대해서는 전혀 언급하지 않고 클라인 원통에서 한복 바지가 어떻게 연결될 수 있는가에 관해서만 고찰해 보았다. 이제 귀납적으로 한복 바지의 각 부분에 대한 이름과 이들이 결합되는 과정을 차례로 밟아 올라가 어떻게 클라인 원통에 도달할 수 있는가에 대해서 살펴보기로 하자. 먼저 바지의 각부 명칭을 통해 본 입면도는 〈그림 7〉과 같다.

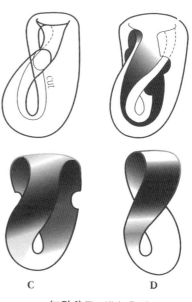

〈그림 6〉 The Klein Bottle

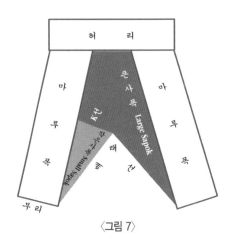

〈그림 7〉

여기서 바지의 각 부분의 명칭은 『새 생활 대백과사전』[130]에 있는 것을 그대로 사용했다. 명칭은 약간씩 달라도 옷의 형태는 전국적으로 같다.[131]

바지의 세 개의 큰 부분은 '허리'와 '사폭'과 '마루폭'이다. 사폭은 좌·우에 큰 사폭, 작은 사폭으로 각각 전후로 나눠져 모두 네 폭이고, 마루폭은 좌·우의 둘이다. 허리는 사폭과 마루폭을 위에서 종합한다. '부리'는 발목에 해당되는 부분인데, 좌우 각각 부리 하나, 사폭 두 개씩 하여 세 개씩 짝지어진다. 큰 사폭과 작은 사폭이 붙은 부분에 대해서는 특별한 명칭이 없어 필자가 K선Korean Line이라 명명해 보았다. 여기서 〈그림 7〉의 입면도에서 각 부분을 분해하면 〈그림 8-a, b〉과 같다.

'허리', '사폭', '마루폭'을 각각 그리스 알파벳으로 γ, β, α라 하고, 그 후면을 γ′, β′, α′라 하였다. 그리고 사폭 안에서도 큰 사폭을 a, 작은 사폭을 b라 하고 그 뒷면은 a′, b′로 표기한다. 원래 허리는 하나의 부분으로 되어 있지만, 〈그림 8-a, b〉의 분해도에서는 각 부분에 모두 해당시켰다. 그러면 한복 바지는 구조상으로 볼 때에 모두 열 개의 부분으로 되어 있다. 이제 각 부분을 명칭에 해당시키면,

130) 『새 生活 大百科事典』 3(서울, 瑞文堂, 1970), 177-179쪽.

131) 바지를 고(袴)라 하는데, 梁書에 의하면 신라에서는 바지를 柯半이라 했고, 백제에서는 褌라 했다고 한다. 바지(把持)라는 말은 문헌상으로 조선 때 처음 보이는데, 그 어원은 알 수 없다. 權注淳, 『우리옷 變遷과 訓龜』, (서울, 修學社, 1977) 한복.

a,a′=‘큰 사폭’의 전후 b, b′=‘작은 사폭’의 전후 γ=허리
β=좌마루폭 β′=우마루폭 α′=‘앞사폭’ α′=‘뒷사폭’

이 된다.

이상과 같은 한복 바지의 구조가 분해를 통해 단계적으로 어떻게 재단되며, 나아가서 클라인 원통과 어떻게 같아지는가를 다음 순서에서 고찰하고자 한다.

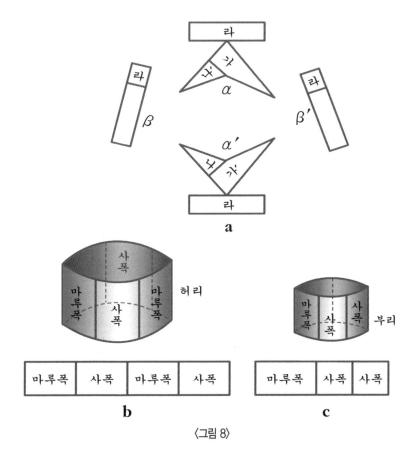

〈그림 8〉

다시 사각형으로 되돌아가 출발하기로 하자. 사각형 속에 바지의
각 부분을 붙여 보았다 〈그림 9〉.

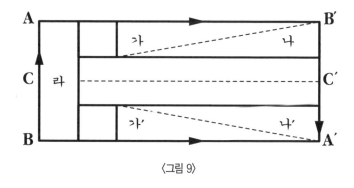

〈그림 9〉

이 사각형을 가운데 CC′를 중심하여 꺾어 접으면,

〈그림 10〉과 같아진다. 이제 AB와 A′B′의 양변을 반 휘어서 AB를
A′B′ 속에 넣는다 〈그림 10〉. 이제 ACB와 A′C′B′를 마주 붙여 CC′
를 따라서 자르면 아래와 같은 긴 뫼비우스 고리가 생긴다. 하나의
고리 속에 두 개의 뫼비우스 고리가 연결되어 있다. 하나의 뫼비우
스 고리를 ◯로 상징하고 이렇게 두 개의 뫼비우스 고리가 붙어있
을 때를 쌍 뫼비우스 고리라 하고 ⊗로 표시하기로 한다. 이러한
쌍 뫼비우스 고리는 클라인 원통을 대칭적으로 절단했을 때에도 나
타난다. 이는 클라인 원통과 〈그림 11〉 및 〈그림 9〉가 모두 같은 구
조를 가지고 있음을 의미한다.

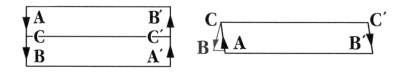

〈그림 10〉

이제 〈그림 11〉의 쌍 뫼비우스 고리의 양쪽을 〈그림 9〉에 나타난 절선을 따라 모두 잘라내면 한복 바지 분해도에 나타나 있는 모든 부분을 다 얻게 된다.

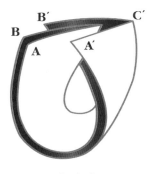

〈그림 11〉

그 중 여기서 큰 사폭과 작은 사폭이 결합되는 원리만 소개하면 다음과 같다. 쌍 뫼비우스 고리의 하나 하나에는 마루 폭과 작은 사폭, 큰 사폭 세 개가 들어 있는데, 만약 절선을 따라 분리시키면 〈그림 13〉과 같아진다.

이 각 부분이 뫼비우스 고리가 클라인 원통 안에서 붙는 방법은 〈그림 14〉와 같다. 즉 밑의 것이 위에, 위의 것이 밑에 내려와 엇갈려 붙음으로써 좌우 가랭이가 결정된다. 이는 클라인 원통의 구조 내에서 이루어지는 절묘한 현상이다.

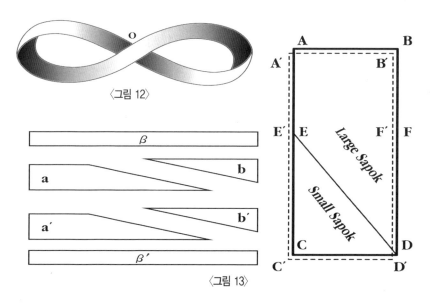

〈그림 12〉

〈그림 13〉

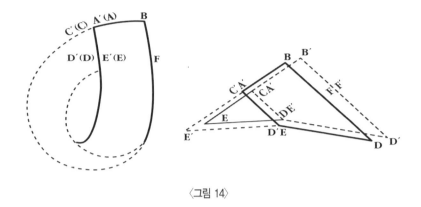

〈그림 14〉

K와 K′가 서로 만남을 통해 어떻게 회전하여 만났는지를 알 수 있
게 된다. 〈그림 11〉에서는 〈그림 9〉 사각형의 각 부분들이 어떻게
붙여지는가를 일목요연하게 볼 수 있다.

여기서 '허리'를 결정하는 문제만 남아 있는데, 이는 〈그림 11〉의
쌍 뫼비우스 고리에서 하나의 뫼비우스 고리를 떼어내어 〈그림 16〉
과 같이 윗 부분에 고리를 하나 자연스럽게 만들면 된다. 이를 '자
연 고리' 라 부른다.

자연 고리의 윗 부분에 자연 고리를 하나 더 만들어 주어도 밑의
부분은 뫼비우스 고리 상태를 유지하고 있기 때문에 사폭, 마루폭
을 결정하는 데 지장이 없게 된다. 이와 같이 하여 한복 바지의 각

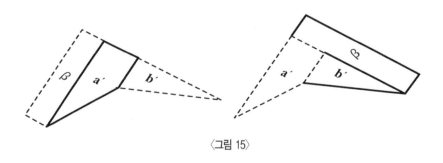

〈그림 15〉

부분은 빈틈없이 유기적인 관계를 서로 맺게 된다. 여기서 유기적이라 함은 뫼비우스 고리와 클라인 원통의 원리를 의미한다.

〈그림 16〉

부 : 자루와 뫼비우스 고리

뫼비우스 고리 이론은 한복 바지를 만들 때뿐만 아니라 한국의 전래 자루Sack를 만들 때에도 그대로 이용된다. 이제 〈그림 17-a〉의 사각형에서 AB=BX, A′B′=B′X′가 되게 X와 X′를 정한다. 그리고 AX′와 A′X의 중점을 Y와 Y′라 하자.

다음엔 사각형을 90도로 회전시켜 A′B′X′를 XBA에 포갠다. 즉 A′B′를 XB일 B′X′를 BA에 포갠다 〈그림 17-b〉. 그러면 사각형 전체가 뒤틀리게 된다. Y와 Y′를 밑으로 하여 XY′를 A′Y′에, 그리고 AY를 X′Y에 마주 붙여 바느질한다. 이 마주 붙은 선을 각각 L과 L′라 하면, L과 L′는 마주 보면서 〈그림 17-c〉와 같이 나선형을 그리게 된다. L과 L′는 자루의 높이를 결정하고, Y와 Y′를 마주 보는 모서리로 하는 정사각형(빗금선)은 자루의 밑이 된다. 그리고 삼각형 모양의 ABX와 A′B′X′는 서로 마주 보는 자루의 입구가 된다.

서양의 푸대가 사각형의 반을 접어 마주 붙여 놓아 밑이 없는 평면 그대로이기 때문에 천이 갖는 탄력성이 없으면 입체로 된 물건을 넣을 수 없는 반면에, 한국의 자루는 정사각형의 밑과 나선형의

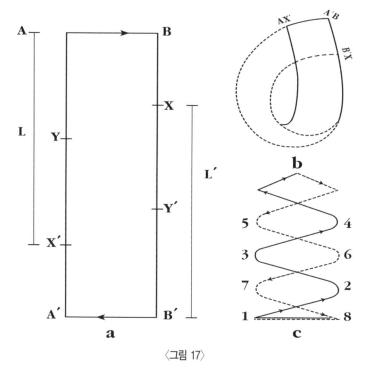

〈그림 17〉

높이를 갖는 3차원적 공간이기 때문에 물체를 넣어도 아무런 무리
가 없다. 자루에 곡식을 넣어 세워 놓아도 넘어지지 않고 안정감을
유지하는 이유가 여기에 있다. 그리고 용적에 있어서도 '자루 한 자
높이에 쌀 서말'이라는 말 그대로 많은 부피의 량을 넣을 수 있다.

3) 역易의 한국적 이해 : 뫼비우스 고리와 태극도

하나의 사각형 안에는 두 개의 면과 네 개의 변이 있는 동시에
여덟 개의 모서리 점Point이 있다. 즉 사각형의 종, 횡, 그의 세 차

원에 따라 좌·우, 상·하, 전·후의 대칭점들이 있어 모두 $\alpha^3=8$의 모서리 점들을 갖게 된다. 위에서는 원기둥, 토루스, 뫼비우스 고리, 클라인 원통에 따라 면과 변의 방향이 어떻게 바뀌는가를 고찰해 보았다. 다음으로 나머지 여덟 개의 대칭점들은 어떤 변화를 가져오는지 아래에서 살펴보려고 한다. 대칭을 양(—)과 음(--)으로 기호화하여 전후, 좌우, 상하의 대칭점에 배당시켜 보자. 즉, 전·좌·상에는 —을, 후·우·하에는 --을 각각 배당하면 〈도형 1〉과 같은 결과를 얻게 된다.

다음은 위에서 고찰한 바와 같이 '원기둥', '토루스', '뫼비우스 고리', '클라인 원통'을 만들 때에 이들 여덟 개의 대칭점들 사이에 어떤 변화를 일으키는가에 관하여 살펴볼 차례이다.

음·양 하나의 단위를 효爻라 하면 세 개의 효는 하나의 괘를 만든다. 그러면 사각형 안의 여덟 개의 점들은 여덟 개의 괘이기도 하다. 괘는 효를 밑에서부터 배합해 올라가야 한다. 그러면 A(☰), B(☱), C(☲), D(☳), A′(☴), B′(☵), C′(☶), D′(☷)의 결과를 얻게 된다. 여기 역의 고유한 명칭과 서차 번호를 겸하여 보기 쉽게 표시하면 〈도형 2〉와 같다.

사각형은 여덟 개의 대칭점들이 하나도 만나는 곳이 없이 그대로 남는 경우이다. 원기둥은 A(A′)–B(B′), C(C′)–D(D′)의 상하의 대칭이 맞붙은 경우이다. 이를 '한 겹 대칭'이라 하자. 그리고 토루스의 경우에는 원기둥의 경우에다 A(A′)–C(C′), B(B′)–D(D′)를 상하, 좌우 대칭이 만나게 한 경우이다. 즉 A는 B와도 만나고 C와도 만난다. 이를 '두 겹 대칭'이라고 하자. 다음으로 가장 중요한 것은 뫼비우스

				건	1	A	전 좌 상
전	좌	상					
		하		태	2	B	전 좌 하
	우	상		리	3	C	전 우 상
		하		진	4	D	전 우 하
후	좌	상		손	5	A′	후 좌 상
		하		감	6	B′	후 좌 하
	우	상		간	7	C′	후 우 상
		하		곤	8	D′	후 우 하

〈도형 1〉

고리의 경우이다. 뫼비우스 고리는 A(A′)–D′(D), B(B′)–C′(C)의 경우이다.

A와 D′는 전후, 좌우, 상하, 3차원의 대칭점이다. 즉, 뫼비우스 고리는 '세 겹 대칭'의 경우이다. 뫼비우스 고리는 한 번 180도로 회전되어 마주 붙는 것이기 때문에, 종, 횡, 고의 세 차원이 모두 반대로 되어 만나게 된다.

이상에서 사각형의 대칭점 관계에 대해서만 고찰해 보았다. 만약

A (☰) A′(☴)   C (☱) C′(☶)

B (☲) B′(☵)   D (☳) D′(☷)

〈도형 2〉

대칭점에 해당되는 8괘들의 변화에 대해서 살펴보면 매우 중요한 결과를 얻게 된다. 뫼비우스 고리에서 서로 만나는 대칭점을 괘에 맞추어 도식화하면 〈도형 3〉과 같다.

　마주 만나는 괘의 서차 번호수를 서로 합하면 모두 아홉이 된다. 그리고 서로 만나는 것끼리 모두 음·양이 대칭을 이루고 있다. [예: 5A′(☴)와 4D(☷)]수가 합하여 9로 되는 것과 서로 대칭되는 것끼리 음·양이 칭을 이루는 관계는 8괘의 배열 방법 가운데 하나인 원도를 상상케 한다. 횡도란 8괘를 횡으로 배열하는 것이고, 방도란 네모 안에 배열하는 것이고, 원도란 원 주위에 배열하는 것이다. 이 원도에서 태극도가 나왔다. 이제 원도상에 8괘를 배열하는 방법은 〈도형4a〉와 같다.

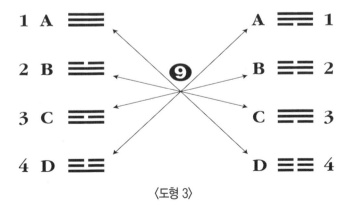

〈도형 3〉

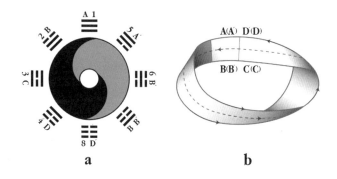

a   b

A (☰) – D′(☳)

A′ (☱) – D (☷)

A (☰) – C′ (☴)

B′ (☵) – C (☶)

〈도형 4〉

괘의 서차 번호는 음과 양의 양量이 적고 많은 정도의 순서에 따라 붙여진 것인데, 숫자가 낮을수록 양이 많고, 높을수록 음이 많다. 그래서 건(☰)은 1번이고, 곤(☷)은 8번이다. 그러면 8괘는 양군과 음군으로 크게 대별할 수 있다. 이제 음양의 많고 적은 정도에 따라 1234를 양군陽群이라 하고, 5678을 음군陰群이라 하자. 원도란 양군(1234)을 시계 바늘과 반대 방향Counter Clockwise으로 배열하는 것이고—이를 순順이라 한다— 음군(5678)은 시계바늘과 같은 방향Clockwise으로 배열하는 것이다—이를 역逆이라 한다. 하나의 원주 위에 8괘를 양군과 음군으로 나누고 그것을 순·역으로 배열할 때 나타나는 현상이 바로 뫼비우스 고리와 같다. 즉 A–D′, A′–D, B–C′, B′–C의 대칭 현상이 나타난다. 즉, 뫼비우스 고리에서 본 대칭 구조와 똑같은 현상이 원도 안에서도 나타난다. 그래서 뫼비우스 고리를 ☯과 같은 태극 도형으로 상징화하려고 했다. 이것은 역을 위상 수학Topology으로 이해하는 중대한 계기가 된다. 이에 따라 앞으로 역은 새로운 현대적인 의미를 갖고 발전될 수 있을 것이다.[132] 여기서 8괘 이외에 64괘는 무엇을 의미하는가? 8은 2^3서 나왔으며, 64는 2^6에서 나왔다. 사각형 ABCD−A′B′C′D′안에는 여덟 개의 대칭점들이 있지만, 이 사각형을 만약 2등분한다면 $8 \times 8 = 64$의 대칭점이 파생될 수 있다. 이에 따라 ABCD−A′B′C′D′−A″B″C″D″ …… 의 무한한 등분을 통한 대칭점을 파생시킬 수가 있다. 결국 괘의 증식이란 사각형의 등분이 증가하는 것을 의미하게 된다. 원도를 하나의 뫼비우스 고리라고 할 때, 64괘는 뫼비우스 고리를 2등분시킨 쌍 뫼비우스 고리가 된다. 이와 같은 관점에서 보면, 한복 바지 옷의 천이 갖는 하나의 올은 모두 사각형의 가로와 세로의 미세한 등분이 되고, 하나의 한복 바지 속에는 수많은 뫼비우스 고리가 들어 있게 된다.

이제 우리에게 하나 남은 과제는 뫼비우스 고리 다음에 클라인 원통이 있다는 사실이다. 뫼비우스 고리는 아직 대칭들이 완전히 만나서 된 것이 아니다. 그렇다면 원도도 아직 완성된 것이 아니다. 수천 년 동안 변화 없이 미완성인 채로 씌어져 내려오던 원도(혹은 하도) 속에서 미완성점을 발견하고 이를 완성시킨 인물은 한국의 김일부(金一夫, 1826~1898)이다. 김일부는 동학의 선각자로서 원도 속의 시원적인 요소를 발견하고 비시원적이 되도록 변화시켰다. 마치 클라인이 뫼비우스 고리를 발전시켜 클라인 원통을 창안했던 것처럼, 김

---

132) 이를 필자는 2000년대에 들어와 '위상역'이라 명명한다.

일부는 그의 역을 종래의 역과 구별하여 '정역正易'이라고 했다. 이 말은 종래의 역이 부정역不正易임을 의미하는 것이다. 김일부는 원도 주위의 음군과 양군의 배열 순서를 바꿔 버렸다. 양군(1234)과 음군(5678)은 순·역으로 방향이 반대로 되어 크게 보아 비시원적 Macro-Nonorientable이지만, 양군(음군) 안에는 $\overrightarrow{1234}\ \overrightarrow{5678}$ 같이 시원적이다. 양군은 1에서 4로, 음군은 5에서 8로 나아가고 있다. 김일부는 바로 작게 본 세계 안의 비시원적Micro-Nonorientable인 요소를 지적, 위의 시원적 요소를 제거해 냈던 것이다. 그리하여 음군, 양군 안의 수의 순서를 〈도형 5〉와 같이 바꾸어 놓아 이를 '정역도'라 했다.

이를 관찰해 보면 원도가 $\overrightarrow{1234}\ \overleftarrow{8765}$인데, 정역도의 경우에는 $1\,4\,2\,3\,6\,7\,5\,8$과 같다. 즉, 두 군 안의 개개의 괘들을 모두 한 번 순으로, 한 번 역으로 돌려놓았다. 그래서 8괘 안에는 시원적인 요소가 하나도 없게 되었다.

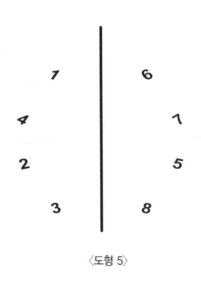

〈도형 5〉

동양 철학은 그 원론이 태극도이다. 결국 동양 사상은 태극도의 주해에 불과하다고 해도 과언이 아니다. 그리고 수천 년 동안 하도의 구조를 변화시키지 못했던 것이 사실이다. 그 속에 있는 비시원적인 요소를 아무도 지적해 내지 못했던 것이다. 그러나 〈한〉의 공간 속에서 숨쉬고 거기서 나오는 진액을 받아 사는 사람이 결국 이 구조를 변경시켰다. 이처럼 오묘한 정역도가 그 동안 빛을 보지 못하고 숨겨져 있었던 큰 원인은 바로 역이 방향과 일시를 정하는 것으로만 사용되었기 때문이다.

이제 마지막 단계로서 클라인 원통과 정역도와의 관계에 대해서 고찰해 보면 다음과 같다. 뫼비우스 고리 안의 시원적인 것을 극복한 것이 클라인 원통이라면, 뫼비우스 고리와 원도를 일치시킬 때 클라인 원통과 정역도 사이의 상관성을 알게 된다. 대칭점들과 숫자의 방향을 일치화시키면,

와 같아진다. 그런데 정역도의 순서대로 배열하면,

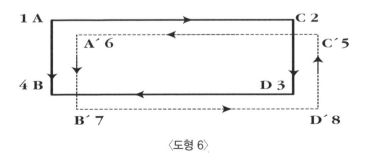

와 같아진다.

이를 사각형 위에 옮겨 놓고 보면

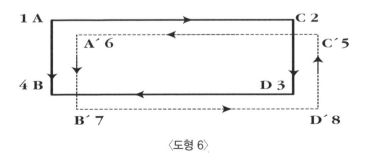

〈도형 6〉

〈도형 6〉과 같아진다. 이제 숫자가 커가는 방향에 따라서 화살표를 붙여 보면 이상과 같다. AB(A′B′)와 CD(C′D′)는 반대 방향을, 그리고 AC(A′C′)와 BD(B′D′)는 같은 방향이다. 이것은 클라인 원통을 만들 때와 완전히 일치되는 현상이다. 왜 김일부가 괘의 방향을 그렇게 바꾸었는지는 명쾌하게 알려졌다. '원도'는 '뫼비우스 고리'의 경우이고, '정역도'는 '클라인 원통'의 경우이다. 뫼비우스 고리가 3차원의 공간이라면, 클라인 원통은 그 하나 높은 4차원의 공간이다. 그런 즉 〈한〉의 공간은 4차원의 공간이다.[133]

한국 사람들은 4차원의 공간을 이용해 옷을 짓고 생활 용품을 만들어 썼으며 건축 양식을 결정했던 것이다. 예를 들어, 한국 기와집의 지붕이 일직선으로 밑으로 향해 내려오다가 끝의 부분에 와서 그 방향을 반대로 회전시켜 굴절시키는 원리는 바로 뫼비우스 고리 혹은 클라인 원통의 원래 그대로가 아니겠는가? 이와 같이 생각할 때 버선코와 나막신의 모양은 모두 선회와 착종의 뫼비우스 고리 원리를 이용한 것이라 보이며, 이에 더 많은 응용은 앞으로 남은 〈한〉사상의 과제라 할 수 있다.

---

133) 『역과 탈현대의 논리』(2006)에서, 하도는 뫼비우스의 띠, 낙서는 클라인 병, 정역도는 사영평면이라 했다.

4. 『천부경』과 〈한〉의 공간 이해

1) 『천부경』과 뫼비우스 고리

『천부경』과 『삼일신고』를 통해 한의 짓을 고찰해 보았고, 뫼비우스 고리와 한복 바지(또는 자루)를 통해 한의 꼴을 또한 살펴보았다. 여기서는 한의 짓과 꼴을 관련시켜 생각해 봄으로써 그 일관성을 찾아보려고 한다.

한의 꼴이 뫼비우스 고리로 재단되는 것이 한복 바지라고 할 때, 뫼비우스 고리 혹은 한복 바지에 나타난 꼴은 『천부경』이나 『삼일신고』에 나타난 〈한〉의 마음과 반드시 일치되어야 할 것이다. 이 두 경전이 수천 년을 두고 전해 내려온 민족 고유의 경전이라고 한다면, 이 경전으로 짓는 꼴은 일관성을 가지고 있어야 한다는 것이다. 그러면 먼저 『천부경』과 뫼비우스 고리가 어떤 관계를 맺고 있는지 살펴보기로 하자.

뫼비우스 고리는 역의 구조와 완전히 일치함을 위의 절에서 증명하였다. 『천부경』을 구성하고 있는 글자들의 대부분이 숫자인 만큼 『천부경』과 역易 혹은 뫼비우스 고리와의 관계를 서로 비교하여 연구하자면 역을 숫자로 환원시켜 봄이 필요하다.

뫼비우스 고리의 전후 좌우, 상하의 상대칭을 모두 ━와 ━━대신에 1과 0의 숫자로 대치한다. 그러면 사각형 안에 있는 여덟 개의 대칭점 혹은 역의 팔괘는 음·양 부호 대신에 숫자로 대신할 수 있다〈표 1〉.

괘 번호	괘	2진수	사각형의 대칭점	10진수
1	☰건	111	A	7
2	☱태	110	B	6
3	☲리	101	C	5
4	☳진	100	D	4
5	☴손	011	A′	3
6	☵감	010	B′	2
7	☶간	001	C′	1
8	☷곤	000	D′	0

〈표 1〉

역의 괘와 사각형의 대칭 점들은 철저한 0과 1이란 이진수二進數로 이루어진다 10진법이 '0123456789'의 10개 요원을 한 부류 단위로 하여 증가되는 수라면, 2진법은 0과 1의 두 개 요원을 한 단위로 하여 발전하는 수의 법칙이다. 팔괘의 형성 과정에서 볼 때, 2진수는 태극에서 발전되어 나가는 각 단위인 최종 단계를 수의 첫 단위로 정하고 구성된다. 예를 들면, 태극의 제3단계 작용인 팔괘선이 2진수의 첫 단위가 되고, 태극의 첫 단계 작용인 음양선은 2진수의 셋째 단위가 된다. 즉,

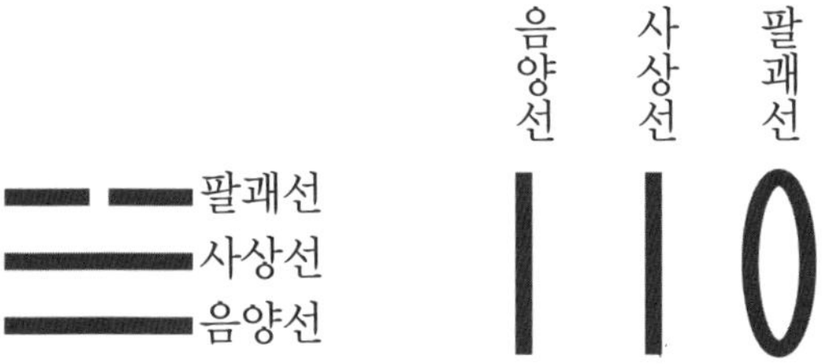
음양선
사상선
팔괘선
팔괘선
사상선
음양선
110

과 같다.

이상에서 볼 때 2진법은 역을 형성하는 근본 원리가 되고 있다. 수학자 라이프니츠는 2진법을 극구 예찬하여, 0과 1이면 무엇이든지 가능케 하는 신비의 부호라고 감탄하면서, 0을 무無에 비하고 1을 신神에 비하면서 이 우주는 0과 1로써 만들어진다고 했다.[134] 놀라운 사실은, 현대의 전자계산기Computer가 모두 0과 혹은 '아니요NO'와 1과 혹 '예Yes'라는 2진법의 조합에 의해 그 원리가 형성되었다는 것이다. 일찍이 역은 2를 공비公比로 하는 등비수열等比數列을 이루어 2, 4, 8, 16, 32, 64……로 발전하는 체계를 만들었다. 이는 컴퓨터가 0과 1의 상호작용을 이용하여 모든 사상을 처리하는 것과 똑같은 방법이다.[135] [136]

뫼비우스 고리는 전후, 좌우, 상하 대칭의 등분을 세분화함으로써, 마치 역에서 괘가 등비수열로 증가하듯이 대칭점들이 같은 방법으로 늘어나게 된다. 그 한계는 무한대이다. 그런데 왜 증가의 한계를 3단계에서 멈추었느냐이다. 이에 대해 백광하는 "영어의 Thrice가

---

134) 백광하, 『태극기』, 267쪽.

135) 위의 책, 209쪽.

136) 그러나 라이프니츠의 2진수와 역의 그것과는 같지 않다. 역의 2진수는 집합론의 '포함된다1'와 '포함되지 않는다0'의 개념이기 때문이다.

세 번이라는 뜻 외에 '몇 번이고', '대단히'라는 뜻으로 통용되는 것이라든가, 한자의 삼三이 셋이라는 뜻 외에 '동방', 즉 '양'이라는 뜻과 '끝'이라는 뜻을 가지고 있는 것 등은, 그 옛날의 원시적인 뜻을 가지고 있는 것이라고 볼 수 있는 것이다."[137]라고 했다. 뫼비우스 고리에서도 등분을 세 번만 해 보면 그 나머지는 결국 세 번 한 것에서 그 원리가 반복되고 있음을 발견하게 된다. 역에서도 마찬가지다.[138]

이상 2진수의 원리를 『천부경』을 통해 풀이해 보면 다음과 같다. 『천부경』의 제일 첫 구절인 '一始無'에서 一을 1로, 無를 0으로 환원시켜 놓고 본다. 그러면 1과 0은 2진수의 가장 기초가 된다. 하나一를 셋三으로 나눈다 함은 뫼비우스 고리로 말하면 종, 횡, 고의 3차원으로 나눈다는 뜻이고, 역으로 말하면 음양, 사상, 팔괘의 세 선으로 나눈다는 것과 같다. 물론 무진본無盡本이란 말 그대로 셋 이상 무한히 나눌 수도 있다. 이제 세 차원을 하늘天, 땅地, 사람人으로 명칭 할 때, 이 세 차원 혹은 세 등분은 그 위상位相에 있어서는 一, 二, 三으로 등급 지어지나, 그 질상質相에 있어서는 같다. 하나의 괘 안에는 음(--)과 양(—)의 대칭이 있는 동시에, 팔괘선과 음양선 같은 대칭이 있다. 전자는 음과 양 같은 사물의 성질에 의한 대칭이다. 이를 치대칭値對稱이라 부르기로 한다. 치대칭과 함께 괘에는 치가 발전되어 나가는 위치에 따라 음양, 사상, 팔괘 같은 선상의 대칭이 있다. 이를 위대칭位對稱이라 부르기로 한다.

---

137) 위의 책, 268쪽.

138) 피타고라스학파의 2노몬 역시 1, 2, 3의 세 수만 있으면 나머지 수들의 구조는 따라서 결정된다.

그러면 원도는 치대칭에 의한 배열 방법이다. 즉, 마주 보는 패끼리 음·양의 치가 모두 반대로 되어 있다. 여기서는 위대칭과 치대칭의 관계에 대해서 상론하려고 한다. 필자는『對』에서 이 대칭 관계를 논급했었다. 위와 치의 대칭 관계를 파악함이 없이는 역의 완전한 이해란 불가능하다. 110과 001은 치대칭을 이루고 있다. 즉, 0과 1의 치가 모두 반대이다. 그러나 110과 011은 그 위치를 반대로 한 것이다 즉, 팔괘선이 음양선이 되고, 음양선이 팔괘선이 되어 버렸다. 괘의 상하 위치가 뒤바뀐 것이다.

치는 항상 ━(혹은 1)과 ━ ━(혹은 0)로 같으면서 위만 발전하는 것을 天━━, 地━二, 人━三이라고 했다. 天━, 地━, 人━은 치의 동일성을 의미하고, 여기에 ━, 二, 三의 서수를 붙인 것은 위가 서로 다름을 표시하기 위해서이다. 만약 天━━, 地━二, 人━三이라 하지 않고 天━三, 地━二, 人━━이라 하면, 이는 곧 위가 정반대로 바뀌게 되는 경우이다. 어느 경우이든지 상관이 없다. 그러나 등위 等位그 자체가 없이는 생성의 첫 출발을 할 수가 없다. 음양선, 사상선, 팔괘선의 구획 없이는 태극은 영원히 그 자체로 머물러 있을 수밖에 없게 된다. 일단 움직이면 등위의 서차는 어느 방향으로든지 불가피하다. 그래서 '天━━, 地━二, 人━三'이라 하고 2를 공비로 하여 3단계로 등비수열되는 관계를 '天二三‥‥‥‥'로 표현한 것이다. 라이프니츠의 말대로 2진법은 가장 신비한 우주의 수의 법칙이라고 아니할 수 없다. 2진법으로 天, 地, 人의 모든 이치가 규명될 수 있기 때문이다.

수의 진법에는 2진법에서부터 10진법, 12진법, 60진법 등, 그 종류가 많다. 그러나 2진법은 가장 기본이 되는 진법이다. 2진법도 결국 10진법과 같은 자연수自然數로 환산될 수가 있다. 예를 들어 10진법의 1은 마찬가지로 2진법에서도 '1'이 되고, 10진법의 2는 2진법에서는 한 자리 올려 '10'이 되고, 10진법의 3은 2진법에서는 '10'에 하나 더 보탠 '11'이 되고, 10진법의 4는 2진법에서는 '11'에 1을 보탬으로써 첫자리가 '0'이 되고 다음 자리에는 아랫자리에서 올라온 1과 합하여 역시 0이 되어 결국 '100'이 된다. 5는 '100'에 1을 더한 '101'이 되고, 6은 '101'에 1을 더한 '0'이 되고, 7은 '111', 8은 '1000'이 된다. 10진수의 한 단계가 10을 단위로 하여 등비로 증가하는 수라면, 2진수는 한 단계가 2를 단위로 하여 등비로 증가하는 수이다. 그래서 10진수의 356은 $3 \times 10^2 + 5 \times 10^1 + 6 \times 10^0 = 300 + 50 + 6 = 356$으로 계산 된다. 그런가 하면, 2진수의 '110'은 $1 \times 2^2 + 1 \times 2^1 + 0 \times 2^0 = 4 + 2 + 0 = 6$으로 환산된다.

컴퓨터에서는 0과 1과 같은 2진수의 단위를 비트Bit라 한다. 세 개의 비트가 합하여 하나의 괘를 만든다. 『천부경』에서 '大三合'이란 세 개의 비트, 즉 0과 1이 합한다는 것과 같다. 즉, 모든 자연수는 0과 1의 2진수가 환산된 것이다.

111	110	101	100	011	010	001	000
7	6	5	4	3	2	1	0

사각형 ABCD, A'B'C'D'는 전후, 좌우, 상하의 비트가 종, 횡, 고의 "大三"에 의해 조합된 것이다. 아무리 많은 등분도 결국 두 개의 비트와 세 개 차원의 등비수열적 조합 이상의 것이 될 수 없다.

『천부경』은 '一始無'에서 1과 0의 비트를 만들고, '天一一, 地一二,

人一三'에서 2진법의 위치를 정하고, '天二三, 地二三, 人二三'에서 2진법을 움직여 6789와 345 같은 자연수를 만들어 낸다. 여기서 자연수 3 4 5 6 7 8 9는 이미 위의 '天一一⋯⋯'와 '天二三⋯⋯'의 과정을 거쳐 나온 수라는

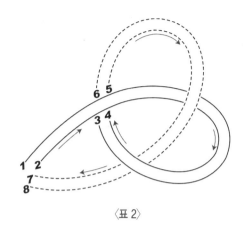

〈표 2〉

것을 알아야 한다. 이 수들의 사이에는 合, 生, 運 成, 環 같은 字가 따라붙어 있다. 이 글자들은 자연수가 갖는 의미이다. 즉, 비트들이 합하여 괘(대칭점)가 생生하면 움직이기 시작하여 (運)—이 단계가 天一一, 地一二, 人一三과 같다 — 2진수를 이루어 (成)—이 단계가 天二三, 地二三, 地二三 — 다시 되돌아선다. 이러한 수의 변화 과정은 뫼비우스 고리에서 선과 대칭점들만을 뽑아 표시 하면 더욱 뚜렷하다〈표 2〉. 생성生成이 운환運環하는 과정을 이 선 뫼비우스 고리를 통해 볼 수가 있다.

자연수들은 직선 운동을 하는 것이 아니고 서로 선회族回와 착종錯綜을 하는 나선螺旋운동을 하고 있음을 발견하게 된다. 한 번씩 착종되면서 선회하고 있다. 이는 한국의 전통 자루의 양쪽 변이 그리는 자취 〈그림 17-c〉와 같다. 뫼비우스 고리의 이러한 선회와 착종운동은 삼라만상의 우주 변화와도 같다.

생물학에서 DNA가 서로 조합하는 과정도 이와 같다.[139] 역과 원소 주기율, 역과 소립자의 구조, 역과 천체의 구조에 관해서는 많은

139) Martin Schonberger, 『The I Ching and the Genetic Code』.

연구가 행해지고 있으며, 그 결과에 있어서도 괄목할 만하다.

『천부경』에서 '天——……'과 '天二三……'까지는 평면적이다. 이는 사각형의 대칭점이 평면으로 증가되는 상태에 불과하다. 『천부경』이 입체적이 되는 것은 '環'에서 이루어진다. 마치 뫼비우스 고리가 원 기둥이나 토러스와 달리 한 번 뒤집혀지는 것과 같다. 휘어 뒤집혀 지는 이유 때문에 사각형이 뫼비우스 고리가 된다. 環 때문에 결국 처음始과 마지막終은 마주 붙어 하나가 된다. 그래서 '一始無', '一終 無'가 된다. 그러면 一과 無 사이는 운동의 편의상의 구별일 뿐, 一 과 無가 같아지는, 그리고 1에서 나눠진 3도 같아지는 0=1=3의 논 리가 성립된다. 이러한 현상을 우리는 뫼비우스 고리와 클라인 원통 같은 꼴을 통해 눈으로 직접 보게 되는 것이다. 상하, 좌우, 전후가 없고, 겉과 속이 모두 하나인 클라인 원통을 통해 『천부경』이 완전히 구상화된 모습을 발견하게 된다. 이러한 위상 기하학의 도움은 한 의 꼴을 설명하기에 도움이 된다.

2) 『천부경』과 한복 바지

한복 바지가 언제부터 우리의 고유한 의상이 되었으며 누구에 의 해서 처음 만들어 졌는지에 관해서는 정확히 알려져 있지 않다. 남 자가 하의로 입는 바지를 '고袴'로 적는데, 『삼국사기』의 신라조에도 고가 보이고, 같은 책의 백제본기 고이왕조에는 청금고靑錦袴가 보 인다. 또 『삼국유사』의 가락국기에는 능고綾袴가 보인다. 중국의 여 러 사서에도 고구려, 백제, 신라의 바지에 대한 기록이 있는 것으로 보아, 삼국이 모두 바지를 함께 착용했음을 볼 수 있다.[140] 삼국 시대 이상을 거슬러 올라가면, 부여에서도 바지를 입었고, 예에서도 바지를 입었다는 기록이 있다. 아마도 바지의 구조로 보아 기마 민족의 유산이 아닌가 여겨진다.

옷의 재단에 관해서는,『삼국유사』선도성모수희불사조仙桃聖母隨喜佛事條에 의하면, 선도성모가 하늘의 군령들 힘을 도움 받아 붉은 비단으로 직조해서 그의 남편에게 바쳤다는 기록이 있다.[141] 또 "매년 봄과 가을 10일간 선남선녀들을 모아서 점찰법회占察法會를 열어 여기서 옷을 마는 법을 고구했다"고 기록하고 있다. 그런 즉, 의상은 어느 개인이 자의대로 머릿속에서 그려내어 만든 것이 아니었다. 봄과 가을 열흘 간씩 머리 좋은 남녀를 모아 정신을 하나로 집중시켜 점찰법회를 열어서 옷 만드는 법을 찾아냈다는 것이다. 그러면 여기서 점찰법회란 무엇인가? 박용숙朴容淑은 그의『韓國古代美術文化史論』에서 점찰법회를 역학강설易學講說, 혹은 입체 기하학의 원리 강론을 뜻한다고 보았다. 이와 관련하여 박용숙은 필자의 저『대對』에 대하여 이렇게 언급했다.

우리의 袴는 허리, 마루폭, 사폭의 세 폭으로 나뉘는데, 허리는 圓象, 마루폭은 方形, 사폭은 三角形으로 이루어진다고 한다. 뿐만 아니라 한 개의 袴는 이른 바 뫼비우스 고리Mo bius strip의 三次元的인 原理에 의해 재단되어 한 치의 허실도 없이 정확하게 袴의 입체형을 가늠해 낸다는 것이다. 바꾸어 말하면, 袴는

---

140) 이은창,『한국 복식의 역사』, 49쪽.
141)『삼국유사』, 341쪽.

결국 입체 기하학적 가늠에 의한 산물이라는 것이다. 이때의 입체 기하학이란 결국 뫼비우스 고리의 원리에 의하지 않고서는 성립될 수 없는 것이다. 그러므로 袴를 재단하는 仙女는 뫼비우스 고리의 원리, 이른바 易理를 了解하지 않으면 안 된다.[142]

박용숙은 『천부경』과 『삼일신고』를 한국 고대 미술에 적용하여 하나하나 고찰해 나가면서, 특히 한국의 복식은 샤머니즘의 삼분법적 원리와 그것의 활용인 미분화를 통해 만들어진다고 했다. 이는 『천부경』의 원리와 완전히 일치한다. 점찰법회란 다름 아닌 『천부경』, 『삼일신론』의 강론이었을 것이다. 『천부경』과 『삼일신고』는 '한경'이라 할 수 있다.

　…이렇게 만들어지는 조복은 하나의 악기나 그 밖의 다른 神器와 마찬가지로 상징적인 의미를 지니게 된다. 이때의 조복을 天衣라 부르는 것도 바로 이러한 전망에서만 정당하게 이해된다.

그러면 이러한 天衣로서의 한복 바지를 『천부경』과 연결시켜 하나하나 풀이해 보기로 하자. 먼저 박용숙의 지적대로 한복 바지는 〈그림 8〉에서 보는 것처럼 허리인 '원형'과 마루폭인 '방형'과 삼각형인 '사폭'으로 이루어진다. 이에 대해 『삼일신고』의 '회삼경'은 다음과

142) 박용숙, 『한국 고대 미술 문화사론』, 78쪽. 필자가 1974년 『對』를 출판하여, 그 이듬해에 미국에 와서 박용숙의 저서를 접할 기회가 전혀 없다가, 〈한〉철학을 저술하는 막바지에 이르러(1982년 12월) 읽게 되어, 그 동안 본인의 저서에 대해 주해를 해 주신 데 대해 멀리서나마 감사하지 않을 수 없다. 그리고 한복바지를 고찰해 오면서도 전혀 문헌적으로 연결시킬 수 있는 길이 없어 안타까웠으나, 다행히 동학의 박용숙의 저서를 구할 수 있게 되어 큰 다행으로 생각한다.

같이 기술하고 있다.

○□△ 三者萬象之源
數之所由起也
其體 ○六, □四, △三
其用 ○六, □八, △九
其率 ○一, □二, △三○

한복 바지는 그 형태상으로 볼 때 ○□△의 세 가지 모양으로 되어 있다. 즉, 허리는 ○로, 마루폭은 □로, 그리고 사족은 △로 되어 있다. 여기서 원은 하늘天을, 방은 땅地을, 그리고 각은 사람人을 상징하는 바 ○□△은 天地人을 표시하는 것이다. 박용숙의 지적에 의하면, 전한 시대의 『周髀算經』에는,

數之法 出於圓方
圓出於方 方出於矩
矩出於九九八十一萬物

이라 했다.

『삼일신고』는 ○□△이 만상의 근원이 된다고 했고, 『주비산경』에서는 수의 법이 원과 방에서 나오고, 원은 방에서 나오고, 방은 각矩에서 나오고, 각은 다시 九九八十一 만물에서 나온다고 했다. 그런즉, 한복 바지가 원, 방, 각의 세 모양으로 만들어진다 함은 만상萬象의 틀을 상징화하기 위함이라고 본다.

폭의 수효로 볼 때에 마루폭이 좌우에 두 개, 사폭이 전후좌우 모두 네 개, 그리고 허리는 하나이지만 밑의 부분 두 개의 마루폭, 그리고 두 개의 사폭에 각각 연결됨으로써 넷으로 분산시켜 생각할 수 있다. 그러면 한복 바지 폭의 수효는 모두 7개가 된다. 한복 바지의 재단 순서로 볼 때에 하나의 천에서 크게 3등분을 한다(참고: 그림9). 그리고 크게 삼등분한 것에서 마루폭은 좌우로 나누고 큰 사폭, 작은 사폭을 서로 바꾸어 회진시켜 붙인다. 그러면 한쪽 가랭이는 모두 세 개의 폭으로 구성된다. 댕기를 매는 부리에는 세 개의 폭이 내려와 만나게 된다. 즉, 앞뒤 사폭과 하나의 마루폭이 만나는 것이다. K선은 90도 각도로 비스듬히 사타구니와 나란히 서게 된다.

여기서 『천부경』의 수 개념을 적용할 때 하나의 사각형을 삼등분한다 함은 '一折三'과 같다. 하나를 셋으로 나눈다는 것이다. 『천부경』의 '天一一, 地一二, 人一三'은 허리, 사폭, 마루폭 등이 각기 제 위치를 차지하는 것이다. 각 부분이 제 위치에 붙지 않으면 형태가 잡혀지지 않는다. 마치 역에서 효가 각위各位를 갖지 않으면 괘가 형성되지 않는 것과 같다. '天二三, 地二三, 人二三'이란 천이 등분되는 운동을 말한다. 2 : 3의 원리 없이는 절대로 형상이 이루어지지 않는다.[143] 마루폭이 좌우로 둘, 사폭이 좌우로 둘, 전후로 둘이다. 즉, 대칭(二) 없이는 꼴이 잡히지 않는다는 것이다. 이것이 '天二三, 地二三, ………'의 의미이다 대칭으로 한(二)세 폭(三)이 좌우 가랭이에 모이니 곧 '大三合'이다. 이는 8괘가 64괘로 될 때 세 효가 각각 한 괘를

---

143) 이를 피타고라스는 '완전 5음도 The Fifth'라 한다. 3:2의 비례에서 다른 모든 음정이 생겨난다.

만들어 모두 여섯 개가 맞붙는 것과도 같다. 한복 바지의 좌우 가랭이는 폭 하나가 효, 가랭이 하나가 괘이며, 좌우 두 괘는 64괘의 한 대성괘大成卦와 같다. 이를 '大三合'이라 했다. '大三'이 '合'하여 육효六爻을 낳아 생성 운동을 시작하게 된다. 원래 천에서 바지로 되었을 때에는 하나하나의 폭이 갖는 의미란 전혀 달라지게 된다. 마치 2진수가 자연수로 바뀌는 것과 같다. 한복 바지 안의 폭들은 이제 2진수의 관계가 아닌, 2진수에서 환산된 자연수 관계를 갖게 된다. 그러면 이들 폭들은 전후·좌우·상하, 속과 겉이 모두 뒤집혀 마주 붙은 클라인 원통의 내부를 상상케 하는 바, 폭에 붙은 하나의 수들은 '六生七八九運三四成環五'의 선회와 착종 운동을 하게 된다. 이런 선회와 착종 운동이 곧 '七一妙合'이다. 한복바지 7개의 폭들은 1개의 천에서 나왔다.

한복 바지는 묘합妙合의 상태이며, '一始無', '一終無'의 처음도 끝도 없는 상태이다. 그리하여 처음도 끝도 없고, 상하사방도 없는 허허공공한 상태를 이루게 된다. 이러한 묘합의 상태로 지어진 한복 바지가 어느 개인의 머리 속에서 나온 것이 아니라, 선남선녀들이 봄, 가을에 모여 점찰법회를 열어 거기서 얻은 원리에 의해 만들어졌다고 할 때, 한복은 천의天衣로서 불려진다 해도 좋을 것이다.

후기

지중해를 과거의 바다, 대서양을 현재의 바다, 그리고 태평양을 미래의 바다라고 한다. BCE 6세기경부터 이른바 차축 시대車軸時代가 시작되면서 에게해 연안을 중심으로 꽃핀 그리스 문명은, 서기 전후하여 기독교와 만나 지중해 문명를 형성하였다. 이 지중해의 문명은 오늘날 서구 문화의 전신前身이다. 중세기, 계몽기, 종교 개혁을 거쳐 지중해-서구 문화는 유럽에서 발전되어 왔다. 그러다가 17세기부터 시작된 지중해 문명은 대서양을 건너 미국 동부에 정착하면서 세계 첨단의 과학 기술 문명을 생산해 놓았다. 미국 동부와 유럽이 대서양을 사이에 두고 형성한 문명은 오늘날 제1세계를 만들어 군림하고 있는 것은 부정할 수 없을 것이다. 아시아-아프리카지역의 문명은 제3의 문명권文明圈으로 밀려나고, 정치적으로는 서구의 그것에 예속 당하게 되었던 것이다.

오늘날 세계를 지배하고 있는 서구 문화의 결점은 이원론二元論이라 할 수 있다. 자연과 인간의 조화 없는 과학 기술, 마음과 몸의 조화 없는 인문 과학의 발달은 세계를 생태학적 위기와 핵전쟁의 위험 속으로 함몰시키고 있다.

이제 서구 문명이 세계의 지도력을 더 이상 갖는 데 대해서는 삼척동자도 수긍하기 어렵게 되었다. 여기에 인류의 미래적 희망의 상징으로 준비된 태평양, 즉 아시아와 미국의 서부가 서로 마주 보며 형성시킬 메시아적 문화권이 등장해야 할 역사적 필연성이 있는 것이다. 지중해-대서양 문화가 헬레니즘, 헤브라이즘, 기독교의 종합으로 이루어졌다면, 태평양의 그것은 아시아의 모든 종교, 즉 불교, 유교, 도교, 힌두이즘 등, 인류의 모든 종교가 회동함으로써 형성되는 우주적 총체Planetary Integrator로서의 문명이 될 것이다.[1]

대서양 문명은 주로 앵글로-색슨족이 주인공이 되어 형성되었다. 앞으로 태평양 문명의 주인공이 바뀌어야 하는데 누가 그 사명을 담당할 것이냐가 문제이다. 주로 아시아 문명은 동東으로 이동하여 온 경향이 있다. 불교도 인도에서 중국으로, 중국에서 한국으로 들어와 그 완성을 이룩하게 되었다. 한국은 아시아 문명의 종합자, 완성자로서 그 역할을 감당해 왔다. 7세기의 최치원이 말했듯이, 한국에는 유儒 · 불佛 · 선仙을 다 포함하는 '풍류', 즉 최남선이 말하는 '붉'사상이 있어 왔다. 이 '붉'사상이 〈한〉사상이며, 〈한〉사상은 동양문명의 용광로와 같이 용해 · 조화시켜 왔던 것이다. 이제 지중해-대서양 문명의 주인이 되는 기독교까지 한국에 들어왔으니, 전통적인 유 · 불 · 선 3교의 이것까지 통전統全이 되면, 한국이 세계문화의 종합처가 될 것은 분명하다. 이 종합의 매개 역할을 〈한〉사상이 할 것이라 생각한다.

〈한〉사상은 이원론이 아니라 비이원론적이며, 실체적이 아니라 비실체적이며, 시원적이 아니라 비시원적이다. 이 말이 현실에 적용될 때 〈한〉사상은 전쟁이 아닌 평화, 갈등이 아닌 조화를 지향하는 사

---

1) 이런 총체적 흐름 속에 한류는 중심에 서 있다. 한사상 없는 한류가 그 중심역할을 한다는 것은 불가능하다.

상이라는 것을 의미하게 된다. 물론 이러한 중차대한 사명을 이 책 한 권이 달성했다고는 보지 않는다. 그러나 그러한 큰 문명권 전환을 시도하고 달성해야 한다는 의지를 가지고 씌어진 것은 사실이다.

필자가 미국의 서부 로스앤젤레스에 사는 동안 여러 소수 민족속의 한국인의 정체성Identity을 끊임없이 의식하면서 이 책을 쓰게 되었기에, 국내에 있는 독자들이 읽을 때에 직접 피부로 실감하지 못하는 부분도 있을 것이다. 그러니 이제 한민족이라는 지역적 범위를 한반도와 해외 동포를 모두 묶어 생각할 때에, 미국 안에서 한국 사람이 겪는 정체감의 위기는 곧 세계 속의 한국인이 겪는 그것과 결코 다르다고 할 수는 없을 것이다. 한국 안에서 말로만 듣던 서구 문명의 몰락은, 막상 미국 같은 서구 세계 안에 들어와 살아보면 더욱 실감나게 느끼게 된다. 인간성을 상실한 과학 기술의 발달, 인간의 생명을 경시하는 제도를 위한 제도, 고질적인 인종 차별주의, 이 모든 것을 피부로 받아 느끼게 될 때, 이 서구 문명을 형성시키는 데 실체적인 역할을 해 온 기독교에 대한 재평가를 다시 하지 않을 수 없게 되었다. 기독교 신학을 해 오기 20년, 이러한 사실들을 깨닫게 된 것이 이제부터 이니 그 심리적 갈등은 걷잡을 수 없게 되었다. 특히 1980년 초여름부터 무병 비슷한 심한 병을 앓기 시작하여, 서구 문화에 귀신 들린 양귀를 쫓아내는 데에는 좀 더 시간이 걸릴 것 같다.『한 철학』을 쓰면서 우리가 하루 속히 기독교 예속 사관에서 탈피해야겠다는 결론을 더욱 굳게 가지게 되었다.[1]

---

1) 이 책을 쓰고 감리교신학대학에 임용된 지 1년 만에 재임용에서 1986년 탈락하고 다시 1988년에 한신대학교 철학과에 가게 된 것은 우리 속에 있는 기독교 양귀들과의 싸움이었다. 지금도 이 싸움은 계속되고 있다.

서구 문명의 근원을 보통 헤브라이즘과 헬레니즘의 두 개의 서로 다른 연원에서 찾았다. 그러나 최근 고고학의 발굴 결과로 슈메르 문화가 나타나면서 두 근원이 슈메르에서 나왔음이 밝혀졌으며, 지금까지 알려진 바로는 슈메르가 가장 오래된 문명을 창조한 주인공임이 밝혀졌다. 구약 성서에 나오는 에덴동산의 모델, 노아 홍수, 모세 율법, 욥기의 비극, 시 문학 등이 모두 슈메르에서 나왔음이 밝혀졌다. 그런데 이 슈메르가 셈어가 아닌 우리 한민족과 같은 우랄-알타이의 접착밀어를 사용했고, 복희가 창제한 설형 문자를 사용했으며, 우리의 단군 설화와 같이 고산 지대에서 신단을 만들었다는 것 등, 우리와 너무나도 비슷한 점을 나타내 보이고 있다. 앞으로 학자들의 연구가 이 분야에 대해 가해질수록 결국 인류는 한 근원, 그리고 문화도 한 줄기에서 출발했음이 밝혀질 것인데, 그렇다면 〈한〉문화는 가장 오래된, 그리고 가장 넓은 지역을 차지하는 문화라는 것이 드러날 것이다. 한반도를 중심으로 하여 동서로 슈메르와 아메리카-인디언이 퍼져 나가 하나의 〈한〉문화권을 형성시키고 있다고 가정할 때, 이 분야에 대한 연구는 매우 중요하며, 앞으로 미래 세계를 이끌어 나갈 주인공을 결정하는 데 있어서 매우 큰 역할을 하게 될 것이다.[2]

〈한〉문화를 일본이나 중국에 예속시키고, 기독교가 들어옴에 따라 기독교에 예속당하고, 이러한 경향이 짙어감에 따라 예속적 노예 근성만 자라갈 때에는, 미래에 도래할 태평양 시대를 맡을 사명의 기회를 다시 놓치고 말 것이다. 이제부터 문명 차원 영역에서만이라

---

2) 한국과 슈메르와의 관계는 슈메르 전문가 고 조철수 박사가 많은 저술을 통해 해놓았다.

도 긍지를 찾아, 종 아닌 주인 의식을 가지고 세계 무대에서 한국인이 떳떳하게 살 수 있게 되기를 바란다.

한국 시골의 한구석에서 시작한 한복 바지에 대한 연구를 필자의 학위 논문에서 한국인의 사고 원형을 찾는 모델로 사용하였으며, 앨라배마 주립대학 수학 연구소 소장 김기항 박사가 위상 수학적으로 연구했다. 그리고 산골의 할머니 할아버지가 아침저녁으로 암송하는 『천부경』, 『삼일신고』를 미국의 과정 칠학자들이 연구하여 감탄하고 있다. 무Emptiness와 하나님God은 두 종교적 궁극자인데, 세계 종교의 어디서도 이 양자가 조화되어 있지 않지만, 『천부경』·『삼일신고』 안에서는 이 둘이 절묘하게 만나고 있다. 이 모든 것은 우리의 가장 토착적인 것이 가장 세계적인 것으로 될 수 있음을 의미하는 것이다.

이제 우리의 낡고 때묻은 문풍지 하나라도 아끼고 사랑하여 그것들을 실에 꿰어 우리 것으로 삼고, 세계 앞에 자랑스럽게 내놓아 태평양 시대의 대문을 활짝 열어야 하겠다.

찾아보기